인문생태의 눈으로 지역혁신을 꿈꾼다

계명대학교 한국학연구 총서 23

인문생태의 눈으로 지역혁신을 꿈꾼다

이윤갑 외

계명대학교출판부

책을 펴내며

지금 인류는 생태계 파괴로 돌출하는 새로운 위험 요인들로 인해 고통 받고 있다. 생태계 파괴가 급속해 지면서 지금 우리 앞에는 일찍이 경험하지 못했던 새로운 위험들이 속속 돌출하고 있다. 변이를 거듭하며 빠른 속도로 전파되고 있는 유독성 인플루엔자 바이러스가 그 대표적인 예이다. 최근 심각한 국제문제로 부상하고 있는 인플루엔자 바이러스는 동물과 사람의 인플루엔자 유전자가 결합해 치명적 독성을 지닌 바이러스로 변형된 것으로 전형적인 근대문명의 산물이다. 이 바이러스는 변이 속도가 매우 빠르고, 변형된 바이러스 치료 백신을 개발하기 까지는 최소한 1년이 걸린다. 그런 까닭에 신형 인플루엔자 바이러스가 유행하면 일정기간 동안에는 그 피해가 얼마가 되던 속수무책으로 당할 수밖에 없는 것이 현재의 실정이다. 속속 돌출하는 여타의 새로운 위험 또한 유독성 인플루엔자 바이러스의 경우와 크게 다르지 않다. 안타깝게도 이것이 인류가 처한 현실이다.

인류의 생존 자체를 총체적으로 위협하는 이 환경위기를 해결하기 위해 우리는 무엇을 고민해야 하는가? 우리는 이 위기를 초래한 근본 원인이 성장주의와 물신주의에 사로잡힌 근대자본주의 문명에 있다는 사실에 주목해야 한다. 근대문명을 발전시킨 원동력은 인간의 무제한적인 욕망추구였다. 근대문명은 인간 위주로만 자연을 이용하고, 생태계의 질서를 파괴하고 교란시켰다. 그 파국적인 결과가 현재의 환경위기이다. 그럼에도 불구하고 대다수의 현대인들은 여전히 욕망 추구라는 근대문명의 아편에 취해 기존의 생활방식을 포기하려 하지 않는다. 그러한 집착 때문에 생태계 파괴를 과소평가하고, 환경문제 해결에 미봉적으로 대처한다. 그러나 그렇게 머뭇거리며 허비할 시간적 여유가 우리에게는 그리 많이 남아있지 않다. 우리는 서둘러 생태계 파괴의 근본 원인이 된 근대문명과 근대적 생활방식을 비판하고 대안을 찾아 나서야 한다. 미봉적 대처방안이 아니라 문제의 근원이 된 현대인들의 세계관, 자연관, 가치관과 생활방식에 대한 근본적 성찰에 나서야 하며, 이를 혁신할 대안적 사유 및 생활방식과 사회구성방식을 찾아야 한다. 환경위기에 대한 이러한 근본적 접근을 우리는 '인문생태'적 관점이라 부른다.

현재의 환경위기는 이미 해결이 시급한 단계로 진입하였다. 환경위기를 해결하고 생태계를 복원하기에 적합한 실천단위는 그 자체가 독자적인 생활권을 형성하는 지역이다. 지역을 단위로 환경문제를 해결하려 할 때 선도적 역할을 담당해야 하는 것이 그 지역의 대학이다. 대학은 인류의 보편적 가치에 입각해 당대 사회의 문제를 해결하고 미래를 준비하는 비영리적인 전문 연구기관이자 고등교육기관이다. 그런 까닭에 다른 어느 기관이나 단체보다 '인문생태'적 관점에서 환경문제 해결을 주도하기에 적합하다. 환경운동이 선진적으로 발전한 해외의 사례를 보면 이 운동을 선도하는 역할은 예외 없이 그 지역 대학들 몫이었다.

계명대학교 한국학연구원은 이러한 문제의식에 입각해 2008년 5월 지역의 환경문제를 해결하는 노력의 일환으로 「인문생태의 눈으로 지역혁신을 꿈꾼다」는 학술대회를 개최하였다. 이 책은 학술대회에서 발표된 논문을 한 권으로 묶은 것이다. 이윤갑, 이재성, 홍승표의 논문은 학술대회에서 발표된 것은 아니고 '인문생태'의 관점을 심화하고 확대할 목적으로 편집위원회가 별도로 청탁하여 이 책에 같이 묶었다. 바쁜 시간에도 불구하고 정성을 다해 원고를 작성해 주신 집필자 모두에게 감사를 드린다.

학술대회의 기획과 이 책의 편집을 위해 노고를 아끼지 않았던 한국학연구원의 홍승표 연구부장과 홍원식 교수, 편집업무를 맡아주셨던 이영찬 편집위원장과 정혜숙 연구원 그리고 계명대학교출판부에게 고마움을 전한다. 모쪼록 이 책이 환경문제에 대한 '인문생태'적 인식을 확산하고, 지역단위의 환경운동을 활성화하는 데 일조할 수 있기를 기대한다.

2009년 6월

한국학연구원장 이 윤 갑

차 례

제2부: 인문생태적인 관점과 지역 혁신 143

제 1 부

인문생태적인 관점의 모색

현대의 문명사적 위기와 인문생태적 전환

이 윤 갑(계명대 사학과)

1. 세계화 시대의 생존 위기에 대한 인문학적 진단

21세기는 과연 인류사에서 어떠한 시대로 기록될까? 21세기 벽두에 마주하게 되는 조짐들이 심상치 않다. 초국적 자본이 주도하는 세계화가 기세를 올리면서 패권적 국제질서를 구축하려는 열강들의 정치·군사적 침략이 확대되고, 국가간, 민족간, 계층간의 갈등과 대립이 더욱 깊어지고 있다. 한편 이러한 흐름에 따라 전쟁이 끊이지 않고 이윤만을 중시하는 무분별한 경제성장이 확대되어 생태계 파괴와 환경위기는 돌이킬 수 없는 수준으로 악화되어 가고 있다. 일찍이 볼 수 없었던 자연재해가 빈번히 발생하는 등 인류의 생존환경 자체가 심각하게 위협을 받고 있다.

지난 역사를 되돌아보면 격화일로에 있는 사회적 대립과 갈등 및 전지구적 재앙을 불러오고 있는 생태계 파괴는 결코 우연적이거나 일시적인 현상이 아니었다. 그러한 모순들은 자본주의체제가 출현한 이래 지속적으로 누적되어 왔고 경향적으로 확대되어 왔다. 그 모순은 특히 20세기 후반 비약적으로 발전한 과학・기술에 힘입어 마침내 기존의 체제로서는 더 이상 감당하기 어려운 자연적, 사회적 한계에까지 이르고 있다. 지금 인류는 유례없는 심각한 위기를 맞고 있다. 인간이라는 종의 생존이 더 이상 보장되지 못하는 '위험시대'에 진입한 것이다. 21세기가 자본주의가 체제적 종말을 맞는 시기가 될 것이며, 이로 인해 인류는 심각한 생존의 위기를 맞게 될 것이고, 여기에 대한 대비가 절박하다는 주장은 이미 학계에서도 공공연하게 제기된 지 오래다.

이러한 위기의 근원은 무엇인가? 인문학의 견지에서 보면 이러한 위기는 근대적 사회체제가 인간의 욕망 추구를 위해 사회적 이성과는 괴리된 체제합리적 이성 내지 도구적합리적 이성만을 기형적으로 발달시켜 온 데서 비롯되었다. 인류사에 있어 중세에서 근대로 이행을 가능하게 했던 내적 동력은 과학적 혹은 실증적 이성의 개발과 활용이었다. 근대 계몽사상가들은 과학적 혹은 실증적 이성이 개발되면 근대적 산업이 발달하고, 전근대적인 군사적 권력을 대신해 산업적 권력이 등장하며 물질적・지성적・도덕적 요인들이 인간의 최대복지를 위해 적절하게 결합되는 이상국가가 형성될 것으로 예상하였다.[1] 그러나 근대사회는 우리가 지난 역사에서 생생하게 목격하듯이 그들의 전망과는 다른 방향으로 전개되었다. 이상사회가 아니라 사회적으로나 생태적으로 인류의 생존기반 자체가 와해되는 '위험사회'로 나아갔던 것이다.[2]

---

1) R.H.라우어. 정근식 옮김. 1985.『사회변동의 이론과 전망』. 79-85쪽.
2) 앤소니 기든스 외. 1998.『성찰적 근대화』. 26-36쪽 ; 배영순. 1998.「21세기 사회

그러한 괴리는 '과학적, 실증적 지성'의 개발과 이용이 자본주의체제에 의해 주도된 데서 기인하였다. 근대사회가 형성되는 과정에서 그 주도권을 장악한 것은 자본주의였고, 근대사회의 발전과정은 곧 자본주의의 발전과정이었다. 자본주의는 자본의 자기증식 즉 자본축적을 일차적이자 궁극적 목적으로 하며, 이를 시장에서의 경쟁을 통해 달성해야 하는 경제체제이다. 자본주의는 '과학적, 실증적 지성'을 이 목적을 달성하기 위한 도구적 수단으로 이용하였다. 노동자들의 계급적 저항이 발전하고, 다른 한편 시장에서의 자본들 사이의 경쟁이 격화될수록 '과학적, 실증적 지성'을 자본축적을 위한 도구적 수단으로 이용하려는 경향은 더욱 확대되었다.

자본주의가 그 발달을 주도해온 '실증적, 과학적 지성'은 사회적으로는 이익의 확보와 배제를 위한 투쟁의 도구로 기능하도록 개발되고 이용되는 특성을 지닌다. 다시 말해 "저 마다 유리한 지위를 차지하기 위해, 그럼으로써 남들을 그 같은 유리한 지위에서 배제하기 위해 투쟁 혹은 행동"하는 도구로 개발되고 이용되는 한계를 지니게 된다.[3] 자본주의가 발달을 주도하는 도구적 이성은 자연에 대해서든 인간에 대해서든 자기중심적이고 이기적인 자세를 취하며, 상대를 대상화하고 도구화한다. 여기서는 보편적, 등가적인 상호연관성이나 소통은 거부되며 대신 적대적 단절과 지배, 소유, 억압, 파괴, 유린이 기본적인 관계 맺기의 방식이 된다. 그로 인해 도구적 이성의 발달은 사회적 갈등과 대립을 확대, 심화시

의 새로운 패러다임」. 『세상만들기』 창간호. 세상만들기.

3) 이매뉴얼 월러스틴. 나종일·백영경 옮김. 1993. 『역사적 자본주의/자본주의 문명』. 제1부. 창작과비평사 참조.

키고 생태환경을 파괴하는 부정적 결과를 초래하였다.

사회주의체제가 해체되면서 급부상한 것이 초국적 자본 위주의 패권적 질서를 전지구적으로 구축하려는 세계화였고 신자유주의였다. 자신에게 대적할 유력한 적수가 사라지자 초국적 자본들은 강대국들을 앞세워 자본축적을 극대화할 전지구적 규모의 상품, 금융, 노동, 서비스, 문화 시장의 통합을 강요하고, 보다 격화되는 경쟁에서 유리한 고지를 점하기 위해 오로지 최소 비용으로 수탈이 가능한 자원 및 노동력을 찾아 전세계를 누비고 있다. 세계화가 본격화되면서 복지정책이 후퇴하고 계급, 계층간, 인종간, 지역간 불평등과 격차가 급속히 확대되고 있는 사실이 말하듯이 세계화 시대의 자본주의 경제는 더 이상 국민 혹은 인류의 생존을 염두에 두지 않는다. 수단과 방법을 가리지 않는 자본의 축적과 이를 위한 경쟁에 몰두할 뿐이다.

세계화는 세계를 자본들의 무제한적인 경쟁의 장으로 만드는 것이기 때문에 자본축적을 위한 도구합리적 이성의 이용을 극단화시킨다. 또한 초국적 자본이 국민국가의 구속으로부터 벗어나 있듯이 도구합리적 이성의 오용 또한 최근의 인간복제 실험에서 보듯이 이미 국민국가의 규제를 벗어나 있다. 그런 만큼 세계화에 따른 도구합리적 이성의 오용과 남용과 그로 말미암은 사회적, 환경적 피해는 전지구적 대재앙이라 할 만큼 치명적일 수 있다. 그로 인해 지금 인류는 적대적 단절과 지배, 소유를 기본적인 관계 맺기 방식으로 하는 자본주의체제가 극단적으로 전개되는 세계화에 의해 자신이 만든 칼로 자신의 생명을 끊게 만드는 인류사적인 위기를 맞고 있다. 그러한 실상을 우리는 미국 자본주의의 심장부인 월가에서 발생한 세계적인 금융위기에서 생생히 목도한다.

2. 인간 중심의 근대 사회관에 대한 재검토

인간 종의 생존을 위협하는 '생존 위기' 혹은 '위험'은 인류에게 근대적인 생활방식과 생존 관계망에 대해 성찰하지 않을 수 없게 한다. 인류는 이제 생존을 위해 문명사적인 전환을 총체적으로 고민해야 하는 절박한 상황에 놓이게 되었다. 우리는 무엇을 고민하고 무엇을 새롭게 선택해야 하는가?

근대 체제하에서 인간의 생활을 지배한 것은 인간성 혹은 존재성이라는 자기목적이 아니라 자본, 권력, 명예욕, 성욕 등등과 같은 파편적이고 이기적인 욕망이었다. 그러한 욕망 추구에 도구합리적인 기형적인 이성만 개발하고 이용하게 되면서 결국 '생존 위기'라는 파괴적인 결과에 이르고 만 것이다. 그런 까닭에 지금 인류에게 시급한 문제는 기형적으로 발달한 파괴적인 도구합리적 이성을 인류의 생존을 보장하고 진보시키는 사회적 자원으로 변화시킬 수 있는 사회적 이성으로 전환시키는 것, 즉 사회적인 삶의 방식을 개발하고 구현하는 것이라 생각된다.

우리는 근대체제하에서 과연 사회적 존재로서의 사회와 사회성에 대해 근원적으로 성찰하고 고민했던 적이 있었던가를 되물어 보아야 한다. 이기적이고, 자기중심적인 욕망추구에만 급급하고, 그것에 필요한 조직이나 체제 혹은 절충과 타협을 사회 혹은 사회성이라 생각해 오지는 않았던가? 사회적 존재로서의 생존은 생존을 위해 연관하는 모든 존재들과 공생하는 것이어야 한다. 연관하는 타 존재들에 대해 자기중심적으로 유린하고 파괴하는 것은 곧 자기 생존의 기반을 파괴하는 것이고, 따라서 결국 자기 파괴로 귀결될 수밖에 없다. 그럼에도 불구하고 우리는 과연 그러한 공존의 사회성을 진정으로 고민하고 자신의 삶의 방식으로 구현하고자 했던 것인가?

이러한 고민을 위해 우선 검토가 필요한 것이 인간 생존의 관계망으로서의 '사회'에 대한 개념이다. 사회성이란 개념은 사회를 전제로 그 사회에 합치하는 행위방식 혹은 성향을 의미하는 개념이다. 그러나 현재 사회성이라 할 경우 그 개관적 근거가 되는 '사회'라는 개념이 매우 다의적으로 사용되고 있다. 가령 자본주의사회이든 사회주의사회이든 그 사회에 적합한 사회적 적응방식 혹은 문화를 사회성이라 하는 경우가 그것이다. 또한 각각의 체제에서는 그러한 적응성이나 문화를 기르기 위한 의식 및 행동 조작이나 통제 혹은 사회화나 문화화가 조직적으로 이루어지는데 이것을 '사회성 개발'로 부르기도 한다. 그러나 이미 보았듯이 이런 류의 '사회성의 개발'은 도구합리적 이성의 기형적 오용을 더욱 확대시킬 뿐 결코 해결책이 못된다. 그것은 사회성이 아니라 체제적응성 내지 체제순응성이라 불러야 할 것이다.

인간은 그 스스로의 생존을 영위하기 위해 자연적, 인위적으로 사회를 이루어 온 사회적 존재이다. 그러나 생존을 위해 형성한 사회적 관계가 도리어 인간의 생존을 위협하고 유린하는 모순을 발생시켜 온 까닭에 인간은 사회에 대해 고민하고, 모순이 없는 사회를 만들고자 몸부림쳐 왔다. 사회적 모순을 해결하려는 과정에서 인류는 그 모순을 해결할 객관적 근거와 방법을 찾기 위해 사회의 실체를 해명하려는 학문적 탐구를 다양하게 시도하였다. 근대의 사회학이나 사회과학은 그 자체가 인간의 사회적 불완전성에서 비롯된 따라서 가변적이고 항상성이 없는 사회조직이나 체제를 마치 사회의 불변적 실체로 이해하고 이를 통해 사회를 해명하고자 하였다. 많은 논의에서 사회가 곧 국가 혹은 국가사회나 조직 혹은 체제와 동일시되고 있음이 이를 반영한다.[4)]

또한 사회를 인간계에만 고유한 현상이자 특징으로 개념 지워 왔다. 인간이 다른 존재들과는 달리 자신들만의 고유한 관계망을 만들고 그러한 관계망 속에서 살아가는 특수한 존재라는 것을 차별적으로 드러내기 위해서 사회 개념을 구성한 것이다. 인간들이 만드는 사회를 자연계에서는 찾아 볼 수 없고, 따라서 그러한 특수성을 심도 있게 해명하기 위한 개념적 장치를 고안한다는 것은 분명 의미 있는 일이다. 그러나 존재 일반으로부터 분리된 인간에게만 고유한 것으로 사회 개념을 차별적으로 설정하는 것은 인간과 인간 사이의 모순이나 갈등은 서로를 등가적으로 배려하는 사회적인 방식으로 해결해야 하지만, 그렇지 않은 자연계와의 관계에서는 굳이 그러한 방식으로 문제를 해결할 필요가 없다는 생각을 의식적, 무의식적으로 내포한다. 따라서 그러한 사회 개념의 설정은 자연계에 대한 인간 위주의 이기적 관계설정을 합리화하는 한계를 가진다. 말하자면 인간 위주의, 인간 중심의 단절적 세계이해라는 근대 학문의 한계가 사회 개념 설정에도 그대로 나타나고 있는 것이다.

인간은 인간계뿐만 아니라 우리가 흔히 환경이라 부르는 여타의 모든 존재(자연계)와 보편적으로 연관하면서 살아간다. 인간은 자신과 연관하는 일체의 세계에 영향을 미치듯이 그 세계로부터 오는 영향을 전방위적으로 동시적으로 받는다. 인간 사이의 관계 혹은 관계망 또한 인간과 자연계 사이의 연관망으로부터 분리되어 존재하지 않는다. 환경위기가 명

4) 정태석. 2002. 『사회이론의 구성』. 32-56쪽 한울아카데미.

확히 보여주듯이 자연계의 보편적 연관 방식과 모순, 대립하는 사회적 관계방식은 인간 사회의 생존 자체를 불가능하게 만들어 가고 있다. 자연적인 것은 사회적인 것과 완전히 얽혀 있다. 그런 사실에 비추어 볼 때 인간을 포함한 모든 존재는 타 존재와 보편적으로 관계하고 연관하면서 살 수 밖에 없는 세계적 존재이다. 그럼에도 불구하고 인간 위주의 차별적 사회 개념을 설정하는 것은 인간을 자연계와 인위적 분리시킴으로써 두 세계 사이의 상호연관이나 인간계를 포함한 전체 세계의 보편적 연관성을 파악할 수 없게 하며, 또한 모든 존재 에 보편적인 연관성(세계성)과 인간의 사회성을 통일적으로 이해할 수 없게 한다.

3. 탈중심적 '세계'개념과 '인문생태'적 관점

현재 인류가 당면한 위기를 해결하기 위해서는 인간 중심의 사회개념으로부터 근본적인 인식의 전환을 요구한다. 모든 존재는 다른 존재와 연관하면서 생존을 영위한다. 다시 말하면 모든 존재는 스스로의 생존을 위해 물질적, 정신적 요건을 구비하고자 다른 존재들과 연관하고 결합하게 되는데, 이 존재의 생존 바탕이 되는 합법칙적 연관체계가 세계인 것이다. 인간 사회는 인간이라는 존재의 세계인 것이다. 그러므로 사회에 대한 개념을 인간 위주의 협의의 개념에서 "인간이라는 하나의 우주적 존재가 그의 생존을 위하여 물질적 정신적 요건을 구비하고자 하는 공간이며, 다른 우주적 존재들이 만들어 놓은 사회와의 유기적 결합을 시도하는 우주적 생명의 장"으로 재정립해야 한다.[5)]

나아가 우리는 존재 상호간의 관계에 대해서도 새로운 인식을 확립해야 한다. 인간만이 사회를 갖고 세계의 중심이 되는 것은 아니다. 인간을 포함해 모든 존재가 세계를 갖고, 그 세계들이 서로 등가적으로 연관, 소통하기 때문에 인간이 그 존재적 세계성(사회성)을 구현하지 못하면 그 영향은 동시적, 전방위적으로 다른 존재의 세계에 미치며, 그것은 다시 인간의 생존에 영향을 미치게 된다. 따라서 모든 존재에 대해서 등가적으로 인식해야 하고, 그 관계에 대해서도 등가적, 탈중심적 관계로 인식해야 한다. 모든 존재의 존재성이 완전히 실현되는 무모순적인 세계 혹은 사회의 질서체계는 모든 존재가 등가적으로 전방위적으로 동시적으로 연관하고 소통하면서 그 자율성을 완전히 발휘하는 각립대동(各立大同)의 질서인 바, 그것은 다중심적이고, 탈중심적이며, 상호침투하는 등가적인 소통체계이기도 하다.[6]

그러나 인간에게 유의미한 세계나 사회는 인간과 인간의 생존을 떠나서는 그 존재적 실상을 갖지 않는다. 그것은 인간이라는 존재와 인간의 생존이라는 문제에 부수하는 실체로만 존재한다. 다시 말해 인간사회는 인간이 생존활동으로 다른 존재들과 연관하면서 실상을 가지게 되고 기능 하게 되는 것이고, 인간과 그 생존에서 분리, 단절된 독자적 실체로 존재할 수 있는 것이 아니다. 모든 존재가 조화롭게 공생하고 발전하는

---

5) 박유상. 1993.「사회 철학의 새로운 지평」.『사회 철학』창간호. 21쪽. 영륜사회철학연구소 ; 동. 1993.「인간의 사회와 사회의 인간회를 위한 총론(1) 존재와 세계의 이해」.『사회 철학』2. 사회철학사 ; 동. 1994.「인간의 사회와 사회의 인간회를 위한 총론(2) 존재와 세계의 이해」.『사회 철학』3. 사회철학사.

6) 동국대학교 BK21불교문화사상사교육연구단. 2006.『불교사상의 생태학적 이해』. 53-108쪽. 동국대학교출판부.

각립대동의 질서는 인간이 인간을 포함한 다른 존재들과 등가적, 탈중심적인 소통과 관계를 이룰 수 있는가의 여부에 따라 수립될 수도, 그렇지 못할 수도 있다.

그렇기는 하지만 사회 혹은 세계는 인간이 있기 때문에 존재하는 것은 아니다. 다만 존재의 생존이 세계라는 그 스스로의 바탕이 있어서 비로소 가능하게 되기 때문에 그렇게 모습을 드러낼 뿐이다. 사회 혹은 세계는 존재에 부수해 모습을 드러내지만 하나의 체계로서 그만의 고유한 기능과 역할을 가진다. 그 기능과 역할은 존재로 하여금 자기의 존재성을 완전히 회복하고 실현할 수 있게 하는 것이다. 즉 인간이 자기 존재성으로부터 일탈해 모순적 관계 맺기를 시도하고, 이를 위해 잉여의 조직과 실체를 만들 수는 있지만, 그것은 불가피하게 자타의 존재를 파괴 내지 해체시키는 결과를 불러오게 된다. 그로 말미암아 존재는 생존을 위해 결국 존재적 사회성 혹은 세계성을 회복하는 길로 나아가지 않을 수 없다. 이것이 곧 세계 혹은 사회의 기능과 역할이다. 이를 두고 "있어야 할 것을 만들어 내고, 없어져야 할 것은 거두어들이고, 또 있어야 될 상태를 유지"하는 사회 혹은 세계의 이치라 한다. 달리 말해 "세계는 그 스스로의 안정을 위해 모든 존재에게 변화를 요구하고, 그것을 위해 쉽게 드러나지 않는 고유의 힘인 운동성을 발휘한다. 그 세계의 평화와 발전을 위해서 존재의 투쟁을 극복하기를 요구하고 또 그 모순된 행위를 지양할 것을 요구"하는 것이다.[7)]

사회 혹은 세계의 이러한 기능과 역할은 현존하는 사회의 조직이나

---

7) 박유상. 앞의 글.

실체로부터 발휘되는 것이 아니다. 이러한 기능과 역할은 그 사회를 구성하는 존재의 '사회역사성'을 통해 발휘된다. 그 '사회역사성'은 모든 존재와 사회의 변화발전의 뿌리이자 근거이다. 인간은 사회 혹은 세계의 우주적 질서체계에 단순히 순응하는 수동적이고 소극적인 존재가 아니라 자유의지에 따라 행위하는 존재이다. 그로 말미암아 현실에서 인간의 사회성은 그 뿌리인 '사회역사성'과 합치하지 않는 경우가 많다. 그러한 괴리, 다시 말해 존재적, 사회적 모순이 발생할 경우 인간은 육체적, 정신적인 분열과 고통을 느끼게 되고, 그 고통과 분열을 극복하기 위해 해결책을 찾아 나서게 된다. 그 해결책이 세계성 혹은 사회성을 합법칙적으로 회복하여 모순을 해결할 수도 있고, 그렇지 못하고 도리어 괴리와 분열을 확대, 심화시켜 존재의 동일성을 파괴하고 마는 치명적 사태를 초래할 수도 있다. 이러한 방식으로 존재의 생존의 바탕이 되는 사회 혹은 세계는 존재들이 종국적으로 그 뿌리인 '사회역사성'에 합치하도록 자기 변화를 하지 않을 수 없게 만든다. 존재는 세계와 더불어, 세계를 바탕으로 생겨나고 운동할 수 있을 뿐이다.

그런 까닭에 인간은 언제나 사회역사적 실천에 있어서 자율적 존재로서 자유의지를 가지는 만큼이나 합법칙적인 우주적 생존을 현실적이고 현재적이며 구체적인 사회역사적인 생존의 문제로 고민하지 않을 수 없다. 지금의 인류가 직면하고 있는 생존 위기는 근대체제가 야기한 인간 사회내부의, 동시에 인간과 자연 사이의 모순과 충돌로부터 초래되고 있다. 이 위기는 존재의 생존바탕으로서의 세계가 그 기능과 역할을 하고 있는 것으로 볼 수 있는 바, 달리 말하면 이는 세계가 이 위기를 초래한 인간에게 스스로의 현실적이고 현재적이며 구체적인 사회역사적인 생존을 위해 자기의 존재성을 완전히 회복하고 구현하기를 요구하고 있는 것이라 볼 수 있다. 달리 말해 사회 혹은 세계는 인간에게 스스로의 생존을 위해 사회 혹은 세계의 질서체계와 합치하는, 다른 존재 및 그 세계들과 등가적으로 연관, 소통하는 무모순적 결합관계를, 사회구성을 이루도록 요구하고 있다.

지금의 생존 위기를 해결하기 위해 인류에게 절실한 것은 인간이 인간과 자연, 즉 우주 안의 모든 존재와 등가적, 전방위적, 동시적으로 소통하고 합법칙적으로 연관하는 존재적 사회성 혹은 세계성을 개발하고 구현하는 일이다. 현재의 사회위기와 환경위기가 복합된 총체적 생존위기를 근원적으로 해결하기 위해서는 근대 이후 주관과 객관의 분리 아래 자행되어 온 '주관에 의한 객관의 지배'라는 주객분리의 담론을 근원적으로 극복해야 한다. 다른 사람에 대해서는 물론이고 자연을 인간과 동일한 주체로 존중하고 주체와 주체사이의 대화를 복원하려는 의사소통적 이성으로의 전환이 필요하다. 인간과 인간, 인간과 자연 사이의 등가적 의사소통구조를 복원하는 '생태주의적으로 정향된 인문학적 대안'을 마련하는 것이 절실하다. 우리는 이를 '인문생태' 혹은 '인문학적 생태주의'라 부른다.

4. '인문생태'적 삶으로의 전환과 '생활세계' 복원

현대의 생존 위기를 극복하기 위해 인류에게 절실한 것은 인간이 인간과 자연, 즉 우주 안의 모든 존재와 등가적, 전방위적, 동시적으로 소통하고 합법칙적으로 연관하는 존재 본연의 사회성 즉 세계성을 생활현장에서 개발하고 구현하는 것이다. 보다 구체적으로는 우리의 물질적, 정신적 생활을 구성하는 여러 분면(현장)에서 이루어지는 일과 관계를 존재 본연의 세계성과 합치하도록 만드는 것이다. 그것이 '인간의 세계화' 혹은 '인문생태'적 삶의 방식으로의 전환이다. '인문생태'적 삶의 방식에서는 존재적 합리성과 등가적 상호연관성이 사고나 행위를 선택하게 하며, 따라서 다중심성과 탈중심성을 특징으로 하는 전방위적 소통과 공영(共營)이 기본적인 관계방식이 된다.

그러나 이러한 삶의 방식의 전환은 개별 고립적으로는 이루어질 수 없고 타자들과의 관계 속에서만 가능하다. 삶의 방식의 전환은 곧 관계방식의 전환이고, 따라서 그 전환이 이루어지자면 관계 자체가 혁신되어야 한다. 관계의 혁신은 개별적 관계들에서 이루어지는 것이지만, 그 각각의 관계는 별개로 분리되어 있지 않다. 개별적 관계들은 서로 연쇄를 이루면서 하나의 소통체계 내지 순환체계를 형성하고 있다. 따라서 관계의 혁신은 개별관계의 재구성이자 동시에 그것을 하나의 연쇄로 하는 전체 순환체계 혹은 소통체계의 재구성을 의미한다. 또한 관계의 혁신은 제도적, 법적, 구조적 변화를 필요로 한다.[8] 이와 같이 '인문생태'적 삶으로의 전환을 위해 인간의 삶을 구성하는 사회관계를 관계방식의 전환에 정합하도록 '인문생태'적으로 혁신하는 것, 달리 말해 모든 존재가 등가적으로 공생할 수 있는 '인문생태'적 관계체계로 재구성하는 것이 곧 '사회의 인문생태화'이다.

'인문생태'적 삶으로의 전환은 한편으로는 '인간의 인문생태화'를, 동

8) 정태석. 앞의 책. 111-134쪽.

시에 다른 한편으로는 '사회의 인문생태화'를 필요로 한다.[9] 따라서 '인문생태'적 삶으로의 전환은 '생활세계'의 복원운동이라 할 수 있다.[10] 생활이란 여타 존재와는 달리 인간만이 갖는 특수한 생존방식이다. 인간은 특수한 세계인 사회를 매개로 자연과 연관하면서 물질적, 정신적 생존을 영위한다. '생활세계'는 생활현장 속에서 인간이 자신의 생존 요건을 구비하기 위해 구성하는 총체적인 연관, 소통체계이다. 인간의 생활세계는 상대적으로 자율적이면서 상호 연관하는 다양한 현장 – 행정(정치, 행정), 생산(생산, 유통, 소비), 교육(학문, 교육) 등 – 으로 구성되어 있다. 그 현장에서 인간과 일이 결합하는 것이 생활인 바, 그 정신적, 물질적 현장에서 인간의 사회성이 자연성 – 존재적 세계성 – 에 합치하도록 발현될 때 생활세계는 본연의 모습과 기능을 구현한다. 달리 말하면 다양한 생활현장에서 관계하는 인간 및 자연계의 모든 존재들이 상호 등가적, 소통적으로 연관, 결합하여 상생적으로 자기목적성을 이루는 것이 생활세계 본연의 모습이다.

그러나 자본주의를 동력으로 발전하였던 근대문명은 가속적으로 인간의 생활세계를 파괴해 왔다. 근대문명의 발전을 주도한 이기적 욕망은 도구적 지식 · 자본 · 권력 등의 잉여로 생활현장을 왜곡하고 유린하여 생활세계를 식민지화하였고, 생존의 터전인 자연생태계를 파괴하고 황폐화시켜 왔다. 근대문명이 초래한 이 파국적인 생존위기를 극복하기 위해서는 '인문생태'적인 삶으로의 전환이, 보다 현실감 있는 표현으로는

9) 박유상. 앞의 글(1993 ; 1994).

10) '생활세계' 는 하버마스의 사상에서 시사 받은 바가 많다. 하버마스의 생활세계 개념에 대해서는 다음 연구를 참조. 장춘익 외. 1994.『하버마스의 사상』. 나남.

야만적인 근대문명의 행군을 중단시키고 인간 본연의 생활세계를 복원하는 것이 필요하다. '생활세계'의 복원이란 야만적인 지식과 권력과 자본과 지배로부터 일과 사람을 그 현장의 자기목적적 가치에 합치하도록 되돌려 놓는 것이고, 사회 혹은 세계와 합치하는 인간 본연의 등가적이고 보편적인 연관 구성력을 회복하는 것이다. 현대사회의 생태위기와 생존위기는 이러한 전환을 통해서만 근본적으로 해결될 수 있다.

생활세계의 복원을 위해 생활현장에서 구체적으로 고민해야 할 문제는 무엇인가? 먼저 고민해야 할 것은 학문과 교육의 현장에서 인간의 인문생태적 생존능력을 저해하고 파괴하는 '지식권력' 혹은 '지식자본'이라는 잉여를 해체하는 것이다. 학문과 교육은 그 기원이나 역사로 보면 인간 본연의 사회적 생존능력이자 소통능력이었고, 따라서 본질적으로 생태적이었다. 그러나 근대의 학문은 상징세계의 지배욕이라 할 반생태적인 지식권력 혹은 문화자본에 의해 지배당함으로 말미암아 도리어 인간 본연의 생존능력과 소통능력을 왜곡하고 퇴화시키고 있다. 근대 교육 또한 그 권력의 도구합리적인 혹은 체제합리적인 의식 조작과 통제의 수단으로 전락하여 다양한 물리적, 상징적 폭력에 의존해 타율적이고 수동적인 '가르치기' 위주의 주입식 의식화나 최종적 결과만을 내면화시키는 사회화나 문화화에 치중할 뿐 자발적인 배움을 억압한다. 그리하여 결국 근대의 학문과 교육은 문명화란 미명하에 인간을 도구화하고 생태파괴적 존재로 전락시켜 왔다.

따라서 생활세계를 복원하기 위해서는 먼저 타자를 대상화하고 도구화하는 근대적인 '지식권력', '지식자본'으로부터 학문과 교육을 해방시켜야 한다. 본래 학문은 생활현장에서 야기되는 모순이나 문제를 합리적으로 해결하는 능력이고, 교육은 그 능력이 순차적으로 개발될 수 있게 이끌고, 동시에 이를 문화로 공유하고 전승할 수 있게 하는 자연적이자 인위적인 활동이다. 생활세계의 복원은 이러한 인간 본연의 사회적 생존 능력이자 소통능력인 학문과 교육을 회복하는 데서 시작된다. 그것은 반생태적인 기성의 체제나 조직, 제도 및 인간과 자연에 대한 모든 고정관념과 관계방식을 생활현장의 모순과 고통에 입각해 성찰하고 비판하며 이를 대신할 '인문생태'적 생존능력(=지식체계)를 새롭게 개발하는 것이고, 동시에 그 성과와 경험을 후진자가 자발적으로 공유할 수 있도록 이끌고 전승하는 상호침투와 상호소통의 교육활동을 사회적으로 전개하는 것이다.[11] 이러한 '상구하화(上求下化)'의 학문 및 교육활동을 '우리학문운동'이라 부를 수 있는 바, 인간은 이를 통해 인간은 존재 본연의 구조, 기능을 회복하고, 동시에 타존재와 세계를 향해 등가적이고 동시적이고 전방위적인 연관, 구성을 이루어 갈 인식의 전환을 이루게 된다.[12]

---

11) 장상호. 2000.『학문과 교육』(하). 313-315쪽. 서울대출판부 ; 김민남. 1999.「삶의 소통. 상호침투, 교육목적에 따른 교육활동」.『삶과 교육』창간호. 도서출판 마을.

12) '자기개발'이라 할 '인간 개발'은 '자타불이(自他不二)'의 관계 속에서만 이루어진다. 자기의 '인간 개발'은 타자의 '인간 개발'과 불가분하게 결합되어 있다. 자기개발은 타자와의 관계 속에서 이루어지는 '상구하화(上求下化)'의 과정일 수밖에 없다. 이를 우리학문운동이라 부르는 것은 '우리'라는 표현의 전통적인 의미가 '상구하화'의 자기개발이라는 이 운동의 성격과 자못 합치하기 때문이다. '우리'라는 표현은 전통적으로 타자와 구분 짓는다는 대타적 의미가 아니라 '우리 나라', '우리 마을', '우리 집', '우리 부모'와 같이 '우리 모두의'라는, 달리 말해 '사해동포(四海同胞)'와 같은 의미로 사용되었다. 아군과 적군 식의 피아(彼我)개념이 아니라 서로 다르지만 공동운명체인, '자타불이(自他不二)'라는 의미에서의 자타(自他)개념으로 '우리'라는 표현을 사용한 것이다. 서로 다른 존재이지만 동일한 세계라는 연관망 속에 등가적으로 결합해 있는 공생적 존재들로서 상호침투적으로 그 본래적 사회성을 찾고 회복해간다는 의미에서 이를 우리학문운동이라 부르는 것이다.

'우리학문운동'을 기반으로 생산의 현장에서는 생활세계의 복원을 위해 자본과 이윤 혹은 영리라는 잉여를 해체해야 한다. 현대 사회에서 생산을 지배하고 있는 힘은 이윤이나 영리 추구를 지상목적으로 하는 자본이다. 자본축적이, 이기적 생산성이 지배하는 생산의 현장에서는 삶의 자율성이나 자기목적성이 철저히 부정된다. 존재의 등가성은 애초 인정될 수 없으며, 존재 간의 등가적 관계는 부정되고 오로지 잉여의 극대화를 위한 조직적 위계와 통제가 난무한다. 자본주의 생산체제는 사람들 사이에 분열과 대립을 만들고 자연 생태계를 파괴한다. 초국적 자본이 주도하는 세계화는 존재와 세계에 대한 자본의 파괴 작용을 전지구적으로 가속화하였고, 그로 말미암아 인류의 대다수는 실업, 파산, 전쟁, 환경재해 등등으로 심각한 생존의 위기를 맞고 있다.

따라서 지금 시급한 과제는 생산의 현장에서 근대 자본주의적 생산체제를 대체할 지속가능한 공생적 생산체계를, 달리 말해 인간과 자연의 조화로운 등가적 공생과 동시에 인간 모두의 자율적 생존을 실현할 '인문생태'적 생산체계를 만드는 것이다. 대안적인 생산체계를 수립하기위한 노력들은 이미 다양한 형태로 시도되고 있으며, 그 고민의 핵심은 두 가지라 할 수 있다.

하나는 인간과 자연의 등가적이고 조화로운 공생을 가능하게 할 과학・기술의 체계화이다. '인문생태'적 생산체계는 생산에서 소비에 이르기까지 인간과 자연 간의 잉여 없는 무모순적 순환체계를 만드는 것이다. 이러한 생산체계를 만들기 위해서는 '도구합리적인 과학・기술'을 '존재-세계 합리적 과학・기술'로 전환시키는 것이 필수적이다.

다른 하나는 자율적 생존과 동시에 조화로운 공존을 가능케 하는 사회적인 생산의 체계화이다. 근대적 자본주의 생산체제는 삶의 자율성을 유린하는 여러 가지 단절과 분열을 초래한다. 이를 극복하기 위해서는 생산의 현장에서, 생산단위 간에서, 생산현장 전체적으로 각각의 삶의 자율성이 실현되면서 동시에 사회적 생산이 가능한 분업·협업 체계 및 소통체계 혹은 순환체계를 만들어야 한다. 근대적 생산체제의 모순인 생산수단과 노동력의 분리, 계획과 실행의 분리, 생산자와 소비자의 분리, 부분과 전체의 분리를 극복할 자치·경세의 새로운 사회적 생산체계로는 생산에 필요한 모든 요소가 등가적인 소통관계로 결합하는 '사원조합' 혹은 '협동조합'과 이들의 공영적 교환체계 내지 순환체계로서의 새로운 호혜적 시장모델이 고려될 수 있다.

한편 생활세계의 복원을 위해 행정(정치·행정)의 현장에서는 권력과 관료주의라는 잉여의 해체가 고민되어야 한다. 정치와 행정의 목적은 사회적 모순이나 대립과 갈등을 해결하여 평등과 합리, 조화가 실현되는 사회적 통합을 이루어 내는 것이다. 그러나 근대의 정치와 행정에서는 권력과 관료주의라는 잉여가 이러한 자기 목적을 대신해 왔다. 정치와 행정은 평등, 자유, 인권, 평화, 사회복지 등등 대중의 인간적 생존과 직결되는 가치들을 자신을 정당화하는 명분으로 내세워 왔다. 그러나 실제 그 가치들은 그 자체가 목적이 되기보다 대부분 권력의 도구로 이용될 뿐이었다. 근대의 권력정치나 관료주의 행정은 타존재를 모두 지배의 대상으로 전락시켜 왔고, 따라서 본질적으로 반생태적이었다.

생활세계를 파괴하는 반생태적인 근대의 권력정치와 관료주의 행정을 극복하기 위해서는 정치와 행정이 사회적 모순의 현장 혹은 그 관계로부터 독립해 역으로 이를 관리, 통제하는 전도현상을 타파해야 한다. 그것은 모순과 갈등이 발생한 그 현장에서 당사자들이 그 문제들을 자율적으로 해결하는 주체가 될 때에만 가능하다. 다시 말해 관련자들이 그 문제를 보편적 연관성 속에서 공개적, 개방적으로 논의하여 해결책을 찾고, 그것을 스스로 실행하고 평가하며, 그 과정에서 스스로가 지켜야 할 자기규칙을 만들고 준수할 수 있을 때에만 그 모순으로부터 벗어날 수 있다. 그것은 자치 · 자율에 바탕을 둔 '풀뿌리 자치'를 중심으로 보편적 합리와 소통이 구현되는 심의 민주주의(deliberate-democracy)를 발전시키는 것에 다름 아니다.[13)]

이러한 경세의 단초적 모델은 기존의 체제로는 해결할 수 없는 '위험' -사회적, 환경적 위험 - 들을 해결하기 위해 전문직업인- 전문가가 아니라 - 들과 대중들이 자발적으로 꾸리는 위험사정위원회나 윤리위원회 혹은 '원탁회의'와 같은 논의 및 실행공동체에서 찾아 볼 수 있다. 이 모임들은 지속가능한 인간적 생존, 따라서 모든 존재들과의 공존가능성과 '삶의 질'을 준거로 삼아 행정당국과 전문가들의 이른바 '도구적 전문성'의 권위 및 그 지배를 해체시키고, 사회적 적합성의 공준에 따라 참여를 개방하고 관할권을 공개하며, 도구적 목적에 치중하는 실험실 과학, '해답의 과학 대신'에 풍부한 경험에 근거해 생활현장의 위협을 공개 토론하는 질문의 과학을 발전시키며, 최대한의 참가폭을 지닌 행위주체 사이의 공개토론을 통해 의사를 결정하며, 문제해결을 위한 모든 과정에서 지켜야 할 자기규범과 자기의무를 만드는 것을 특징으로 한다.[14)]

'인문생태'적 삶의 방식 및 사회구성과 정합하는 행정(정치 · 행정)은

13) 김명식. 2002. 『환경, 생명, 심의민주주의』 제2부 참조. 범양사 출판부.
14) 엔소니 기든스 외. 1998. 앞의 책. 57-61쪽.

존재의 자기목적 즉 존재성에 충실한 자치(自治)와 동시에 다른 존재들과 등가적으로 소통 연관하는 경세(經世)이다. 자치란 자기결정이나 자율이라는 개념에 더해 자유, 의무, 도덕성, 품위, 독립성, 자기인식, 일반의지, 보편적 이성, 심사숙고 등등의 의미도 포함한다. 자치를 이루기 위해서는 자신의 인식이나 행위를 결정짓는 욕구나 가치를 비판적으로 성찰하고 통제할 수 있는 능력과, 동시에 외적인 영향력이나 간섭에 타율적으로 지배되거나 강제 당하지 않을 조건을 확보해야 한다. 경세란 생활현장을 구성하는 모든 존재가 자율적인 등가적 존재로 소통하고 연관하는 공영(共營)의 사회관계의 형성을 의미한다. 경세는 자율적 존재들이 등가적으로 상호연관하면서 심의민주주의에 기초해 생활현장을 공영(共營)하는 것이다. 경세는 사회관계에서 권력적 경영, 도구적 합리성 경영을 해체하고, 대신 교육적 관계에 기초해 공영(共營)하는 '각립대동'(各立大同)사회를 발전시킨다.

'생활세계'는 행정(자치), 교육, 생산의 분면들로 나누어 살필 수 있지만, 그 자체는 이들이 상호 유기적으로 연관하면서 합목적적으로 구성하는 하나의 통합적인 체계이다. '생활세계'는 생활현장 속에서 인간이 자신의 생존 요건을 구비하기 위해 구성하는 총체적인 연관체계이자 소통체계이다. 체계란 인간 사회에 우주적 세계성(자연성)이 구현된 사회구성 또는 질서를 의미하는 바, '인문생태'적 실천으로 우리의 생활현장을 자기목적적 가치가 살아 있고 합법칙적 연관, 구성력을 갖는 '생활세계'로 전환시키는 것이 '체계화(link-up)' 또는 '체계화' 운동이다. 따라서 '인문생태'적인 삶으로의 전환을 고민함에 있어 합목적적 생활세계를 통합적으로 구성하는 '체계화' 문제에 대해서도 깊이 있게 검토해야 한다.

이와 관련해 주목되는 것이 우리 전통의 마을문화이다.[15] 우리 전통의 마을정신과 마을은 '체계화'와 관련된 풍부한 정신적, 물질적 자산을 남기고 있다. 전통적으로 마을이란 자연과 사람이, 사람과 사람이 어우러져 '따로' 또 '같이' 협동적으로 생존을 영위하는, 다양한 생활현장이 유기적으로 결합된 통합적이고 자족성과 자율성이 높은 생활공동체였다. 이런 마을을 형성하고 유지시켰던 힘은 마을문화 또는 마을정신이었다. 마을문화 혹은 마을정신의 핵심은 자신의 일에서 그 고유한 사회적, 문화적 가치가 살아나게 만드는 장인정신과, 단절과 닫힘이 없는 소통으로 생활현장의 문제들을 같이 고민하는 해결하는 '생활세계' 공영정신과, 자기중심적 욕구와 본능을 다중심적인 품위 있는 사회적 문화로 꽃피워 내는 자기개발과 상호침투의 교육정신이었다.[16] 우리 전통의 마을과 마을문화는 생활세계의 복원이라는 '체계화'를 고민하는 데 있어 소중한 자산으로 활용될 수 있다. 물론 전통적인 마을이 이상적인 '생활세계'였다거나, 전통적인 마을생활로 복귀해야 한다는 주장을 하는 것은 아니다. 전통 마을은 '체계화'된 생활세계로 보기 어려운 한계를 안고 있었다. 그 점 또한 간과되어서는 안 된다.

'인문생태'적 관점에서 전통사회의 마을문화의 가치를 일찍이 주목했던 사상가는 인도의 마하트마 간디였다. 간디는 인도 전통의 마을 스와라지를 현대적으로 계승 발전시키는 것이 근대 문명의 야만적인 식민주의와 생태계파괴의 모순을 해결하는 최선의 방안임을 역설하였다. 스와라

15) 김무진 외. 2006.『한국 전통사회의 의사소통체계와 마을문화』. 계명대학교출판부.
16) 박병원. 1999.「변하지 않는 교육」.『삶과 교육』창간호. 도서출판 마을.

지란 베다에 나오는 말로 자기통치, 자기억제 즉 자율을 의미한다. 간디는 마을 스와라지를 통해 근대 문명이 만들어 낸 인도의 병폐를, 나아가 전세계의 병폐를 치유할 수 있다고 하였다.[17)]

간디는 마을 스와라지를 실현하기 위해서는 세 가지의 기본 원칙이 충족되어야 한다고 보았다. 첫째는 마을 주민의 완전한 평등과 자치이다. 주민은 사회적 지위에서, 성별에서, 종교에서 완전히 평등해야 하며, 정치나 경제 등의 마을의 사회관계는 탈중심화되어야 하고, 마을의 규칙이라 할 법이나 규범은 어느 누구도 차별하지 않는 "모두를 나의 동족"으로 여기는 보편적인 법이어야 한다. 마을의 자치는 매년 마을 사람들이 선출한 5명의 판차야트가 이끌게 되며, 마을 주민은 이들에 대해 불복종과 비협력이라는 저항권을 행사할 수 있다. 간디는 마을 스와라지의 핵심은 모든 사람들의 지배, 정의의 지배라 보았다.

둘째는 모든 사람들에게 생계를 꾸려갈 수 있을 만큼 충분한 일거리를 제공하는 사람 본위의 자족적 생산체계이다. 마을은 생활에 필요한 재화들을 자급할 수 있게 만들어야 하며, 주민들은 노동을 통해 생계수단을 획득해야 한다. 생산은 협동으로 이루어지며, 생산물은 공정하게 분배되어야 한다. 부자는 자신의 필요를 충족하고 남는 부를 사회를 위해 사용되도록 신탁해야 한다.

셋째는 자율적 생존능력을 개발하는 교육, 즉 수공예를 통한 교육을 지칭하는 나이틸림이다. 나이틸림은 신체와 두뇌의 발달에 상응하여 영혼이 깨어나게 하는 교육이다. 나이틸림는 개인의 육체적 지적 생존능력

17) 마하트마 간디. 2006.『마을이 세계를 구한다』. 녹색평론사.

을 개발함과 동시에 자율성과 보편적 연관성에 입각한 탈중심적 사회성과 협동정신을 일깨운다. 마을 스와라지와 관련해 교육에서 특히 중요한 것은 대중들에게 권위를 규정하고 통제할 능력이 그들 자신에게 있음을 깨닫게 하는 것이다.[18)]

이상에서 보듯이 간디가 구상한 마을 스와라지는 자율・자족적 공생이 가능하도록 교육체계와 생산체계, 자치공영체계가 유기적으로 결합된 '인문생태'적인 생활세계였다. 간디는 국가 및 정부의 구성과 역할은 내외의 도전으로부터 마을 스와라지를 보호하고 확대, 발전시키는 방향으로 이루어져야 한다고 생각하였고, 국제 질서 또한 이 방향으로 새롭게 재구성되어야 할 것으로 보았다. 간디는 인도 전통의 마을 스와라지에서 근대 문명의 모순을 치유할 소중한 미래적 자산을 발견했던 것이다.

---

18) 마하트마 간디. 앞의 책. 64-76쪽.

참고문헌

김명식. 2002.『환경, 생명, 심의민주주의』 제2부 참조. 범양사 출판부.

김무진 외. 2006.『한국 전통사회의 의사소통체계와 마을문화』. 계명대학교출판부.

동국대학교 BK21불교문화사상사교육연구단. 2006.『불교사상의 생태학적 이해』. 동국대학교출판부.

마하트마 간디. 2006.『마을이 세계를 구한다』. 녹색평론사.

박병원. 1999.「변하지 않는 교육」.『삶과 교육』 창간호. 도서출판 마을.

박유상. 1993.「사회 철학의 새로운 지평」.『사회 철학』 창간호. 영륜사회철학연구소.

박유상. 1993.「인간의 사회와 사회의 인간회를 위한 총론(1) 존재와 세계의 이해」.『사회 철학』. 사회철학사

박유상. 1994.「인간의 사회와 사회의 인간회를 위한 총론(2) 존재와 세계의 이해」.『사회 철학』. 사회철학사.

이매뉴얼 월러스틴. 나종일. 백영경 옮김. 1993.『역사적 자본주의/자본주의 문명』. 제1부. 창작과 비평사.

앤소니 기든스 외. 1998.『성찰적 근대화』.

배영순. 1998.「21세기 사회의 새로운 패러다임」.『세상만들기』 창간호. 세상만들기.

장상호. 2000.『학문과 교육』(하). 313-315쪽. 서울대학교출판부.

김민남. 1999.「삶의 소통. 상호침투, 교육목적에 따른 교육활동」.『삶과 교육』 창간호. 도서출판 마을.

장춘익 외. 1994.『하버마스의 사상』. 나남.

정태석. 2002. 『사회이론의 구성』. 한울아카데미.
R.H.라우어. 정근식 옮김. 1985. 『사회변동의 이론과 전망』.

인문생태적인 연구관점의 의의*

한 면 희(전북대 HK교수)

1. 여는 말

현생 인류가 자연에 의지하여 삶을 영위하면서 자신에게 맞는 고유한 방식을 채택한 것이 문화(culture)다. 문화인으로서 초기 인류의 행위가 자신들의 삶의 터전인 자연에 부담을 주는 사례는 거의 없었다. 간혹 메소포타미아 문명의 경우에서 보듯이, 도시 팽창과 인구 집중에 따른 경작 행위가 그곳 생태계에 부담을 주고, 그 화가 부메랑처럼 되돌아와서 문명의 체질을 현저하게 약화시킨 사례가 없지는 않다.[1] 다만 이런 경우는 자연에 대한 무지에서 비롯된 우연적 측면이 크다.

---

* 이 글은 필자가 『한국학논집』 제36집(2008)에 발표한 「인문생태 연구의 필요성과 의의」를 재수록한 것임.

1) 한면희. 2004. 『초록문명론』. 동녘. 1장. 보다 자세한 것은 다음을 볼 것. 도날드 휴즈. 표정훈 역. 1998. 『고대 문명의 환경사』. 사이언스북스.

농업문명과 달리 현대 산업문명은 자연에 대한 부담을 구조적으로 가중시킴으로써 스스로 환경적 화를 자초하고 있다. 환경재난은 20세기 초중반부터 본격적으로 발생하기 시작하는데, 예외 없이 산업 선진국에서 먼저 나타났다. 선진국이 환경문제의 발생을 산업화와 연결해서 생각하기 시작한 시기는 20세기 중반 무렵이다. 당시 선진국의 입장에서는 제2차 세계대전 이후 과거 식민지 국가가 속속 독립하는 가운데 여전히 무역시장을 세계로 넓힐 필요성이 요청되고 있었고, 자국 내 고민거리를 해소하기 위해 환경문제 해법도 함께 판단하기 시작했다. 자연스럽게 산업시설 가운데 공해 다발성 설비가 플랜트의 형태로 선진국에서 후진국으로 이전되기 시작했다. 비슷한 시기에 산업폐기물도 함께 수출되었다. 이 시기가 20세기 중후반 무렵이다. 그리고 세월이 흘러 20세기 후반에 접어들면서 과거 국지적 형태의 환경문제는 전 지구적 규모로 증폭된다.

역사적으로 지구촌 인류가 환경위기(environmental crisis)의 징후를 첫 번째로 자각한 시기가 1960년대 말에서 1970년대 초반이다. 마침 1960년대는 미국의 월남전 참전으로 인해 반전과 평화의 분위기가 지구촌 전역에 조성되고 있었는데, 여기에 환경문제에 대한 인식도 함께 싹트기 시작했다. 1968년 프랑스를 진앙지로 하는 뉴에지운동은 전통적인 노동문제 이외에도 반전과 평화, 환경을 주제로 다변화하는 시대적 흐름을 담고 있었다. 이런 분위기에서 1970년 4월 22일을 기점으로 지구를 구하자는 운동이 뉴욕 등 선진국 주요 대도시에서 수천만 명의 시민의 참여 속에 여러 날에 걸쳐 성황리에 개최되었다. 진보적 환경운동단체 그린피스(Greenpeace)도 첫 번째 지구의 날 행사를 주도한 반전평화론자들에 의해 그 이듬해인 1971년에 출범하게 되는데, 당시 지상에서의 핵실험 저지와 멸종 위기에 처한 고래 구출을 주된 목표로 하고 있었다.[2] 이어서 1972년에는 UN 차원에서 처음으로 스웨덴의 스톡홀름에서 UN인간환경회의를 개최하여 지구적 환경문제를 해결하기 위한 국제적 협의를 갖기 시작했다.

명확하게 평가하자면, 1960년대 말에 조성된 환경위기에 대한 첫 번째 자각은 선진국 시민의 경우로 국한할 수 있다. 그 이후 환경문제에 대한 인식은 1차 국제석유파동으로 비롯된 세계 경기침체와 맞물려 잠시 잠복기에 돌입했다가 20세기 후반부터 고개를 들기 시작하더니 21세기로 이어지고 있다. 통상 환경문제는 두 가지 유형으로 전개된다. 하나는 인류문명이 자연에 끼친 과부하로 인해 환경재난이 부메랑으로 되돌아온다는 것이다. 또 다른 하나는 산업화가 가파르게 진행되고 전 세계로 확산됨으로써 재생 불가능한 자원이 빠르게 소진된다는 데 있다. 최근 일어나는 현상은 이 둘 다를 가장 확실하게 반영하고 있음을 보여준다. 대표적으로 화학물질 남용에 따른 암 발병 증대는 물론, 지구온난화에 따른 기상이변이 장차 인류로 하여금 기후대전쟁을 치러야 할 것으로 예고하고 있다. 석유 가격의 폭등은 도미노 현상을 일으켜 세계 곡물가격의 상승을 초래함으로써 가장 먼저 제3세계와 가난한 사람들의 삶을 더욱 곤궁하게 만들고 있다. 이런 점에서 오늘의 21세기는 두 번째 환경위기가 가시화되는 단계이고 또한 위기가 선진국만이 아니라 지구촌 시민 모두에게 전파된다는 특징을 띤다고 볼 수 있다.

문제는 위기를 타개할 실질적 해결책을 강구하는 데 있다. 1차 위기

---

2) R. Scarce. 1990. *Eco-Warriors.* Chicago: Noble Press. 1990. 47-49쪽.

인식 이후 선진국과 UN이 환경과 관련된 법과 정책을 통해 해결을 모색했지만, 그것은 문제를 지연시키는 수동적인 것에 불과했다. 그 원인으로 여러 가지가 있겠지만, 기본적으로 자연을 대하는 태도에서 찾을 수 있다. 여전히 인간 사회와 자연을 분리해서 바라보는 태도를 견지하면서, 사회제도의 일부 개선을 통해 문제를 바로잡자는 보수적인 환경 관리주의 접근법은 한계에 봉착할 수밖에 없다. 근원적으로는 가치관을 포함하는 해법, 즉 패러다임의 전환이 요청된다. 이때 변화된 패러다임의 핵심으로 새로운 자연관이 조성되는 가운데 사회제도와 생활양식의 변화가 이룩되어야 한다. 마침 20세기에 본격적으로 발아한 생태학(ecology)은 서양 이외 지역에 분포되어 있는 전통문화의 자연관에 어느 정도 부합할 뿐만 아니라 서양인의 의식 전환 및 사회제도 변혁에 상당히 기여할 것으로 예측되고 있다.

생태학은 이전의 주류 생물학과 분명히 다른 점을 갖고 있다. 그것은 생물 또는 군집을 물리적 환경과 연결해서 조망한다는 기본적 특징을 갖고 있다. 바로 이것이 서양의 주류 자연관에서 배제된 특성이라는 점에서 긴요하다. 다만 자연과학으로서 생태학이 갖는 한계도 분명하다. 그것은 엄격하게 말해서 자연적 존재 간의 관계를 연결해서 기술하는 데 우선적 주안점을 두고, 그 기반 위에서 자연과학의 인과적 설명과 예측을 도모하게 된다. 그런데 환경문제의 해결을 위해서는 사회제도의 변화가 요청되고, 이에 따라 생태학적 인식은 사회과학의 지평에서 사회현상의 인과적 설명과 예측, 그리고 갈등 해결에 충실할 수 있도록 적극 활용되어야 한다. 이때 제도와 생활양식의 혁신을 수반하는 패러다임 전환이 이룩되어야 마침내 근원에 이르게 되는데, 그것은 새로운 세계관과 가치관

속에서 형성되어야 하므로 인문학적 지평에 도달할 수밖에 없다. 마침내 생태학적 인식이 생태주의라는 이념의 지평으로까지 상승하게 되는 것이다. 본 논문은 생태학의 핵심적 개념체계가 어떻게 변해왔는지 그 흐름을 추적하면서, 사회과학의 생태론이 어떤 이유로 출현했고, 그리고 그런 생태적 담론의 지평에서 인문생태의 연구가 왜 필요하고 또한 그것이 어떤 의미를 갖는지에 초점을 맞추어 논의를 전개할 것이다.

2. 자연과학적 생태학의 특성과 영향, 한계

근대에 일어난 과학혁명은 세상을 바꿀 만큼 위력적이었다. 당시 혁명을 주도한 학문은 물리학이었고, 그 이후 자연과학의 다른 분야는 물론 사회과학, 심지어 인문학도 그 영향을 받게 된다. 이렇게 해서 오늘날 세계는 과학의 시대로 접어들게 된다. 그런데 근대의 과학과 현존 과학기술에는 특징적 과학사상이 배어 있는데, 그것은 철학으로부터 영향을 받은 것들이다. 대표적으로 프랑스의 데카르트(R. Descartes)와 영국의 베이컨(F. Bacon) 사상이 많은 영향을 끼쳤다.

데카르트는 심신이원론을 전개한 것으로 잘 알려져 있다. 그에 따르면, 사유를 특징으로 하는 정신과 공간적 연장성을 지닌 물질은 서로 별개의 실체로서 존재론적 지위가 다르다. 이때 자연은 기계론적 법칙이 적용되는 물질의 단위에 불과하기 때문에 정신의 소유자 인간이 사유의 내용에 따라 이것을 얼마든지 이용할 수 있게 된다. 그리고 베이컨은 자연을 그대로 내버려둘 때 태풍과 가뭄 등 자연재난으로 심술을 부리기 일쑤이기 때문에, 고문을 해서라도 마녀의 실체를 자백 받아야 하듯이, 자연에 기계장치를 들이대서라도 자연의 비밀을 낱낱이 캐냄으로써 자연 위에 인간의 제국을 건설해야 한다고 말했고,[3] 이런 맥락에서 자연에 대한 지식이 인간의 힘임을 설파한 장본인이다.

고전물리학을 필두로 한 근대과학과 오늘의 과학기술은 데카르트와 베이컨의 과학사상으로부터 큰 영향을 받게 되는데, 그 결과 다음의 두 가지 특징을 보이게 된다. 첫째, 인간과 자연은 서로 별개라는 존재론적 이원론이 깃들어 있다. 둘째, 정신 실체를 지닌 인간은 물질 단위에 불과한 자연에 대해 우월하므로 자연을 도구로 삼는 것은 당연하다. 우열에 따른 존재론적 분리주의 사유가 과학과 과학기술에 침투되어 있는 탓에 그 실천에 따른 성과와 더불어 부작용도 발생하고 있다. 인류가 누리고 있는 현대 산업문명의 물질적 혜택 상당 부분은 이런 과학기술의 덕택이다. 그러나 그것에 수반되는 해도 적지 않은데, 환경문제가 대표적이다. 이에 과학사가 린 화이트(L. White Jr.)는 생태위기의 직접적 원인이 근대과학과 현대 과학기술임을 적시한 바 있다.

화이트가 현대 과학기술과 근대과학을 생태위기의 당사자로 지목한 연유는 그것이 유대교-그리스도교 전통에서 비롯되는 이원론적 자연관을 갖고 있다는 점 때문이다.[4] 이런 특성은 뉴턴(I. Newton)으로 대표되는 고전물리학을 필두로 화학과 생물학 등 근대과학과 현대 과학기술 모두에 침투되어 있다. 근대 패러다임의 과학은 주체와 대상의 이분법적

---

3) 마리아 미스・반다나 시바. 손덕수 외 공역. 2000. 『에코페미니즘』. 창작과 비평사. 62쪽 참조.

4) Lynn White Jr.. *Science* 155. 1967. p. 1206.

구분에 기반하고 있다. 이것에 따르면, 대상인 자연은 물질로 구성되어 있어서 기계론적 법칙이 적용되고, 전체로서의 자연을 남김없이 파악하기 위해서는 더 이상 나눌 수 없는 기초적 요소로 분석하는 절차가 요구되며, 그리고 이것을 통해 확보한 요소적 성질과 요소와 요소 간의 기계적 결합방식을 통해 보다 큰 단위를 환원적으로 파악함으로써 마침내 전체로서의 자연을 완벽하게 기술할 수 있다는 것이다. 결국 거대 자연을 비롯하여 그것을 구성하는 상위 단위는 요소적 하위 단위의 합으로 환원되고, 그런 것에 의해 결정되는 것으로 간주된다. 이렇게 해서 근대과학과 그것의 응용적 형태인 현대 과학기술은 기계론적 법칙주의와 분석주의, 환원주의, 결정론을 특징으로 하게 되는데, 이런 사유체계는 후일 사회과학과 인문학, 심지어 철학에도 상당한 영향을 미치게 된다.

그런데 20세기 들어서면서 과학혁명을 성공적으로 이끌었다고 여긴 근대과학의 주춧돌이 허물어지기 시작했다. 새로운 패러다임의 현대물리학이 등장한 것인데, 이것을 이끈 것은 주로 양자역학(quantum mechanics)이었다. 뉴턴이나 케플러(J. Kepler)에게서 보듯이 고전물리학은 거시적 자연현상을 탐구하는 형태가 주종을 이루고 있기 때문에, 탐구자가 자신의 세계관 속에 담긴 이분법적 사유체계를 의식하지 못한 채 그것이 은연중에 반영된 결과물을 내놓아도 아무 문제가 없는 것으로 보였다. 관찰 주체인 인간 탐구자가 대상인 자연의 속성을 파악함으로써 자연적 사실에 대한 지식을 얻는데, 그 지식이 보편적이거나 절대적이려면 탐구자 주관의 영향이 배제되어야 하므로 당연하게도 주체와 대상이 구분되는 이분법적 구도를 그대로 수용했다.

반면 미시현상의 탐구에 주력한 양자물리학에서는 기존의 것과 상반되는 사태가 나타나기 시작했다. 예컨대 전자와 같은 소립자의 속성을 파악한다고 가정하자. 인간 주체가 관찰을 하기 위해서는 필연적으로 빛을 필요로 한다. 실험에 어떤 빛을 사용하든 그 빛은 질량을 가진 에너지의 단위라는 것이 아인슈타인(A. Einstein)의 광량자설이다. 이것은 에너지가 진동수에 비례함을 말하고 있다. 진동수는 파장에 반비례한다. 한 과학자가 자신의 첫 실험조건을 조성하면서 극히 짧은 파장의 빛을 채택했다고 하자. 이 경우 빛의 파장이 짧은 덕택에 전자의 위치를 확정하는 데 성공을 거두지만, 그런 빛은 질량이 큰 것이어서, 다시 말해 에너지가 센 것이어서 그 빛에 쏘인 전자는 운동량과 속도에 큰 변화를 맞게 된다. 다음에는 다른 실험조건을 구성하면서 대상으로 설정된 전자의 운동량과 속도를 확정하기 위해서 솜방망이 빛, 즉 에너지가 극히 적은 빛을 채택했다고 하자. 질량이 극히 작은 탓에 전자의 원래 운동량과 속도를 그대로 보전할 수 있게 되지만, 그런 빛은 파장이 긴 것이어서 위치의 불확정 정도는 높아지게 된다. 위치의 확정성을 높이면 높일수록 운동량과 속도의 불확정성이 높아지고, 반대로 운동량과 속도의 확정성을 높이면 높일수록 위치의 불확정성이 높아진다. 전자라는 대상이 어떤 위치에서 얼마만큼의 운동량을 갖고 어느 속도로 움직이는지를 파악함으로써 소립자와 관련된 사실을 알고자 하는 기존 입장에서 보면, 한 마디로 난감해진다. 이에 하이젠베르크(W. Heisenberg)는 "전통물리학의 용어로 원자 사건을 기술하려는 시도는 모순에 봉착했다."고 보았다.[5] 어찌 되었든 과학자는 이런 저런 실험으로 결과를 얻게 되는데, 그것은 결정적일

---

5) W. Heisenberg. 1958. *Physics and Philosophy.* New York: Harper & Row. p. 35.

수 없고 확률적일 수밖에 없다. 양자역학은 이를 확률함수로 나타내고 있다. 이때 "확률함수는 두 가지 것의 혼합, 즉 부분적으로 사실과 부분적으로 사실에 대한 인간의 인식의 혼합을 나타낸다."[6] 양자역학이 전하는 바에 따르면, 인간 관찰자가 자연에 대한 지식을 얻을 때 그것은 순수한 자연적 사실 그 자체가 아니라, 인간과 자연의 상호작용의 산물일 뿐이다. 인간의 지적 탐구에서 관찰자 주체와 자연적 존재인 대상의 이분법적 구분은, 엄격성을 기할 때, 실효성을 상실하게 된다. 결국 근대과학의 주객 이분법적 패러다임은 20세기 들어서서 양자역학으로 대표되는 현대물리학의 탈이분법적 패러다임으로 전환하는 계기를 맞이하게 된다.

패러다임의 전환은 생명을 둘러싼 영역에서도 나타났다. 고전물리학과 같은 범주 속에 있던 전통생물학 역시 생명체와 그 물리적 환경을 분리시키는 경향을 보여 왔다. 그러나 이런 접근이 한계에 봉착하게 되자 새로운 흐름이 조성되기 시작했다. 이에 독일의 동물학자 헤켈(E. Haeckel)이 1866년에 생태학이란 새로운 용어를 창안하기에 이르렀다. 당시 헤켈에 따르면, 생태학은 식물과 동물을 그 존재가 처한 환경과의 상호 연관관계 속에서 기술하는 학문이라고 할 수 있다.[7] 이런 의미에서 생태학은 고전물리학을 모델로 정립한 과학의 전형에 쉽게 부합하지 않는 분야인데, 그럼에도 불구하고 그것의 출현에 영향을 미친 다른 분야로는 자연사(natural history)와 생리학(physiology)을 들 수 있다. 자연사는 동물과 식물, 광물 등 자연적 존재의 종류와 성질, 분포 등을 시간의 흐름 과정에서 탐구하고 있었고 그리고 생리학은 생물의 세부 기능이 발현되는 과정을 다른 기능과의

---

6) Ibid.. p. 45.

7) 로버트 매킨토시. 김지홍 역. 1990.『생태학의 배경: 개념과 이론』. 아르케. 23쪽.

관계 속에서 규명하고 있었기 때문에, 과정과 연관성을 핵심으로 하는 생태학 출현의 기초 배경이 되었던 것이다.

생태학 출현의 배경을 좀 더 멀리 본다면, 18세기의 린네(C. Linnaeus)를 들 수 있다. 그는 생물 분류법의 창안자이기도 하지만, 자연의 경제(economy of nature)라는 개념을 제시했다. 이것은 지구가 경제적 관점에서 거대한 생물 조직체임을 뜻한다. 지구 생물 종 각각은 자신의 생존을 도모하는 기능을 수행하는데, 그런 기능이 다른 종들의 생존에 기여하는 형태가 된다. 생물 종의 생존 기능에 따른 역할 수행이 상호작용으로 이어지되, 그것이 모든 물질 자원의 합리적 질서화로 이어진다. 이에 자연 전체로 보면 부족한 것도 없고 또 남아도는 것도 없다. 자연의 경제가 구축되는 것이다.[8] 물론 린네는 자연이 이렇게 질서가 잡히는 형태로 구축될 수 있었던 데는 그것을 창안하고 만든 신의 덕택 때문임을 밝히고 있다. 결국 자연은 수많은 톱니바퀴가 제 기능을 다함으로써 작동하는 초대형 기계처럼 신에 의해 설정된 거대한 조화 속에 있는 셈이다.[9]

린네의 자연 개념은 19세기 말과 20세기 초 생태학자들에게 다소 다른 형태로 재현된다. 덴마크의 워밍(E. Warming)은 공생이나 기생 개념을 이용하여 식물 군집이 자신들의 환경을 이용하여 적응하는 과정을 식물의 경제로 표현하였다. 워밍이 자연의 지리적 조건에 따라 식물의 생활 유형의 차이가 빚어짐을 밝히는 데 초점을 맞추었다면, 미국의 클레멘츠(F. Clements)는 시간적 흐름에 따라 생활 유형의 변화가 야기됨을 추적하

8) T. Hayward. 1994. *Ecological Thought*. Cambridge: Polity Press. p. 25.
9) J. B. Callicott. 1989. *In Defense of the Land Ethic*. Albany: State University of New York Press. p. 105.

였다. 예컨대 처음에는 자연상태의 한 지역에 초본식물들이 출현하여 개척을 하고, 다음에는 그곳에 목본식물이 침입하여 광범위하게 자리를 잡으며, 또 그 다음으로 이들이 드리운 그늘에서 다른 목본식물이 자리를 잡게 된다. 이렇게 클레멘츠는 자연에서 일련의 천이(succession)가 몇 차례 진행되는 가운데 우점종 식물이 중심이 되는 극상 상태(climax)의 군집이 한 지역을 덮게 되면 마침내 안정상태로 유지될 것이라고 보았다. 그리고 그는 마침내 자연을 초유기체(superorganism)로 그려내기 시작했다. 이런 접근은 당시 유행하던 스펜서(H. Spencer)의 사회유기체설을 자연의 식물 군집에 적용한 것이었다.[10] 인간 사회가 그 구성원인 개인과 마찬가지로 유기체의 성격을 갖는다면, 식물 사회 역시 탄생하여 성장을 거치다가 종국적으로 안정적 성체에 이르는 식물 유기체와 같을 것이라고 본 것이다.

클레멘츠의 초유기체설은 후세 생태학자 일부에게 문제를 지닌 것으로 비춰졌다. 첫째, 과학에서는 한 이론이 목적론을 견지할 경우 과학의 지위를 잃는 것으로 간주되는데, 클레멘츠의 그것이 목적론적으로 보인다는 것이다. 둘째, 극상 이론이 자연을 관리하는 데 유용한 견해를 제공하지만, 자연에 대한 인간의 간섭을 최소화해야 하는 것으로 귀결됨으로써 인간 및 생태학자의 적극적 역할 자체가 실종될 수 있다는 우려를 낳는다는 점이다. 특히 영국의 탠즐리(A. G. Tansley)는 클레멘츠 등에 의해 조성된 군집생태학(community ecology)이 생물체 간의 유기적 연결에만 초점이 맞추어져 있어서 생물 군집을 둘러싼 물리환경의 역할이

10) 김기윤. 2002. 「생태학의 사회 문화적 배경에 관한 역사적 고찰」. 『한국과학사학회지』. 24(1). 44-46쪽.

간과되어 있음을 우려했다. 물론 린네로부터 드리워진 목적론적 형이상학의 흔적도 지우고 싶었다. 그래서 그는 1935년에 생태계(ecosystem)라는 표현을 주조한다. 이것은 생물과 생물 간의 상호관계는 물론 생물과 그 물리적 환경이 이루는 시스템을 자연의 기본 단위로 설정한 것임을 의미한다.

탠즐리의 생태계 개념을 생태학에 반영한 대표적 학자는 유진 오덤(Eugene P. Odum)이다. 그는 세포가 분자생물학자에게 기본 단위가 되듯이 생태계는 생태학의 기본 단위여야 한다고 여겼다. 다만 그는 생태계를 에너지가 흐르는 기능적 단위로 다룸으로써 생태계의 체계적 과학화를 시도했는데, 여기서 자연선택이 에너지 흐름에도 작용한다고 주장한 로트카(A. J. Lotka)의 견해를 적극 차용하였다. 그리고 이에서 더 나아가 그는 에너지가 흐르는 시스템 생태학을 전체론(holism)과 적극 연결시켰다.[11]

한 종에 해당하는 생물 개체들은 집합적으로 개체군(population)을 이루고, 한 지역에 거주하는 모든 개체군들은 생물 공동체라는 군집을 형성한다. 생태계란 생물 군집과 그 물리적 환경이 더불어 존재하는 양태이다. 물론 하위의 생태계도 더 큰 단위로 올라갈수록 경관(landscape)과 생물군계(biome) 그리고 생물권(biosphere)으로 이어진다. 오덤은 이렇게 조성된 자연은 환원주의(reductionism)로 이해할 수 없는 고유한 특징을 가진다고 주장함으로써 생태학을 전체론의 지평에 올려놓았다.

---

11) 로버트 매킨토시. 김지홍 역. 『생태학의 배경』. 1999. 304-05쪽.

계층구조적 조직의 중요한 결과는, 하나의 구성요소 또는 하위 단위가 조합하여 더 큰 기능적인 전체를 이룰 때 그 하위 수준에서는 존재하지 않던 또는 뚜렷하지 않던 새로운 특성들이 생겨나는 것이다. 따라서 생태적 수준 또는 단위의 창발성(emergent property)은 구성요소들의 기능적 상호작용의 결과로 생긴다. … 이 원리는 "전체는 부분들의 합보다 크다" 또는 "숲은 나무들의 집합 이상이다"라는 오래된 금언이 가지는 의미를 격식을 갖추어 표현한 것이다.[12)]

오덤을 필두로 한 생태계생태학은 탠즐리의 생태계 개념에 의거하는 까닭에 자연의 안정성 개념에 의거하고 있다. 그러나 가장 최근의 생태학은 새로운 변화를 보이고 있다. 무엇보다도 진화생태학(evolutionary ecology)이 이런 흐름을 주도하고 있다. 이 입장에 따르면, 반드시 자연에서의 천이가 시간의 흐름을 통해 극상으로 이행하는 것은 아니고, 천이 과정에서 생물종의 다양성으로만 전개되는 것도 아니며, 또한 종 다양성으로 구현된 식상이 안정상태를 보이는 것은 아니라는 점이다. 오히려 자연상태에서 식상은 끊임없이 변하는데, 그 구성 요소 여기저기서 크고 작은 형태로 서로 다른 특성을 띠며 전개되기 때문에, 마치 누더기처럼 기워진 조각보가 계속 연결되듯이 새로운 형태로 진행한다는 것이다. 즉 자연에는 무수히 교란이 일어날 정도로 복잡한 혼돈의 요인이 있기 때문에, 결코 안정상태를 상정할 수 없다는 것이다. 이에 심벌로프(D. Simberloff)는 생태학에는 서로 다른 입장, 즉 기계론적 자연관과 유기체 자연관이 짙게 드리워져 있는데, 진화적 자연의 전개 양상이 기계론적 결정론에 의해 파악되지도 않고,

---

12) 유진 오덤. 이도원 외 공역. 1995. 『생태학: 환경의 위기와 우리의 미래』. 민음사. 48-49쪽.

그렇다고 해서 탄생과 성장, 안정상태로 돌입하는 개별 유기체와 같지도 않다고 함으로써 양자를 함께 비판하고 있다. 메이(R. M. May)는 카오스 이론에 기대어 생물 개체군의 수적 변화가 시간 추이 속에서 선형으로 나타난다기보다 혼돈 양상을 보인다고 보았다. 그리고 봇킨(D. Botkin)은 개체군과 군집, 생태계 모형을 거부하면서, 자연의 변화가 결정론적 요소와 비결정론적 요소, 선형적 요소와 비선형적 요소가 함께 결합되어 복잡하고 혼돈의 양태를 띠게 된다고 주장하는데, 그런 혼돈에도 불구하고 생태학자는 갈수록 정교해지는 컴퓨터를 통해 복잡계 자연을 예측하고 통제하는 것이 가능하다고 여기고 있다.[13] 자연이 안정상태를 지향한다기보다 혼돈상태에 놓여 있음을 적극 주장하면서도 아이러니컬하게 기계론적인 정교한 설명이 가능하다고 주장하는 셈이다.

가장 최근의 진화생태학은 진화의 기본 단위가 집합적 개념인 생물 군집이라기보다는 개체여야 한다고 여기고 있고, 린네 이후 조성된 자연의 평형 개념을 의문시하면서, 더 나아가 안정성과 결부된 생태계 개념에 대한 의존도 현저하게 줄이는 형태로 진행되고 있다. 뿐만 아니라 역사적 전개 과정에서 생태학자들은 아직도 기계론적 환원주의와 유기체론, 개체론와 전체론의 형이상학적 혼돈에서 입장을 명료하게 정리하지 못하고 있다. 한 마디로 생태학은 자기 정체성을 아직 제대로 찾고 있지 못하다고 할 수 있다. 이런 지경이니 일부 생태학자들이 1960년대 이후 형성되기 시작한 본격적 환경담론에서 그것이 생태학에 기대어 각종 이론을 전개한 데 대해 깊이 우려하고 있음을 이해하지 못할 바가 아니다. 특히

13) 김기윤. 2002. 「진화생태학의 형성을 통해 살펴본 생태학의 성격」. 『한국과학사학회지』 24(2). 4절 참조.

자연의 평형 개념에 의지하는 특정 환경담론을 지켜볼 경우, 더욱 그러할 것으로 보인다.

그러나 생태학이 넓은 의미의 환경진영에 미치는 영향을 세부적으로 분류하여 판단한다면, 사회과학 및 인문학의 지평에서 전개되는 생태적 논의에 대해 지나치게 우려할 필요는 없다고 본다. 생태학이 환경진영에 끼친 영향은 최소한 다음의 두 가지이다. 첫째, 생물 또는 군집을 물리적 환경과 연결해서 조망한다. 둘째, 자연은 시간적 추이 속에서 안정화를 이룸으로써 자연의 평형을 구현하는 경향이 있다. 필자는 여기서 첫 번째 견해를 자연의 연계성 논제로, 두 번째 견해를 자연의 평형성 논제라고 하겠다.

1960년대 이후 환경진영 다수는 연계성 논제와 평형성 논제 둘 다를 취하는 경향을 보였다. 이런 경우 생태학의 입장 정리가 어떻게 되느냐에 따라 환경담론도 결정적 영향을 받을 수 있다. 다만 생태학이 환경진영에 포괄적으로 미친 지식은 첫 번째의 자연 연계성 논제임에 주목할 필요가 있다. 생태학이 전통생물학과 다른 연유는 그것이 생물 또는 군집을 그 물리적 환경과 분리해서 바라본 것이 아니라 유기적 연결관계 속에서 살폈다는 점이다. 이것은 환경문제 발생의 근원적 뿌리가 인간사회를 자연과 둘로 선명하게 분리한 데서 비롯되었다는 인식과 맞물리면서 그 대안적 자연 이해로 각광을 받게 된 것이다. 물론 생태학계 내에서 여전히 개체론적인 분리주의와 환원주의, 기계론적 시각으로 설명하거나 해석하는 경우가 적지는 않다. 이것은 생태학자가 여전히 근대과학의 이분법적 분리주의 패러다임의 형이상학으로 조망하는 데서 나타나는 오류다. 전통생물학적 논의를 범주가 다르게 설정된 생태학으로 끌고 오는 데서 빚어지는 오류다. 다만 복잡다단한 자연현상을 기술하거나 설명할 때, 기계적 처리를 하는 컴퓨터에 의존하거나 환원주의적 접근을 취하는 것이 매우 효과적이기 때문에 그런 경향을 취하게 됨을 이해한다. 이때 유념해야 할 것은 인식론적 접근과 존재론적 접근을 구분해야 한다는 점이다.[14] 동아시아나 인도의 전통사상이 그렇게 보고 있는 것처럼 자연의 생명들은 연관 속에서 존재론적으로 이어져 있지만, 인간이 효율적 이해를 위해 인식론적으로 구분해보는 접근을 취할 수 있다. 물론 이때의 인식을 양자물리학이 전하는 것처럼 인간적인 것임을 승인하면 된다. 인간이 수치를 써서 자연을 분류하는 인식을 수행하는 것이 효과적이라고 해서, 그것이 자연의 분할을 보증하는 것은 결코 아니다. 따라서 분류하는 접근을 취하고 또 컴퓨터 분석이 용이하다고 해서 실제로 자연의 생명이 서로 단절되어 있는 것이 아님을 깨달을 필요가 있다. 환원주의 생태학자가 빈번하게 범하는 오류가 바로 이점이라고 생각된다.

생태계생태학은 생태계 개념을 토대로 자연에 대한 연계적 인식을 잘 드러내는 고유성을 견지하고 있다. 그리고 그 후에 출현한 생태학, 진화생태학이든 카오스생태학이든 그 주된 논조도 자연의 연계성 논제에 대한 거부는 아니기 때문에, 아직 생태학이 자기 정체성을 명료하게 확보하지 못했다고 해서 환경진영에서 생태적 논의를 할 수 없는 것은 아니다. 오히려 연계성 논제를 축으로 사회과학 및 인문학적 논의를 펼치는 것이 큰 의미를 갖는다고 볼 수 있다. 단 자연과학으로서 생태학은 기본적으로 생명을 둘러싸고 있는 자연적인 관계적 사실을 기술(description)하는 데

---

14) 자세한 것은 다음을 볼 것. 한면희. 2004. 『초록문명론』. 동녘. 2장 4절.

주안점을 두면서, 이를 토대로 자연현상에 대한 설명과 예측을 수행하고 있다. 반면 사회과학이나 인문학은 생태위기가 사회적 현안이기 때문에 사회제도와 세계관, 가치관의 변화 속에서 근본적 문제 해결에 임하고 한다. 이때 자연현상에 대한 기술을 넘어 사회적 설명(explanation)과 형이상학적 해석(metaphysical interpretation)으로 이행하는 절차를 밟지 않을 수 없다. 사회적 생태론과 인문적 생태주의 지평으로 나아가지 않을 수 없는 것이다.

3. 사회과학적 생태론의 특성과 역할, 한계

사회과학의 이론은 인간 사회의 제반 현상과 연관된 과제를 인식하고 설명하며 해결하는 데 초점을 맞추는 분야이다. 사회현상에 대한 체계적 연구를 위해서 경험이나 사유를 토대로 조성된 이론을 가설로 제안하여 벌어진 현상을 설명하고, 앞으로 있을 사태를 예견하는 기능을 수행하게 된다. 이에 사회이론은 기본적으로 사회학과 정치학, 경제학, 법학, 인류학, 여성학 등 사회과학의 분야 속에서 사회적 사실을 기술하고 설명하며, 미래를 예측하는 역할을 수행한다.

근대에 태동된 대부분의 사회과학이 그렇듯이 사회학도 최근까지는 산업사회의 형성과 재생산의 맥락에서 산업의 발전과 사회의 발전 사이의 상관성에 주안점을 두어왔다. 즉 사회학은 산업주의의 확립 속에서 기초되었고, 산업주의 속도를 가속화했으며, 근대의 발전을 추동하는 산업적 질서를 이해하기 위한 개념과 이론 정립에 주된 방향을 설정했던

것이다.[15)]

그런데 인간의 산업사회 활동이 사회 외적인 자연에 대한 고려를 하고 있지 못한 상태에서 환경문제가 발생하고 있었던 것이다. 예컨대 사회의 에너지 사용이 급증하면서 석유와 석탄, 천연가스 등 화석연료 사용은 지구온난화로 이어지고 있다. 그리고 지구온난화로 인해 기상이변이 야기되면서 현재 일부 사회 공동체가 피해를 입고 있고 또 앞으로도 어떤 형태로든 피해를 입을 것으로 예측되고 있다. 따라서 사회가 어떠하며 또 어떠해야 하는가를 체계적으로 연구하는 사회이론은 환경위기를 설명하고 이해하며 또 가능한 해결책을 제공해야 하는 중요한 역할을 갖는다고 볼 수 있다.[16)]

사회과학자가 사회적 환경문제를 해결하기 위해서는 자연에 대한 이해가 필수적으로 요청된다. 이때 크게 두 가지 길이 제시된다. 하나는 산업사회의 시각으로 자연을 파악하면서 환경문제 해결에 임하는 것이고, 다른 하나는 좁은 산업사회의 시각을 벗어나서 자연을 이해하고, 그런 선상에서 문제 해결의 가설을 제시하는 것이다. 여기서 전자는 통상 환경 관리주의 이론으로 제시되어 정책으로 채택된 바 있다. 이런 자연에 대한 인식은 좁은 의미의 환경에 대한 인식이다.[17)] 이것에는 인간 사회와 자연의 분리라는 전통적 세계관과 과학관의 반영으로서 인간 사회는 목적이고 자연은 오직 도구일 뿐이라는 지배적 조망이 배어 있다. 주객이분

---

15) 루크 마텔. 대구사회연구소 역. 1998. 『녹색사회론』. 한울아카데미. 32쪽.

16) 존 배리. 허남혁 외 공역. 2004. 『녹색사상사』. 이매진. 19쪽.

17) 좁은 의미의 환경론(주의)은 인간 중심주의가 강하게 배어 있는 견해이다. 이것과 대조되는 견해가 생태론(주의)이다. 다만 양자를 모두 포괄하는 방식으로 환경주의를 논의하기도 하는데, 이때의 것은 넓은 의미의 환경주의로 볼 수 있다.

법에 바탕을 둔 전통생물학과 우열 개념이 반영된 산업주의의 눈으로 자연을 보고 있는 것이다. 따라서 이런 보수적 접근은 산업주의 또는 산업자본주의의 가치관과 사회제도, 생활양식을 그대로 유지하면서 문제 해결에 임하게 된다. 그 일환으로 효율적인 자원경제 체제를 구축하고, 과학기술에 의거하여 오염을 제어하고자 시도한다.

그러나 보수적 접근으로 근원적 해결이 안 된다면 산업주의 환경론에 커다란 결함이 있는 것으로 평가를 받게 된다. 불가피하게 대안을 모색하게 되는데, 무엇보다도 자연을 보는 새로운 시각이 요청된다. 마침 생태학이 등장했으니 사회과학의 주목을 받을 수밖에 없다. 사회과학자가 본 자연과학적 생태학은 인간과 동물, 식물 간에 그리고 이런 생명체와 이를 둘러싸고 있는 자연환경 사이의 관계에 관한 연구로 인식된다. 전통적으로 사회과학은 생태학일 수 없다. 사회만 이해할 뿐 자연에 대한 기술을 배제해왔기 때문이다. 그 역인 생태학도 그 자체로 사회과학일 수 없다. 생명체를 둘러싼 자연적 사실에 대한 기술과 사회에 대한 설명은 다르기 때문이다. 결국 사회과학이 생태학을 적극 반영하는 형태의 이론적 접근을 모색할 수밖에 없다. 이렇게 해서 사회과학이 생태적 화두를 수렴하는 형태로 사회적 생태론(ecological theory)이 탄생하게 된다.

사회적 생태론은 자연과의 관계 속에서 우선적으로 다음의 세 가지를 인식하게 된다.[18] 첫째, 자연적 요소가 사회 발전에 영향을 끼친다. 둘째, 사회 발전이 자연에 영향을 끼친다. 셋째, 사회 발전으로 영향을 받은 자연 요소가 부메랑처럼 다시 사회에 영향을 미친다.

18) 루크 마텔. 1998. 앞의 책. 39-41쪽.

어떤 사회 공동체도 그 사회가 이용할 수 있는 자원의 종류나 정도에 의해 발전이 촉진되기도 하고, 제약을 받기도 한다. 지금까지 선진국은 손쉽게 다가갈 수 있는 풍부한 석탄과 석유, 천연가스를 통해 산업화를 촉진하였다. 그러나 그런 재생 불가능한 자원이 점차 고갈되는 현실에서는 다른 대체 자원을 확보하지 못하는 한, 향후 사회 발전은 정체되거나 아니면 퇴보 국면으로 접어들 수 있다. 또한 인간의 산업화라는 사회 발전은 환경오염을 자연에 전가하는 형태였다. 경작지에서 살충제와 같은 화학약품의 사용은 많은 생명체를 죽음으로 몰고 갔다. 산성비로 일부 삼림이 황폐화하기도 했다. 과도한 목초지 조성은 토양 황폐화로 이어졌다. 곳곳에서 생물 종의 다양성이 약화되었고, 사막화 지역도 늘어나고 있다. 그런데 이런 자연의 변화는 다시 부메랑이 되어 사회로 돌아온다는 특성이 있다. 이산화탄소와 같은 온실가스의 과다 사용은 지구온난화를 초래하여 기상이변이 야기되고, 이것은 기존의 자연에도 영향을 끼쳐서 때때로 비가 자주오던 열대우림의 강우량을 줄이기도 하고 또 사막에 비를 자주 내려줌으로써 초지로 바꾸어주기도 한다. 그리고 이런 자연의 극심한 변화는 마침내 인간 사회에도 덮치게 되는데, 태풍이나 허리케인의 횟수를 늘이거나 위력을 증폭시켜 자연재난을 인재로 둔갑시키기도 하고, 열대성 바이러스를 유행시켜 수많은 인명을 대거 사망에 이르게 할 수 있는 것으로 예측되기도 한다.

어쨌든 사회적 생태론은 사회와 자연이 상관관계 속에 놓여 있음을 확인하게 된다. 그것이 과거에는 주로 선순환 관계였다. 단기적으로 보면 인간이 자연을 이용해서 누리는 혜택이 일방적이었기 때문에 사회와 자연이 내적 연관성을 띠고 있는 것으로 감지하지 못했다. 그러나 얼마 되지 않아서 인간이 드리운 어두운 환경그림자로 인해 사회와 자연이 악순환 속에 놓여 있음을 알아채기 시작한 것이다. 악순환을 선순환으로 다시 바꾸는 것은 전적으로 인간의 책임 있는 역할에 달려 있다.

사회과학적 생태론은 사회적 현안으로 등장한 환경사안을 제도와 정책으로 해결해야 하는 과제를 안고 있다. 이미 발생한 환경사건을 결과로 간주하고 그 원인을 규명하여 인과적으로 설명할 필요가 있다. 이런 설명은 환경과 관련해서 발생한 사회적 갈등을 해결하기 위함이다. 그런데 현 사회체제의 구조에서 문제가 발생한 것이라면, 앞으로도 계속 갈등은 야기될 것이고, 경우에 따라서는 더욱 증폭될 것으로 예측할 수 있다. 이 경우 기존 체제의 구조에서 기인하는 것이므로 사회체제의 변화나 근본적 변혁을 도모하지 않을 수 없다.

독일에서는 1970년대부터 우리나라의 헌법에 해당하는 기본법에 자연보호 조항을 반영하는 문제로 정치권과 법학계에서 논쟁을 벌여왔다. 기민당과 같은 보수정당은 "인간의 자연적 생활기반은 국가의 특별한 보호를 받는다."로 표현하자고 한 반면, 사민당과 후일의 녹색당과 같은 진보정당은 '인간의'라는 수식어를 삭제하여 반영하자고 맞섰다.[19] 20년이 넘게 논쟁을 벌이다가 마침내 통일 이후인 1994년에 개정한 기본법에서는 "국가는 미래세대에 대한 책임을 다하기 위해서 … 자연적 생활기반을 보호한다."로 명시하였다.

여기서 논쟁의 관건은 자연을 조망하는 태도와 직결되어 있다. 헌법에 인간의 자연적 생활기반을 보호한다고 명문화할 경우, 인간이 사회적 합

19) 박기갑 외. 1996. 『환경오염의 법적 구제와 개선책』. 소화. 19-37쪽 참조.

의를 거친 것으로만 국한하여 자연을 보호하게 된다. 물론 하위 법률에서 관련된 규정을 둘 것인데, 이때 사회적 상황이 변해서 자연보존 지역을 이용하기로 결정하면 그 표현은 자칫 유명무실해질 수도 있다. 반면 '인간의'라는 수식어를 뺄 경우, 야생자연을 포함하여 자연적 생활기반 일반에 대해 보다 무거운 형태로 책임을 지게 된다. 이 논쟁의 핵심에는 자연을 보는 가치관의 차이가 연루되어 있다는 점이다. 즉 보수적 접근은 환경문제 해결에 임한다고 하더라도 여전히 자연을 인간의 도구로 보는 가치관을 견지하고 있는 반면, 진보적 접근은 자연이 도구를 넘어서는 가치(non-instrumental value)를 지닐 수 있음에 대해 용인하고 있다는 점이다. 그래서 정치학계에서는 생태론이 정치이론에 두 가지 혁신적 방식을 제공했다고 보고 있다.[20] 첫째, 사회적 및 정치적 생활에는 자연적인 한계가 있다. 둘째, 인간 외적인 자연은 도구일 수만은 없는 내재적 가치(intrinsic value)를 갖고 있기 때문에 자연에 대한 도덕적 평가를 수행해야 한다. 가령 인문학의 규범적 가치가 사회를 제도적으로 정책적으로 바르게 인도하지 않는다면, 문제 해결은 정치사회적 힘의 역학관계에 의해 결정되기 일쑤이기 때문에, 문제를 푸는 데 실질적 해결책에 이르지 못할 수 있다. 따라서 인문학의 규범적 가치가 인도하는 지평, 이른바 생태주의 이념이 작동하는 인문생태의 지평으로 나아가지 않을 수 없다.

20) 루크 마텔. 1998. 앞의 책. 198쪽.

4. 인문학적 생태주의 연구의 필요성과 의의, 역할

20세기 말에 활성화되기 시작한 사회과학적 생태론은 1970년대에 적극 개진된 급진적 생태주의(radical ecology) 사상에 영향을 받은 바가 적지는 않다. 보수적 환경론의 경우 기존 사회과학의 이론을 환경문제 해결에 응용하면 되지만, 그것만으로 근원적 문제 해결 가능성이 낮다고 판단한 학자들이 일단 급진주의에 주목하게 된 것이다. 당시 그런 것이 트로이카 형태로 출현했는데, 심층 생태주의(deep ecology)와 사회 생태주의(social ecology) 그리고 생태 여성주의(ecofeminism)가 그것이다. 여기서 트로이카 사상이 모두 생태학과 직접 연관되어 있다.

심층 생태주의의 주창자로서 노르웨이의 철학자인 네스(A. Naess)는 1976년의 저술에서 과학적 생태학에 대해, 그것은 "유기체들이 서로 간에 그리고 유기체들이 그것들의 유기적 및 비유기적 여건과 상호작용하는 가운데 조성되는 생활조건에 대한 학제적인 과학적 탐구"라고 규정함으로써 역시 자연적 존재 사이의 연관성에 주목한다.[21] 그러면서 그는 과학적 생태학이 자연적 존재들 사이에서 벌어지는 변화만을 승인할 뿐이지, 그 변화에 대해 가치평가를 할 수 있는 입장이 아님을 분명히 하고 있다.[22]

환경위기는 인간의 행위가 초래한 새로운 사태다. 대표적으로 산업화 오염요인은 자연으로 흘러들어 생태계를 척박하게 만들고 숱한 현존 생물 종을 소멸시키고 있다. 분명히 자연에서 변화가 일어났고 또 일어나고

---

21) A. Naess, D. Rothenberg (tr. & rev.). 1989. *Ecology, Community and Lifestyle.* Cambridge: Cambridge University Press. p. 36.

22) Ibid.. p. 24.

있다. 그대로 방치했더니 그 변화가 인간 사회에도 영향을 미쳤고 또 향후에도 지대한 영향을 끼칠 것이다. 그리고 이것이 전 세계로 확산되는데, 구조적이어서 인류의 전반적 생활 자체를 흔들 것이다. 예컨대 1960년대에 월남전에 참전한 미군들이 전쟁터에서의 시야 확보를 위해 잎을 말라죽게 하는 고엽제를 개발하여 사용했다. 숲에 변화가 야기되었고, 후일 그것에 영향을 받은 병사들에게도 건강상의 변화가 초래되었다. 고엽제가 다이옥신의 한 종류인데, 현재 우리의 삶 곳곳에서 소각로 등을 통해 다이옥신이 배출되고 있다. 다이옥신을 비롯하여 숱한 다른 화학물질들은 인간과 동물의 생체 내에서 유사호르몬으로 작동하여 내부에 변화를 초래하고 있는데, 이런 환경호르몬은 동물에게 생식기 이상을 초래하고 인간에게는 암 발병과 생식기 이상이라는 변화를 가져오고 있다. 과학적 생태학을 필두로 자연과학은 현재 전개되고 있거나 이미 벌어진 변화를 기술하는 형태로 전할 뿐이고, 그것도 확실하지 않을 경우 잘 모른다거나 또는 "만일 어떠하다면, 그 경우에 이럴 것이다."는 형태로 매우 신중하게 객관적 입장을 견지하고자 한다. 잘 알려져 있듯이 고엽제가 나뭇잎을 말라죽게 하는 것 이외에 다른 어떤 연쇄적 결과를 초래할지 개발 과학자들도 당시에는 몰랐다는 것이 엄연한 현실이었다.

현대 산업사회의 행위는 자연과 인간에게 숱한 변화를 초래하고 있는데, 과학적 생태학은 이런 변화의 연관성을 기술하여 전할 뿐이다. 그런데 우리는 이런 변화에 대해 가치평가를 하고, 그에 따라 사회가 어떤 결단을 내려야 한다고 생각하게 된다. 자연과학의 지평을 넘어서야 하는 것이다. 문제가 얕은 것이라면, 사회가 현 제도의 영역 안에서 정책적으로 판단하여 시행하면 된다. 반면 문제가 깊은 것이라면, 기존 이념과 체제가 아닌 새로운 이념과 체제에 근거해야 한다.

생태학의 지평에서 생태윤리의 지평으로 확장된 전형적인 사례가 존재한다. 미국 환경운동의 바이블로 꼽히는 『모래 군의 열두 달』(A Sand County Almanac)을 집필한 레오폴드(A. Leopold)를 들 수 있다. 그는 1909년 예일대 삼림학과 졸업과 동시에 산림청의 공무원으로 일하게 된다. 당시 산림청은 최대 다수의 미국인에게 최대의 이익이 되는 형태로 산림자원을 관리한다는 창립 취지에 따르고 있었고, 그 일환으로 사슴과 들소를 인간의 사냥감으로 보호해야 할 좋은 동물로 인식하고 있었던 반면 회색곰과 늑대에 대해서는 인간의 레포츠 대상인 동물의 포식자로 간주하여 제거하는 캠페인을 벌이고 있었다. 레오폴드도 늑대나 곰을 만나면 관행처럼 사냥총을 겨냥하여 쏘아대곤 했다. 그는 이렇게 하는 것이 대학에서 배운 것처럼 산림을 잘 관리하고 또 사회적 요구에도 부응하는 것이라고 여겼다.

그러나 세월이 흐르면서 경험과 새로운 학문적 정보를 통해 레오폴드의 생각이 바뀌기 시작했다. 늑대와 곰이 잡아먹은 사슴의 개체 수는 얼마 되지 않고 또 사슴의 개체 수가 적정하게 유지되는 반면, 포식자가 대부분 사라진 생태계에서는 사슴의 수가 엄청나게 불어나고 사슴 떼가 훑고 지나간 산기슭 생태계는 수십 년이 되어도 쉽게 복원되지 않는다는 사실을 깨닫기 시작한 것이다. 그는 생태학에 대한 이해를 하기 시작했었고, 그때는 탠즐리에 의해 생태계란 표현이 막 나올 무렵이었다. 어느덧 그는 「가빌란의 노래」에서 자연의 순환성을 이렇게 표현하게 된다.

물의 노래는 누구나 들을 수 있다. 그러나 이 구릉지대에는 결코 아무에게나 들리지는 않는 색다른 음악이 있다. 몇 소절 듣고 싶다면 당신은 우선 이곳에 오랫동안 살면서 구릉들과 강들이 하는 얘기를 알아들어야만 한다. 그러고 나서 어느 고요한 밤, 야영장 모닥불이 잔잔해지고 황소자리의 별무리가 바위 벼랑 위로 솟았을 때, 조용히 앉아서 늑대 울부짖는 소리를 들으며 당신이 보았고 이해하려 했던 모든 것에 대해 깊은 명상에 잠겨보라. 그러면 그것, 고동치며 멀리 멀리 퍼져나가는 화음이 들릴 것이다. 그 악보는 1천 개의 구릉에, 그 음표는 동식물의 삶과 죽음에 새겨져 있다. 그리고 그 리듬은 순간과 영원에 걸쳐 있다.[23)]

가빌란의 노래에서 먹이는 '돌고 도는' 것이다. 물론 거기에는 당신의 음식뿐만 아니라 참나무의 음식도 포함된다. 참나무는 사슴의 먹이가 되고, 사슴은 퓨마의 먹이가 되며, 퓨마는 참나무 밑에서 죽어 자신의 지난날 먹이들을 위해 도토리로 되돌아간다. 이것은 참나무에서 시작하여 참나무로 되돌아가는 많은 먹이사슬 가운데 하나일 뿐이다.[24)]

전통생물학을 배경으로 하던 초기의 레오폴드가 새롭게 대두되던 생태학적 인식을 통해 자연을 조망하기 시작했고, 거기에 시인의 열린 가슴까지 보태고 있는 것이다. 물론 레오폴드는 생태학적 인식이 자신의 시적 상상력이라는 주관에만 머물러서는 안 된다고 판단한다. 그러려면 자연을 대하는 인간의 인식에 도덕적 옳고 그름의 잣대를 제시하여 사회적 새 규범을 통해 보편적으로 인도할 필요가 있다고 여겼다. 그래서 그는 마침내 그 유명한 '대지의 윤리'(land ethic)로 불리는 규범을 제시한다. 그는 인간도 생명 공동체의 평범한 구성원임을 일깨우면서, "생명 공동

---

23) 알도 레오폴드. 송명규 역. 2003.『모래 군의 열두 달』. 따님. 188쪽.
24) 위의 책. 191쪽.

체의 순결과 안정성 그리고 아름다움의 보전에 이바지한다면, 그것은 옳다. 그렇지 않으면 그르다."[25]고 천명한다.

레오폴드에게서 초기 전통생물학의 자연 기술이 생태학적 인식으로, 그리고 이를 넘어서서 자연의 아름다움을 찬미하는 인문적 시학, 더 나아가 생태주의 윤리의 지평으로 확장되는 경로를 엿볼 수 있다. 레오폴드의 견해에 공감하느냐를 떠나서, 그에게서 자연적 존재의 연관성에 대한 생태학적 탐구가 자연과 인간, 사회로 이어지는 인문생태적 탐구로 확산됨을 확인하게 된다.

앞서 환경조항을 헌법에 반영하기 위해 노력하는 독일의 사례에서도 환경법이 인문적 가치, 즉 윤리와 직결됨을 확인할 수 있다. 보수정당인 기민당은 현재의 사회제도와 가치관을 그대로 존속시키는 선에서 정책적 보완을 하자는 입장이었고, 진보정당인 사민당과 녹색당은 새로운 가치관을 부분적으로나마 이식하자는 입장이었다. 결국 담론의 바탕 속에 있었던 현세대 인간 중심주의 환경윤리 견해와 진보적 생태주의 윤리 견해가 맞서다가, 그 절충점으로 미래세대 환경윤리에 기반한 법적 표현으로 일단 종결을 지었다고 평가를 할 수 있다. 이렇게 생활상의 변화를 가치평가에 의해 특정 방향으로 인도하기 위해서는 필연적으로 인문학적 가치평가를 수행하지 않을 수 없다. 인문생태적 평가가 필연적으로 요청되는 연유가 바로 여기에 있다.

실제로 환경문제가 위기로 고조되면서 많은 생태주의자들이 환경단체를 결성하여 지구환경을 보호하기 위한 운동을 전개하였다. 이런 경우

---

25) 앞의 책. 267쪽.

운동의 이념 또는 목표가 설정된다. 국제적 환경단체 그린피스도 마찬가지였는데, 1976년에 선언문을 통해 세 가지 원칙을 발표한다. 첫째, 모든 생명 형태는 상호의존적이다. 둘째, 생태계의 안정성(통일과 조화 등)은 다양성(복합성)에 의존한다. 셋째, 모든 자원(식량과 물, 공기, 광물질, 에너지)은 제한되어 있고, 모든 생명체계의 성장도 제한적이다.[26]

영국의 초록사상가 돕슨(A. Dobson)은 환경론과 생태주의를 구분하면서, 전자와 달리 후자를 이데올로기로 규정한다. 그는 환경론(environmentalism)이 현행 가치를 유지하고 생산 및 소비 체계에 대한 근본적 변화를 주지 않으면서 환경문제 해결에 나서는 반면, 생태주의(ecologism)는 인간과 자연의 관계뿐만 아니라 사회정치적 생활양식의 근본적 변화도 도모하기 때문에 이데올로기라는 것이다.[27] 일반적으로 이데올로기로 불리기 위해 요구되는 조건을 충족시키는 선에서, 생태주의는 현 정치적 실재에 대해 기술과 평가를 수행하고, 좋은 삶에 대한 조망을 통해 미래를 규범적으로 규정하며, 그리고 그런 사회적 변화에 요구되는 전략을 가지고 있다는 것이다.[28]

1970년대에 생태주의의 트로이카가 등장했을 때, 이를 일러 급진적이라고 이름을 붙였다. 그 연유는 다음의 두 가지 내용 때문이었다.[29] 첫째, 이 입장들은 생태위기의 개념적, 태도적, 사회적 원천을 찾아내어 분석하

---

26) Greenpeace. 1993. "Declaration of Interdependence, 1976," P. C. List (ed.). *Radical Environmentalism*. Belmont, Calif.: Wadsworth Publishing Co.. pp.134-36.

27) A. Dobson (3rd ed.). *Green Political Thought*. London: Routledge. pp.2-3.

28) Ibid.. p.112.

29) M. E. Zimmerman. 1993. "General Introduction," M. E. Zimmerman et al. (eds.). *Environmental Philosophy*. Englewood Cliffs, N.J.: Prentice Hall. p. vii.

였다. 둘째, 혁명이나 문화적 패러다임의 전환만이 지구 행성을 더 이상의 파괴로부터 구해낼 수 있다고 보았다. 추후 급진적 생태주의의 트로이카 이외에도 환경정의(environmental justice)나 생태 사회주의(eco-socialism)와 같이 기존 이념의 내용을 일부 반영하는 다소 다른 생태주의 사상들도 출현한다.

넓은 의미에서 생태주의에 포괄되는 어떤 사상도 자연과학적 생태학이 전하는 기본 통찰을 수용한다. 그것은 인간과 자연적 존재, 사회와 자연이 분리되어 있지 않고 연결되어 있다는 자연의 연계성 논제를 수용한다. 돕슨은 이런 바탕 위에서 생태주의가 일반적으로 다음 의 두 가지의 핵심 원리를 담고 있다고 주장한다. 첫째, 사회의 물질적 성장에 한계가 있다는 것이고, 둘째, 강한 의미의 인간 중심주의를 넘어서야 한다는 것이다.[30] 물론 서로 다른 생태주의 사상은 이런 공통점 이외에 각기 고유한 색깔을 빚어내면서, 이를 구현하기 위한 실천적 해법과 전략도 구비하고 있다.[31] 이런 모든 것은 인문생태의 연구가 보이는 특징으로서 그 보편적 역할과 의미는 생태적 사회로 이행토록 하는 데 있다.

단순화해서 표현하면, 자연과학적 생태학은 생명체를 둘러싸고 전개되는 자연적 사실을 연계적 선상에서 기술하면서, 이를 바탕으로 자연현상에 대한 설명과 예측을 시도한다. 사회과학의 생태론은 자연에 대한 생태적 인식을 사회적 차원으로 이전 내지는 확장시켜서 사회적 환경현안을 진단하고 해결하는 접근을 취한다. 그리고 인문학적 생태주의는 새

---

30) A. Dobson. 2000. *Green Political Thought*. London: Routledge. p. 200.
31) 윤리적 관점에서 본 다양한 생태주의 이념과 색채에 대해서는 다음을 볼 것. 한면희. 2007. 『미래세대와 생태윤리』. 철학과 현실사.

로운 사회의 가치와 이념을 바탕으로 문제의 근원적 해결에 임하고자 한다. 물론 그것에는 사회제도와 생활양식, 그리고 가치관을 포괄하는 패러다임의 전환을 직접 의도하는 합리적 차원의 인문학적 접근도 존재하지만, 이를 낭만적으로 에둘러 표현함으로써 현대인이 잃어버린 감성과 영성을 자각토록 유도함으로써 개인의 태도부터 바꾸려는 인문생태적 접근도 존재한다. 어떤 형태이든 인문학적 생태주의는 인간 사회와 자연이 생명유지의 차원에서 서로 결속되어 있다는 신념 속에서 사회가 자연 친화적인 양태로 지속 가능하기를 희구한다고 볼 수 있다.

5. 맺는 말

오늘의 인류는 환경위기가 고조되는 상황에 노출되어 있다고 해도 과언이 아니다. 바른 문제 해결은 현실에 대한 객관적 평가와 원인 규명, 이와 연루된 사회제도 및 생활양식의 변혁을 요구함으로써 생태학적 자연과학 및 생태론적 사회과학의 해결책을 포함하지만, 최종적으로 인문생태적 지평에 이를 때 완성될 수 있다. 왜냐하면 제대로 설정된 인문학적 가치와 사상이 규제적 이념의 역할을 수행함으로써 사회를 바른 방향으로 일관되게 인도할 수 있기 때문이다. 이렇게 생태적 사회로 이행하는 것이 불가피하다면 생태주의의 출현이 요청된다. 이때 자연과학의 생태학적 통찰은 매우 긴요하게 수용된다.

자연과학의 생태학은 짧은 역사를 갖고 있기 때문에 다른 학문 분야에 비해 자기 정체성을 제대로 구현하지 못한 상태라고 볼 수 있다. 자연의 평형과 초유기체 개념에 바탕을 둔 생태학에서 생태계 개념에 의거한 생태학, 그리고 진화생태학의 연이은 출현에 비추어 볼 때 더욱 그렇다고 여겨진다. 물론 생태학이 학문적 위상을 설정하는 진행 과정에서, 즉 아직 익지 않은 상태에서 다른 사회집단이 생태학의 일부 핵심 개념을 차용하여 논의를 전개하는 데 따른 우려를 생태학계가 가질 수 있다. 예컨대, 1972년 영국에서 환경운동 전문잡지 에콜로지스트(The Ecologist)가 창간되면서 생태주의 이념과 희망이 담긴 '생존을 위한 청사진'(A Blueprint for Survival)이 발표되자, 영국생태학회가 "학회는 칠판을 버리고 현수막을 설치하는 편이 낫다."는 제목으로 주제 토론을 할 정도였으니,[32] 자연과학의 생태학자가 갖는 기대와 걱정을 이해하지 못할 이유는 없다.

그러나 생태학자들이 지나치게 과민할 필요는 없다고 본다. 생태학에서 핵심적으로 논의되는 '생태'라는 표현이 다른 곳에서 의미 확장을 거치면서 여러 용도로 사용된다고 해서 이를 직접 나서서 제어할 필요는 없다는 뜻이다. 사실 환경운동가나 생태주의자들은 이미 서양의 비주류 자연관이나 동양의 자연관에서 서구 주류의 것과 다른 것을 접하면서 자연에 대한 새로운 이해를 하고 있던 상태에서 학문적으로 이를 정당화하거나 또는 연계된 개념과 이론이 출현하자 이를 적극 반겼던 것이다. 이론의 변화가 야기되고 그 가운데 바른 것이 가려질 경우, 또 그런 상황에서 스스로에게 알맞은 것을 취사선택할 것이다. 물론 자연의 평형이나 생태계 개념과 같이 아직 논란의 소지가 있는 개념을 수용하여 새 이론과 학설을 주창하는 경우에도 진실에 대한 판단 여부에 따라 향후 이론의

32) 로버트 매킨토시. 김지홍역. 1999.『생태학의 배경』. 아르케. 462쪽.

자기수정 과정을 거칠 것으로 예측된다. 다만 자연과학으로서 생태학이 사회과학과 인문학에 끼친 영향은 적지 않은데, 그것은 자연에 대해 새로운 이해를 가져다주는 실마리를 제공했다는 점이다. 최소한 자연은 생명적 차원에서 분리되어 있지 않고 오히려 연계되어 있다는 논제가 가장 광범위하게 인식되었다는 점이다.

양자물리학의 해석에 따를 때, 생태학에도 형이상학의 전제가 깔려 있음을 부정할 수 없기 때문에, 오직 경험을 통해서 사실만을 기술하겠다는 것은 학문적 입지를 극히 축소하는 것이다. 흥미롭게도 양자역학을 필두로 하는 현대물리학과 생태학이 서로 상보적이면서 또 동일한 형이상학적 개념을 향해 수렴하고 있다고 보인다.[33] 바로 이런 의미의 개념은 사회과학의 생태론 형성에 단초가 되고, 또한 인문학적 생태주의에 자양분과 활력을 제공하고 있다.

사회과학적 생태론은 사회현상으로서 환경문제에 대한 합리적 해결책을 강구한다. 법과 제도를 정비하지 않을 수 없고, 이 과정에서 사회적 합의를 얻어야 하며, 민의를 대변하여 정치적으로 풀지 않을 수 없다. 먼저 가장 손쉬운 방도로서 현상유지 속의 부분 수정이라는 보수적 환경론으로 해결을 시도했을 것이다. 그러나 그것으로 불가능하다고 판단되었다면, 자연과학적 생태학의 기본 통찰을 중시하면서 새 대안을 찾아 진보적 생태론으로 기울지 않을 수 없다. 어떤 사회 공동체도 생태적으로 건전하지 않으면, 지속될 수 없음을 깨닫게 되었기 때문이다. 새로운 사회의 이념과 가치관을 모색하여 조율하면서, 그에 부응할 사회제도의 틀

---

33) J. B. Callicott. 1989. *In Defense of the Land Ethic.* Albany: State University of New York Press. p.101.

을 다시 짤 고민을 하게 된다. 바로 이 지점에서 인문학적 생태주의 지평에 이르게 된다.

인문학적 생태주의는 먼저 직면한 사태의 원인을 근원으로 추적하여 밝히고, 근본 뿌리에 문제가 있다고 판단될 경우 혹 잃어버린 생태적 가치관을 부활시키거나 아니면 새롭게 창조하며, 그리고 그것에 알맞은 옷을 입히는 제도적 접근을 취할 것이다. 이른바 생태사회를 이룩할 수 있는 패러다임을 짜는 것이다. 그리고 이런 성과물을 사회에 이식시키는 노력을 취할 것이다. 그것도 다양하게 분화된 노선으로 나타나고 있는데, 편의상 두 길을 대비하여 제시할 수 있다. 상대적으로 감성과 영성에 보다 많이 호소하는 형태로 개인의 가치관을 바꾸는 데 우선적 주안점을 두는 낭만적 생태주의 입장이 있고, 이와 달리 이성에 호소하는 형태로 사회제도의 재구축에 초점을 맞추는 합리적 생태주의 입장도 있다. 어느 경우든 인문생태의 지평에서 완성도를 높이는 역할을 수행하는 것이다.

따라서 자연과학에서 사회과학, 인문학으로 이어지는 일련의 사유가 생태학적 개념에서 발전하여 이론과 이념으로까지 격상되면서 연계 선상의 패러다임을 구축하고, 그것이 바르게 실천적으로 구현될 때 지구촌 인류가 겪고 있는 환경위기를 극복하는 것이 가능할 것이다. 특히 이 과정에서 인문적 생태주의 이념이 바른 방향 설정과 인도에 결정적으로 중요한 역할을 할 것으로 기대되고, 그런 한에서 인문생태 연구가 필요하며, 그 의미와 역할이 보다 각별하게 드러날 것으로 보인다.

참고문헌

김기윤. 2002.「생태학의 사회 문화적 배경에 관한 역사적 고찰」.『한국과학사학회지』. 24(1).

김기윤. 2002.「진화생태학의 형성을 통해 살펴본 생태학의 성격」.『한국과학사학회지』. 24(2).

박기갑 외. 1996.『환경오염의 법적 구제와 개선책』. 소화.

한면희. 2004.『초록문명론』. 동녘.

한면희. 2007.『미래세대와 생태윤리』. 철학과 현실사.

도날드 휴즈. 표정훈 역. 1998.『고대 문명의 환경사』. 사이언스북스.

로버트 매킨토시. 김지홍 역. 1999.『생태학의 배경: 개념과 이론』. 아르케.

루크 마텔. 대구사회연구소 역. 1998.『녹색사회론』. 한울아카데미.

마리아 미스 · 반다나 시바. 손덕수 외 공역. 2000.『에코페미니즘』. 창작과비평사.

알도 레오폴드. 송명규 역. 2003.『모래 군의 열두 달』. 따님.

유진 오덤. 이도원 외 공역. 1995.『생태학: 환경의 위기와 우리의 미래』. 민음사.

존 배리. 허남혁 외 공역. 2004.『녹색사상사』. 이매진.

Callicott, J. B.. 1989. In Defense of the Land Ethic, Albany: State University of New York Press.

Dobson, A., 3rd ed.. 2000. Green Political Thought, London: Routledge.

Greenpeace. 1993. "Declaration of Interdependence, 1976," P. C. List ed., Radical Environmentalism, Belmont, Calif: Wadsworth Publishing Co.

Hayward, T.. 1994. Ecological Thought, Cambridge: Polity Press.

Heisenberg. 1958. W.. Physics and Philosophy, New York: Harper & Row.

Naess, A.. D. Rothenberg tr. & rev.. 1989. Ecology, Community and Lifestyle, Cambridge: Cambridge University Press.

Scarce. 1990. R. Eco-Warriors, Chicago: Noble Press.

White, Lynn Jr.. 1967. Science, 155.

Zimmerman, M. E.. 1993. "General Introduction," M. E. Zimmerman et al. eds., Environmental Philosophy, Englewood Cliffs, N.J.: Prentice Hall.

인문생태적 관점에서 본 서구 과학기술문명과 생태사상

이 재 성(계명대 교양과정부)

"우리, 자동기계를 만들어낸 장본인들인 우리는, 복잡한 자연현상과 마주쳤을 때 우리의 창조물 앞에 무력함을 주체하지 못하게 될 것이다."
(폰노이만 John von Neumann)

1. 현대 과학기술문명의 내재적 한계

현대 사회를 지배하는 대표적인 코드는 과학과 기술이다. 현대의 과학기술은 과거 그 어느 때보다도 인간과 기술의 더욱 촘촘한 연결과 상호융합 및 통합을 그 특징으로 한다. 그래서 인간이 과학기술을 벗어나서 자신의 삶을 표현하기란 쉽지 않다. 우리가 현대 사회를 과학기술시대라고 부르는 이유도 인간의 삶이 기술과 긴밀한 상호작용을 통해서 체계화되어 있기 때문이다. 이렇게 현대 과학기술은 인간을 포함한 모든 생명체와 그 환경 사이의 상호작용에 깊이 뿌리내리고 있다.

현대 과학기술문명은 일반적으로 근대성(modern)과[1] 연동되어 있다. 우리가 알고 있는 근대성 개념은 자연에 대한 인간의 과학기술적 정복을 의미한다. 근대성이라는 용어 속에는 이미 자연과 인간이 과학기술에 의해 분리되어 있다. 과학기술은 인간이 자연을 정복하는 수단이다. 동시에 과학기술은 인간의 이성과 진보에[2] 대한 근대적 신념을 대변하는 도구이기도 하다. 그래서 과학기술을 거부하는 사람들은 인간의 이성과 진보를 거부하는 반동 혹은 전근대적인 사람으로 간주되었다. 18-19세기 서구사회의 진보와 계몽의 위대한 유산을 상속받은 현대인들이 여전히 과학기술의 발전을 신뢰하고 있는 것도 그 때문이다.

19세기 이후 과학기술의 급속한 발전과 확산은 '인간적 삶의 방식'과 관련해서 과거 그 어느 때보다도 새로운 '윤리적' 물음을 요구하며, 더 나아가 새로운 윤리적 판단과 실천도 함께 요구한다. 20세기 초 과학기술이 존재를 망각한 채 현실을 조작하고 이용하기 위해 그 현실의 인과적 메커니즘의 이해에만 골몰한다는 하이데거적 판단 또한 또 다른 의미의 '존재론적' 해방과 초연함(Gelassenheit)의 메시지를 던진다.[3] 하지만 과

1) 이러한 의미에서 필자가 이해하는 근대성이란 "오로지 계속적이고, 전면적이며, 강압적인 근대화를 통해서만 가능하다. 그것은 끝없이 새롭고 끝없이 연장되는 우회로를 뚫는 일을 줄여 말한 것이다. 그것은 그 장애물에게 일시적인 힘밖에 허용하지 않는다. (…) 과학과 기술이 한 번만, 또는 한두 번만 더 발전하면 끝나는 문제일 따름이다." 지그문트 바우만. 2009. 『유동하는 공포』. 함규진 역. 산책자. 130쪽.

2) 그러나 과학기술문명의 성과인 이 진보는 "과거와 현재에 더 빨리 진보하느라 빚어진 직접적 또는 '부수적' 피해를 해소하고 보정하느라 이루어지는 진보"일 뿐이다. 바우만. 2009. 앞의 책. 131쪽.

3) 하이데거에 따르면, 현대 기술은 단지 인간을 포함한 모든 존재자들의 존재 의미와 가치를 특정한 방향으로 몰아세워 모든 존재자들의 관계를 왜곡시키는 부

학기술에 의해, 과학기술과 더불어 살아가야 하는 현대인에게 그의 판단이 진정 실효성 있는 제언인지 어떤지는 쉽게 판단하기 어렵다.

20세기 중반 핵무기의 도래와 전 세계적 파괴의 망령이 나타나기 전만 하더라도 인류는 과학기술의 발전이 가져올 유토피아를 꿈꾸었고, 그것은 유전공학과 나노 기술, 로봇공학 그리고 정보공학의 경이적인 발전으로 꽃을 피우고 있다. 그럼에도 어떤 과학자나 기술공학자도 인류의 미래에 대한 장밋빛 예측에 선뜻 동의하기란 쉽지 않은 것이다. 예컨대 인간 생명과 자연환경을 연구대상으로 삼는 생명과학과 생명공학만 하더라도 그렇다. 그것은 인류의 현재와 미래의 삶에 커다란 영향을 미칠 수 있기 때문에 매우 신중한 윤리적 선택과 올바른 제도적 대응책 마련을 요한다.

과학기술을 인간의 진보와 해방이라는 목적을 성취하기 위한 수단으로 전제하고 있는 현대 사회는 과학기술에 대한 '낙관주의'를 정당화한다. 낙관주의적 관점에서 보면, 과학기술은 자연을 구성하고 환경을 재형성한다. 그 결과 과학기술발전의 논리는 규범적 규제체계와 단절되어 '규범적' 통제에 의존하지 않는 과학기술 권력의 무한한 자기증식 과정을 거친다. 이런 상황에서 과학기술을 인간 해방과 진보의 유일한 수단으로 신뢰하는 사람들의 존재방식이 가능했다. 다른 한편 그러한 과학기술 만능이 가져올 미래에 대해서 의심과 의혹의 눈길을 거두지 않는 사람들 또한 존재한다.[4)]

그러나 각자의 주장이나 입장이 어느 쪽이든 간에 변화된 과학기술의

정적 역할을 할 뿐이다.

4) 현대 과학기술문명과 인간의 자율성이 어떻게 연관되어 있는지를 반성적으로 성찰하는 이상욱 외. 2009. 『욕망하는 테크놀로지』. 동아시아 참조.

정체를 올바로 파악하지 못한 채 일방적인 주장만 하기에는 과학기술이 인류의 삶에 끼칠 정치경제적, 사회문화적 파장이 너무 깊고 크다. 그동안 과학기술 외부를 대표해서 철학자, 윤리학자, 신학자 그리고 시민사회 운동가들이 새로운 윤리적 문제를 제기해 왔다. 하지만 이러한 새로운 윤리적 논의에 과학자와 기술공학자가 직접 뛰어들어야 하는 분명한 이유가 있다. 그것은 과학기술의 사회적 책임과 영향력이 현대 사회에서 더욱 커지고 있기 때문이다. 특히 생명체가 환경과 벌이는 상호작용의 역동적 활동이라 할 수 있는 '생명'의 문제에서는 더욱 그러하다.

오늘날 생명과학의 발전은 인간과 동물의 경계를 허물고 있다. 자녀 출산에서 남성과 여성의 역할이 무의미해지고 가족의 의미가 변하고 있다. 유전자 변형 농작물이 우리의 식탁을 점령하기 시작했다. 마음만 먹으면 언제든지 맞춤형 아기나 바코드베이비도 가능하다. 아울러 생명공학은 핵치환 기술을 이용하여 고등 포유동물을 복제하는 단계에 도달했다. 정보공학의 발달로 인간과 기계의 결합도 가능해졌다. 과학기술은 인간의 행동을 보다 자연스럽게 견인하고 유도하며 또 인간행동에 반응해 재반응하도록 진화되며, 그러한 상호작용을 더욱 체계화하기 위해 '기술-인간 체계'로 거듭난다.

1990년대 이후 새롭게 등장한 나노기술은 혈관 속을 떠다니며 질병을 치료할 극소 로봇의 등장까지 예고하고 있다. 이 신기술은 10억분의 1미터 수준의 극도로 미세한 세계에서 물질의 구조를 조작하고 제어하고 활용하는 기술이다. 에릭 드렉슬러(E. Drexler)는 단백질과 세포 크기의 기계가 산업혁명과 항생제와 핵무기를 모두 합친 것보다 더 심각한 변화를 가져올 것이라고 주장한다. 그는 나노 기술시대가 의학의 기적을 가져올 것이라고 주장하면서 거의 모든 질병을 진단하고 치료하는 알약과 세포 단위의 외과치료 그리고 새로운 장기를 만들어 인간의 수명을 수백 년 또는 수천 년도 연장할 수 있다고 예상한다.

이처럼 과학기술은 더 이상 인간 삶의 외부에 존재하거나 외재적이지 않다. 과학기술은 인간의 삶에서 자라나와 인간의 삶 안에서 자신의 자리를 발견하며 인간 생명체와 환경 사이의 무수한 상호작용에 의존하고 있다. 인간 생명이 환경과의 상호작용 속에서 인간 자신의 개체화와 개인화를 유도해 내는 중요한 장이 바로 과학기술이다. 특히 인간의 생식과 성장에 개입하는 생명공학의 발전에 따라 더 이상 인간은 자신의 미래적 탄생이나 비탄생에서 과거와 같은 방식으로 인간이 되지 않을 것이다.

현대 과학기술문명은 결과적으로 자연의 흐름과 속도를 넘어서서 이루어지는 생산과 소비활동을 가능하게 함으로써 지금과 같은 인간의 삶의 양식과 방식이 지속가능한 것인지 어떤지를 묻게 한다. 사회경제적, 문화적 구조의 차원에서 인류가 스스로 감당할 수 없는 일들이 곳곳에서 일어나고 있다. 그 결과 자연 그 자체의 관계, 인간과 인간의 관계, 인간과 자연환경과의 관계가 변하고, 궁극적으로 인간성에 대한 정의가 변함에 따라 새로운 문제해결방식의 '발견'이 요구된다. 그것은 인간과 자연, 인간과 인간, 문화와 문화의 새로운 관계정립을 필요로 한다. 생명의 지속 및 존립을 보장할 수 없는 가공할만한 생태적 불균형 현상이 빚어지고 있는 지금과 같은 인간의 삶의 구조와 방식은 마땅히 변해야 할 것이다.

요컨대, 현대의 과학기술문명은 자본주의적 경제를 촉진시켰고, 무한한 물질지향적인 욕망구조를 마련했다. 더욱이 자본주의 경제체계로 인해 빚어지는 생태적 위험의 정도는 이미 우리가 감당할 수 있는 수준을 넘어섰다. 이를 해결하기 위해 단순히 합리성과 효율성의 측면에 입각한 개발과 개발주의에 대한 신념과 환상을 걷어내야 한다. 그것에 대한 보다 근본적인 비판과 실천을 통해 자본주의의 너머를 꿈꾸고 사유해야 한다. 그리고 그 사유는 과학기술주의를 낳은 기계론적 자연관에 의해 추동된 물질지향적인 자본주의적 가치와 인식에서 궁극적으로 인간과 자연, 자아와 타자의 이분법적·대립적 관계를 지양하는 '인문생태적 관점'으로의 전환을 통해서 가능할 것이다. 이런 맥락에서 필자는 먼저 현대 과학기술문명에서 근대적 사유방식과는 다른 '좀 더 자유로운 인간 형성'이 어떻게 가능한지를 인문생태적 관점에서 타진해 볼 것이다.

2. 좀 더 자유로운 인간의 가능성

현대 과학기술문명에 이르는 인류의 역사에서 과학기술의 발전과 개발이 인간성의 한 축을 형성해 왔다는 인식을 받아들일 수 있다면, 우리는 우선 과학기술에 보다 긍정적이고 생산적인 목적을 부여하고 사용할 수 있지 않을까? 만일 그렇다고 한다면 지금보다 더 자유로운 인간성 형성은 과연 가능할까? 지난 세기가 인간 삶의 '양적' 확대를 추구했다면 21세기는 지난 세기에 간과되었던 인간 삶의 질 향상을 추구하는 '질적'인 변혁의 시대라고 할 수 있다. 줄기세포로 대변되는 생명과학, 네트워크를 기반으로 하는 정보과학, 그리고 반도체 산업 등의 근간을 이루는 나노과학은 현대 과학기술문명을 대표하는 과학기술이다. 이렇듯 현대 과학기술문명은 이미 인간의 개체화에 관여하고, 인간을 둘러싼 환경과 인간의 상호작용을 구조화하는 생명의 규범에 일정정도 응답하고 있다.

특히 생물학, 의학 등과 관련된 생명과학과 생명공학의 급진적 발전은 생명의 문제를 넘어서 인간 개체화에 직접 관여한다. 그 결과 인간은 과학기술 사이에서 결정된 관계를 배정받게 된다. 개체화된 인간은 인격체가 되고, 권리의 주체로서 법률적 구성의 대상이 된다. 하지만 이 과정에서 제기될 수 있는 것은 바로 인간으로서의 개인과 관련된 다양한 윤리적 문제들이다. 따라서 이러한 새로운 윤리적 문제들에 올바른 답변을 제시하기 위해서는 철학자, 윤리학자들뿐만 아니라 관련 과학자와 기술공학자들 그리고 일반 대중의 상호 협력은 당연할 수밖에 없다.

사실 생명과학과 생명공학은 너무나 세분화되고 전문화되어 관련 전문가들 외에는 더 이상 이해할 수 없는 전문영역화의 과정을 거치고 있다. 이 과정에서 인간과 자연에 대한 전통적 의미를 급격하게 변화시켜 과거에는 전혀 경험하지 못한 새로운 '기회'와 '위험'을 함께 불러온다. 생명과학과 생명공학은 객관성으로서의 자연개념과 과학기술이 자연을 사회적으로 유용하게 만들 수 있다는 생각을 뒤흔들어 놓음으로서 계몽주의적 인간의 진보와 해방의 이념을 의문스럽게 만들고 있다. 그 점에서 생명윤리에 대한 과학자 및 기술공학자 집단과 사회의 끊임없는 대화와 타협이 필요하다. 따라서 인간의 생명과 자연환경을 대상으로 하는 '생명윤리'의 논쟁은 과거와 달리 우리의 '인간관'과 '세계관'에 대한 새로운 검토와 대안을 요구받을 수밖에 없다.

생명윤리(bioethics)가 처음 등장한 것은 1970년대다. 정확히 말하면, 1971년 미국의 종양학자 반 렌슬라어 포터가 처음 사용한 용어이다. 어원적으로 보면 바이오(bio)란 그리스어의 생명(bios)을 의미하며, 인간 이외의 생물의 생명까지 그 대상으로 삼아 오늘날의 환경윤리로 구상된 말이다. 포터가 생명윤리 용어를 처음 사용했을 때는 '생물학 지식과 인간의 가치체계에 관한 지식을 결합하는 새 학문분야'로 정의되었다. 말하자면 그에게 생명윤리는 진화론적·생리학적·문화적 측면에서 인간이 환경에 적응할 수 있는 생물권을 유지하기 위한 '생존의 학문'을 뜻했다.

포터는 생명 문제와 관련해서 새로운 윤리적 틀이 필요하다고 주장했다. 왜냐하면 이러한 틀은 인간의 활동으로 인해 증대하는 환경피해를 막기 위해 환경, 특히 생물권을 포함하는 것이어야 했기 때문이다. 분명한 것은 당시의 생명윤리는 오늘날 통용되고 있는 인간의 의료와 관련된 생명의료윤리(biomedical ethics)의 의미로 한정해서 사용된 용어가 아니었다는 사실이다. 말하자면 생명윤리는 인류의 생존을 포함한 지구환경의 위기에 어떻게 대처해야 하는지를 안목에 둔 생명 일반과 관련된 윤리학적 문제설정에서 출발한 전문용어였다. 그러나 그것은 오늘날 인간의 생명과 건강을 다루는 의료윤리라는 좁은 의미로 변용되어 사용됨으로써 환경을 다루는 관점은 제거되고 말았다.

생명윤리라는 윤리의식의 새로운 확장은, 역사적으로 보면, 제2차 세계대전 때 나치에 의한 유태인에 대한 실험과 학살 그리고 일제의 731부대에 의한 중국인, 소련인, 조선인에 대한 가공할 생체실험에 대한 반성으로부터 출발했다. '인간의 침해할 수 없는 존엄성'에 대한 문제의식은 20세기 후반에 과학 활동과 의료 행위에 의한 인간에 대한 손상과 손상 가능성에까지 확장되었다. 예컨대 의사들과 과학자들의 '생명과학적 권력'(biopouvoir)에 의한 인간의 존엄성 침해 사례를 몇 가지 들어 보면 다음과 같다. 첫째, 임신 중에 탈리도마이드(일종의 진정제, 수면제)를 처방

함으로써 사지가 짤막한 아이들 수 천 명이 탄생한 사례. 둘째, 방어능력이 없는 노인에게 암세포를 주사한 브루클린 사례. 셋째, 정신지체아들에게 B형 간염 바이러스를 주사한 윌로우 브룩 사례. 넷째, 그들이 모르는 상황에서 매독환자를 처방 치료한 환자집단과 처방치료를 하지 않은 환자집단으로 나누어 비교 연구한 터스키기 사례 등이 있다.

언급한 바와 같이, 생명윤리는 크게 두 가지 관점으로 구별해 볼 수 있다. 우선 생명윤리가 유전자 조작, 임신중절, 안락사 등 인간의 내적 생명 조작의 윤리적인 논쟁 또는 의사의 선행(善行) 원리와 환자의 고유한 자기결정권 가운데 어느 쪽을 우선할 것인지 등을 주요 핵심 사항으로 삼고 있다면, 환경윤리는 환경보호와 자연보존에 유효한 윤리와 인간을 둘러싼 외적 환경에 대한 인간 행위의 윤리적인 쟁점을 핵심 논점으로 삼고 있다.

양자의 관점에서 보면, 생명윤리는 개인의 '자기 결정권'을 원리로 삼는 것이라면, 환경윤리는 인류 전체의 '생존가능성'을 원리로 삼는다는 점에서 상호 대립적인 관계로 보이기도 한다. 하지만 양자의 윤리학은 차이보다도 공통된 측면이 더 많다. 환경윤리에서는 인간 이외의 생명과 자연이 인간에 대한 가치뿐만 아니라 그 자체 고유한 내적 가치를 갖는지 어떤지, 그 가치를 인간은 윤리적으로 배려할 의무가 있는지 어떤지를 문제로 삼는다. 말하자면 인간중심주의적 환경윤리냐 아니면 자연중심주의적 환경윤리냐 하는 대립적 문제를 다룬다.

생명윤리는 인간의 '생명존엄성' 문제를 단지 생물학적으로 살아 있는 것으로만 지킬 것인지(생명연장), 살아 있을 만한 가치(생명의 질)가 인간에게 필요한지 어떤지를 다룬다. 양 입장은 '생명존엄성'의 입장을 취할 것인지 아니면 '생명의 질'의 입장을 취하는지에 따라서 자연중심주의적 입장과 인간중심주의적 입장으로 구별될 수 있다. 따라서 인간의 생명을 근본적인 문제로 다루는 생명윤리에서도 인간이 살고 있는 자연적·사회적 환경 요인을 의료기술의 현실적 양태 못지않게 무시할 수 없기 때문에 생명윤리와 환경윤리를 대립적 관점으로 보기보다는 '통일적' 관점에서 바라보는 통합적인 시각, 즉 '인문생태적' 관점이 필요하다.

정리하면, 생명윤리는 인간의 생명존엄성을 어떻게 볼 것인지, 그리고 환경윤리는 인간의 생존가능성을 어떻게 볼 것인지를 가치론적 차원에서 다룬다. 그 점에서 양자의 윤리학이 공유하고 있는 지점은 바로 '인간'이다. 이때의 인간은 인간과 인간, 인간과 자연, 자연 그 자체, 인간과 사회, 인간과 문화와 같은 제 관계들로 확장되는 존재이다. 그리고 이 인간존재는 자연적 환경과 조화를 이루면서 존재하는 문화적 조직과 가치를 기반으로 하는 '인문생태적 사유와 상상력을 가진 존재'다. 따라서 오직 인문생태적 눈으로 바라 볼 때에만 생명윤리와 환경윤리의 '윤리적 결정'은 좀 더 자유로운 인간성 형성에 기여할 수 있을 것이다. 그렇다면 현대 과학기술문명에서 좀 더 자유로운 인간성 형성의 가능성은 어떠한 사유방식에 의거하고 있는가, 그리고 그것은 어떤 사회문화적 사상구조와 연관되어 있는가?

3. 서구의 사유방식과 생태사상

우리가 일반적으로 알고 있는 과학(science, Wissenschaft)은 '나는 알고 있다'는 의미의 라틴어 scio에서 파생한 것이다. 원래 용법에 따르면, 과학은 단지 '앎' 혹은 '지식'(Wissen)만을 의미했다. 과학이란 용어가 '특정한 방법으로 얻은 우주의 물질적 본성에 대한 지식'에만 한정되어 사용된 것은 고작 200년 정도다.

오늘날 우리가 이해하고 있는 과학관은 근대의 도입부에[5] 프랜시스 베이컨(F. Bacon)을 통해 확립되었다. 그는 코페르니쿠스가 이룬 발견과 과학적 방법론에 감명을 받아 실험과 정확한 측정, 그리고 엄밀한 관찰로 획득한 증거를 통해서만 '자연'을[6] 확실하게 이해할 수 있다고 주장했다. 베이컨은 인간의 기술과 손으로 자연을 자연 상태에서 벗어나게 해서 착취하고 주조해야 한다는 방법을 주장함으로써 인간의 지식과 권력이 하나로 만나게 했다. 우리는 이것을 통상적으로 '베이컨의 과학혁명'이라고 부른다. 17-18세기 서양의 과학지식은 베이컨의 방법을 채용함으로써 급속하게 발전, 확장되어 현대과학에 이르고 있다.

베이컨의 과학혁명은 계몽주의로 불리는 사상운동이 지배하던 시기에 일어났다. 계몽주의는 16-17세기에 뿌리를 내렸고, 특히 18세기에 꽃을 피웠던 서구사상의 한 사조다. 계몽주의는 인간의 '이성적 능력'에 큰 가

5) 이 시기에 신의 가면이라고 할 수 있는 자연과 인위 사이의 오래된 휴전과 불편한 동거는 깨어졌으며, 자연과 인간 사이에는 명백한 경계선이 그어졌다. 이 두 양식은 상호 호환적이지 않았다. 그 어느 때보다도 유식하고 야심만만한 인간, 분명한 자기 자신의 목적의식을 갖고 있는 인간, 세계를 자기 야심의 제물로 삼으려는 인간은 무기력하고, 아무 목적도 없으며, 소란스럽고, 무감각하며, 인간의 야심에 무관심한 자연에 맞서는 데카르트적인 사유하는 주체가 되었다. 바우만. 2009. 앞의 책. 141쪽.

6) 고대 그리스 시대부터 현재에 이르기까지 인간이 자연을 어떻게 이해하고 있는지를 쉽게 기술하고 있는 다카기 진자부로. 2007. 『지금 자연을 어떻게 볼 것인가』. 김원식 역. 녹색평론사 참조.

치를 부여했다. 중세를 지배했던 신과 교회의 권력은 더 이상의 모든 지식의 원천으로 받아들여지지 않았다. 오직 인간의 이성을 올바로 사용하는 것만을 무지한 미신과 싸우고 더 나은 세상을 만드는 중요한 방법으로 여겼다.

19세기에 이르러서는 일반적으로 응용, 특히 물리학을 기술공학에 응용하는 일이 널리 확산되었다. 여전히 과학이 세계에 대한 객관적 진리를 밝혀 줄 것이고, 인간의 이성이 그 지식을 선(善)하게 사용할 수 있을 것이라는 확신을 신뢰했다. 무엇보다도 이 시점, 즉 19세기 후반에 등장한 사상인 모더니즘 철학은 20세기 후반 포스트모더니즘 철학이 등장하기까지 지속된다. 물론 양차 세계대전으로 도덕적 행위자로서의 인간의 이상적인 인간관에 회의를 갖기도 했지만, 여전히 인류의 창조성과 과학기술능력에 대한 확신은 포기하지 않았다.

20세기 중반 과학의 기술공학적 응용은 서구 사회에 다양한 문화를 형성하는 토대가 되었다. 예컨대 피임약은 성행태에 광범위한 변화를 가져왔고, 우주 정복에 대한 대중의 관심이 높아졌으며, 정보통신기술의 확장으로 이어졌다. 특히 1960년대 말 미국 국방부에서 핵전쟁에 대비하여 작전을 효과적으로 수행하기 위해 컴퓨터 간 통신이 가능한 아르파넷(ARPANET)의 개발은 오늘날 컴퓨터 네트워킹을 등장하게 하였으며, 유비쿼터스 기술을[7] 가능하게 하였다.

---

7) 다양한 종류의 컴퓨터가 사람, 사물, 환경 속에 내재되어 있고, 이들이 서로 연결되어 언제, 어디서나 필요한 곳에서 컴퓨팅을 구현할 수 있는 환경을 말한다. 이러한 유비쿼터스 컴퓨팅 환경은 첫째, 현실세계와 가상세계의 경계를 무너뜨리고, 둘째, 기술을 사물 속에 은폐시키며, 셋째, 정보-사람-사물-기기를 연결하는 유기적 통합 네트워크를 구축해서 상호간의 자율적 의사소통을 가능하게 한다

21세기의 과학역시 여전히 베이컨의 방법론이 제시한 원칙을 그대로 따르고 있다. 그 점에서 과학은 '관찰, 실험, 가설의 정립 그리고 이 가설의 검증을 포함하는 일련의 방법적 절차를 통해서 우주의 물질적 본성을 탐구하는 것'이라고 정의된다. 하지만 이러한 포괄적인 정의 안에는 서로 다른 정의들도 함께 포함되어 있다. 그래서 서로 다른 과학들은 관찰과 실험 중에서 강조하는 부분도 서로 다르다. 가설들은 증명방식에 따라 서로 다른 형태로 제시된다. 이러한 과정을 거치면서 과학은 한걸음 한걸음씩 천천히 앞으로 나아간다. 우리는 이것을 소위 '과학의 진보'라고 표현한다.

역사적으로 보면, 과학의 진보는 가끔 걸음이 클 때도 있었지만 대부분은 종종걸음이었다. 하지만 그 걸음이 크든 적든 간에 분명한 것은 과학이 과거에 이루어진 것을 바탕으로 해서 발전해 나간다는 사실이다. 이런 맥락에서 본다면, 현대 사회에서 과학이 우리에게 주는 의미는 매우 크다고 할 수 있다. 왜냐하면 과학은 첫째, 과학적 사고방식을 의미하고, 둘째, 과학을 통해서 삶의 새로운 의미를 추구할 수 있으며, 셋째, 인류의 삶을 풍요롭게 하거나 재앙으로 몰고 갈 수 있는 현실성을 갖고 있고, 넷째, 문화의 중요한 근간을 형성하기 때문이다.[8)]

하지만 과학기술이 갖는 이러한 순기능적 측면에도 불구하고 그것이 현상태(status quo) 그대로 지속된다면 인류는 조만간 큰 위기를 맞게 될 것이라는 주장도 다양하게 존재한다. 바로 현대 과학기술문명이 내재적

는 특징을 갖고 있다. 이중원 외. 2008. 『필로테크놀로지를 말한다』. 해나무 23-24쪽.

8) 최무영. 2008. 『최무영 교수의 물리학 강의』. 책갈피. 23-30쪽.

으로 안고 있는 근본적인 문제 때문이다. 현대 과학기술문명은 예컨대 비판이론의 용어로 표현하면, 특정한 형태의 이성, 즉 오직 '도구적인 이성'만 발전시켰다. 여기서 도구적 이성이란 문자 그대로 해석하면 도구가 되는 이성을 말한다. 도구가 되는 이성만 발전했다는 것은 정작 이 도구가 어디에 어떻게 사용되어야 하는지 그 목적을 제시해야 하는 이성이 제대로 발전되지 않았거나 무시되었음을 의미한다.

현대 과학기술문명시대에서 도구적 이성의 의미는 구체적으로 '과학기술적 이성'을 일컫는다. 하지만 과학기술적 이성은 어떤 목적을 실현하기 위해서 사태를 분석하고 그 목적의 실현을 위한 다양한 방안을 제시할 수는 있어도 그 목적 자체를 제시하지는 못한다. 때문에 과학기술은 선한 목적에도 악한 목적에도 선인에 의해서도 악인에 의해서도 똑같이 사용될 수 있다. 많은 사람들이 과학기술을 하나의 가치중립적이며 무당파적인 도구라고 생각하는 이유다.

과학기술이 낳은 현대의 문명사회가 심각한 문제적 징후를 안고 있다면, 그것은 아마도 인간과 사회가 이러한 가치중립적인 도구를 제대로 사용하지 못했다는 사실 때문일 것이다. 여전히 과학기술을 사용하는 데 있어서 인간들의 '자의'가 연동되어 있다. 구체적으로 말하면, 이성적인 고려보다는 어떤 특정 계급의 이해나 국가적, 지역적 이해 그리고 이기적인 이해와 관심이 현대 사회를 지배하고 있다는 말이다. 지금까지 인간들은 어떤 설정된 목적을 실현하는 방법에 있어서는 철저하게 '합리적'이었으나 목적의 설정에서는 '비합리적'이었던 것이다. 이제라도 과학기술의 무제한적 사용이 인간과 사회의 이성적 통제 하에서 이루어져야 하는 이유도 바로 거기에 있다.9)

이 지점에서 만일 우리가 과학기술의 무제한적 사용으로 현대 사회에 내장된 '생태적 재앙'을 근본적으로 서구적 세계관, 즉 도구적 이성이 낳은 산물이라고 할 수 있다면 그 문제는 구체적으로 무엇을 두고 하는 말인가? 일반적으로 서구 문화의 특성을 나타내는 '합리적 사유', '과학적 사고', '과학기술의 발전' 등을 내버려 둔 채 현대 과학기술문명의 존재를 생각할 수 없다는 사실을 인정할 수밖에 없다면, 현대 과학기술문명을 보다 적절하고 유연하게 진단하고 처방할 필요가 있을 것이다.[10]

우리가 지금까지 신뢰했던 서양의 합리적 사고가 반드시 과학적 사고와 일치하는 것도 아니며, 과학이 곧 과학기술을 뜻하는 것도 아니다. 과학기술이 곧 현대 과학기술문명이 개발해온 과학기술과 동일하지도 않으며, 현대의 과학기술이 지난 세기처럼 근시안적인 물질적 풍요를 위한 자연의 정복과 착취를 위해서만 적용되어야 할 논리적 근거나 필연성도 없다.

그러므로 현대 과학기술문명이 초래한 '생태적 위기'는 과학기술 그 자체에 내재한 것이라기보다는 과학기술의 근시안적이고 무절제한 사용에 있으며, 과학기술의 발전은 과학적 지식 자체가 아니라 그것의 임의적 응용에 달려 있다.[11] 과학기술의 사용은 이성 자체에 있지 않고 이성을

---

9) 기술의 존재론적 · 인식론적 문제에 대해서는 이중원 외(2008), 35-71쪽 참조.

10) 현대 과학기술문명의 생산과 소비 양식은 인간의 삶과 문화에 대한 인식의 변화를 요구한다. 특히 전자 감시사회의 출현가능성, 디지털 격차에 따른 사회적 불평등의 확산 및 심화가능성, 사람과 기계 혹은 사물의 역할 전도가능성, 개인정보의 심각한 유출가능성, 개인 프라이버시의 심각한 침해가능성, 개인주의 심화에 따른 사회적 연대의 약화가능성, 사이버 범죄의 범람과 사이버 윤리의 추락가능성, 불필요한 정보들의 융합에 따른 정보의 신뢰성 약화 가능성, 노동환경의 변화와 불안정성 등의 현대 과학기술문명의 부정적인 측면은 새로운 삶의 양식과 문화의 등장을 예고한다. 이중원 외. 2008. 앞의 책. 25쪽.

어떤 목적을 위해 사용하느냐에 달려 있다. 똑같은 이성으로 다른 양식의 지식체계가 세워질 수 있고, 똑같은 과학지식으로 전혀 다른 기술이 개발될 수 있다. 똑같은 기술로도 현대 과학기술문명이 추구해온 자연의 정복, 개발, 이용이 아니라 그것과 정반대로 자연의 보호, 육성, 존중을 위한 목적에 동원될 수도 있는 것이다.

현대 과학기술문명이 안고 있는 핵심적이고 근본적인 지점인 생태적 위기는 과학기술이나 과학지식에 있는 것도 아니고, 심오한 형이상학적 신념이나 철학적인 주장에 있는 것도 아니다. 현대 과학기술문명이 안고 있는 구체적이고 핵심적인 문제는 한마디로 '자연 파괴' 혹은 '생태계 파괴'라는 말로 집약해서 표현할 수 있다. 자연 파괴의 원인과 이유는 자연의 '내재적 가치'에 대한 부정, 자연에 대한 '존중'이나 '경외심'의 결핍, 자연의 '도구화' 등으로 나타나는 현대 과학기술문명의 도구적 '자연관'을 통해서 쉽게 이해할 수 있다.

이처럼 자연의 생존권 문제에 대한 의식은 기본적으로 인간중심주의적 '문화'가 자연을 파괴시키고 있다는 현실에 대한 비판에서 출발한다. '인간중심주의'는 인간의 생존이 다른 생물이나 자연물의 생존에 도덕적으로 우선한다는 사유방식을 기반으로 하고 있다. 전통적으로 유대·기독교적 사유는 신을 중요시함에도 불구하고 매우 인간중심주의적 관점을 취한다. 창세기 9장 3절에서는 "살아 있는 모든 짐승이 너희들의 양식이 되리라. 내가 전에 풀과 곡식을 양식으로 주었듯이 이제 모든 것을 너희들에게 주리라"고 주장한다.

11) 특히 거대 생명물질의 조작에 대한 기술적 불확실성은 인간, 생명체, 생태계 전반에 대한 심각한 위협이자 재난이 될 수도 있다.

이처럼 기독교에서 자연은 신의 피조물로서 인간에 의하여 정복되고 관리되는 것으로 이해되었다. 기독교주의는 자연을 수량화하고 기계적으로 파악하려는 근대의 과학기술주의에 정당성을 부여하는 원인이 되기도 한다. 플라톤의 이데아의 세계(idea)와 현상의 세계(doxa)의 절대적 구별, 유대 · 기독교의 천국과 현세, 근대의 성과 속의 이원론적 구별은 인간중심주의의 근간을 이룬다. 결국 이와 같은 인간중심주의는 인간적 욕구충족을 위해서 '도구적 자연관'을 정당화하고 자연의 지배와 약탈을 조장하는 이데올로기가 된다.

근대의 과학 역시 베이컨과 데카르트가 유대 · 기독교적 유산인 인간중심주의에다 자연에 대한 인간의 과학적 지식과 이성의 지배권을 정당화할 수 있도록 하였다. 인간중심주의에 근거해 그들이 맹종한 근대의 과학적인 자연은 '기계론적'인 것으로 사유되었다. 양자는 이러한 기계론적 법칙을 발견하기 위해 인간이 수행하는 모든 과학적 · 합리적 행위는 가치중립적이고 객관적이며 무당파적이라고 정의하고, 모든 세계는 인간을 위해 존재하는 것이므로 인간이 마음대로 이용할 수 있으며, 그 결과 자연은 자기 자신이 아닌 '인간을 위해 존재'한다는 일방적이고 폭력적인 주장을 할 수 있었던 것이다.

근대 과학에 기초한 '기계론적 자연이해'는 기본적으로 유대 · 기독교적인 신에 의한 인간의 자연지배사상을 교묘하게 변형시킨 것으로서, 과학자가 신의 지위를 대체함으로써 자연에 대한 인간의 간섭과 착취를 정당화한 것이라 할 수 있다. 근대의 고전과학과 개인주의 및 자유주의에 근거한 인간중심주의적 사유는 모두 공간의 상대적 유한성을 적용시키지 않고, 무한 공간의 우주를 상정해 왔다. 기계론적 사유는 '운동하는 물체는 다른 것으로부터 힘이 가해지지 않는 한 그 운동을 지속한다.'는 기본원리에 입각해서 무한히 열린 우주를 전제한다. 마찬가지로 자유주의는 '남에게 피해를 주지 않는 한 자유롭게 행동한다.'는 원리에 입각해 인간의 무한한 욕망의 공간을 허용한다.

기계론적 자연관과 그것에 부합하는 자유주의는 인간의 욕망의 공간을 무한대로 확장하는 거대한 제국주의적이고 지배주의적이면서 마침내 절멸주의적인 과학기술문명을 우리에게 유산으로 물려주었다. 심지어 과학기술주의자들은 과학기술의 지양이 아니라 과학기술을 더욱 확장, 발전시킴으로써 환경 및 생태파괴의 문제를 극복할 수 있다고 주장한다. 그 결과 인간까지도 생산과 소비의 최소 단위로서 기계적으로 '물화'되어가는 상황이 초래되고 있다. 이처럼 우주의 무한성과 자연자원의 무한한 사용에 토대를 둔 현대의 기계론적인 과학기술문명은 환경 파괴와 생태계 파괴라는 우주의 상대적 유한성 앞에서 심각한 위기 상황에 처할 수밖에 없는 자기모순에 빠져 있다.

하지만 이러한 인간중심주의, 즉 노동사회는 '한 사람의 생명은 지구 전체보다 무겁다'는 생태지향주의적 패러다임, 즉 새로운 문명사회로의 이행을 준비해야 한다. 생태지향주의는 무한 우주의 이념에 기초하는 자본주의적 자유와 국가자본주의의 획일적 평등 대신에 유한한 지구에서의 문화적 다양성의 조화, 즉 '소통'과 '어울림'을 내세운다. 이것이 바로 무한한 욕망을 다양성 속에서 잠재우는 유일한 길이다.

생태지향적 사유는 '생태적 위기에 처한 인간의 생태적 다양성을 보존해야 한다'는 생태학적 이론에도 부합한다. 지구 구성원 하나하나의 행동들은 서로 타자의 행동을 제약하는 것이기 때문에 타자에 대한 책임감에 근거한 '상보적' 원리가 요청된다. 그러므로 유한한 지구의 구성원들은 무한 공간을 요구하는 자유주의와 평등주의의 욕망구조를 폐기하고 다양성 속의 소통과 어울림을 꾀하는 '상보주의'를 선택할 필요가 있다.

세계가 시·공간적으로 무한하다고 가정하고서 일방적으로 근대의 과학기술주의, 자유주의와 평등주의를 주장하고 진보와 발전만을 추구하는 것은 시·공간적으로 한계 지워진 지구 생태계의 입장에서 보면, 매우 비속하고 사악한 행태다. 때문에 지구 공간에서 생명의 다양성을 상보적인 존재로 규정하여 보존하고, 생태적 다양성을 일깨워주고 환경과 자연을 보존해 가는 것만이 지구 생태계의 지속가능한 지표가 될 수 있을 것이다. 그래야만 인간을 포함한 이 지구의 생태계는 결코 인간중심주의적인 욕망의 대상이 아니라 미래의 생태세대에까지도 통시적으로 윤회하고 전생하는 유기적 생명체로 이해될 수 있는 것이다.

요약하면, 불과 200년 전에 서구에서 시작된 과학기술의 발전으로 오늘날까지도 세계는 군사적, 정치적, 경제적 그리고 문화적 측면에서 서구의 지배 아래 놓여 있다. 말하자면 지금까지 세계는 곧 서구의 세계이며, 문명의 모델은 곧 서구적 과학기술문명으로 대변되었다. 하지만 이제 그 시효를 잃어 가고 있는 서구적 사유의 틀에 대한 새로운 패러다임적 전환이 요구되고 있다. 이것은 막바지에 봉착한 서구적 현대 과학기술문명으로는 인류의 미래를 희망할 수 없다는 위기의식 때문이다. 그럼에도 서구에서는 이러한 위기를 통해 새로운 기회를 발견할 수 있는 길이 무엇인지를 사유했으며, 그 결과가 바로 생태주의와 생태철학으로 나타났다.

4. 서구 사유방식의 반성으로서의 생태주의와 생태철학

독일의 역사학자 슈펭글러(O. Spengler)는 20세기 초 자신의 저서 『서구의 몰락』에서 문명이란 발생, 성장, 노쇠, 사멸의 과정을 밟는 유기체와 같아서 이미 고도의 성장을 이룬 서구 문명은 필연적으로 사멸하거나 몰락에 이를 것이라고 예견한 바 있다. 그의 예견이 딱 들어맞는지 어떤지는 알 수 없지만, 분명한 것은 21세기 벽두 지구호의 인류는 동양과 서양을 떠나 '지구의 황혼'을 느끼고 있다. 특히 인류는 기후변화에 따른 환경파괴와 생태계 위기가 지구 생명을 위협하는 치명적 상황을 대면하고 있다.

난파가 임박해 보이는 '우주선 지구호'의 운명과 '살아남아야만 한다'는 절박한 명제 앞에서 만학의 여왕이었던 철학은 책임을 통감할 수밖에 없다. 이제 철학은 왜, 무엇이 잘못되었는지, 우리는 어디로 가야 하는지를 고민해야 한다. 헤겔은 '미네르바의 올빼미는 황혼녘에 난다'고 하지 않았던가.

앞서 언급한 바와 같이, 현대 과학기술문명에 대한 서구 사유방식의 반성은 일반적으로 데카르트의 '이성' 내지 '합리성'에 바탕을 둔 '근대성'을 비판하는 것에서 출발한다. 인식의 주체와 객체, 인간과 자연을 분리하는 데카르트의 이성주의와 합리성은 과학기술의 놀라운 발전이라는 승전보를 울렸지만 동시에 지구상의 모든 생명과 인류 절멸의 위기를 자초하는 야누스의 얼굴이다. 일찍이 간디는 '서구식 산업화가 인류 모두에게 최악의 저주'가 될 것이라고 경고한 바 있다. 혹시 그의 경고는 오늘날 구체적인 현실이 되어가고 있는 것은 아닐까.

서구 사유방식에 대한 구체적인 반성은 20세기 중반을 넘어서면서 시작한다. 특히 경제학(economy)과 사촌간인 생태학(ecology)은 물질지향적인 자본주의 생산체계의 끝없는 자기 확대와 자기 재생산에 대해서 근본적인 반성을 하기 시작했다. 생태학이라는 용어는 원래 1866년에 독일 생물학자 헥켈(E. Haeckel)에 의해 처음 사용되었다. 20세기 초에 이르러 쿠울즈(H. Cowles)와 클레멘츠(F. Clements)를 필두로 한 미국 생태학자들은 자연을 세 가지 길드, 즉 생산자, 소비자 그리고 분해자로 표상하기 시작했다. 그리고 생태학에서 말하는 생태계(ecosystem)란 새로운 개념은 1935년 영국의 생태학자 탠슬리(A. Tansley)에[12] 의해 주조되어 유포되기 시작했다.

그러나 서구 자본주의의 자기 확대와 자기 재생산을 근본적으로 반성하기 시작한 대표적인 인물들로는 「대지 윤리」에서 대지의 장엄함에 대한 경외를 주장했던 알도 레오폴드(A. Leopold), 1964년 『침묵의 봄』으로 많은 미국인들에게 환경오염에 대한 경각심을 불러 일으켰던 레이첼 카슨(R. Carson), 시(詩)를 통해 환경파괴를 고발함으로써 환경적 관심의 대중화에 기여한 시인 게리 스나이더(G. Snyder) 등을 들 수 있다.

그리고 여기에 자극을 받아 1972년 로마클럽의 보고서로 출간된 『성장의 한계』, 에른스트 프리드리히 슈마허(E. F. Schumacher)의 에세이집 『작은 것이 아름답다』등은 지난 세기 자연보존과 환경보호 '운동'을 촉발하는 중요한 촉매제 역할을 하였다. 학문적인 탐구는 환경문제가 사회운동의 차원에서 충분히 무르익은 후에야 비로소 시작되었다. 후속하는

12) 탠슬리의 생애에 대한 논의는 P. Anker. 2001. Imperial Ecology: *Environmental Order in the British Empire*. Cambridge. pp.7-40 참조.

학술적 연구는 20세기 말에 이르러 생태적, 환경적 가치를 다른 어떤 가치보다도 우선하는 '정언명령'의 위치에 올려놓았다. 동시에 이러한 환경문제는 과학탐구, 거래, 기업, 매체 등 모든 분야에서 호황을 누리는 '상품'으로 과소비되는 역설을 낳기도 했다.13)

이런 생태사상적 흐름을 통해 자연스럽게 '생태주의'가 형성되었다. 생태주의는 한마디로 '한 가지 색으로 다양한 스펙트럼'을 보여주는 용어라 할 수 있다. 이는 아주 소박한 자연보존론자에서, 기술지향적인 환경보호론자, 형이상학적인 생명중심주의자, 혹은 반문명주의를 선언하는 과격한 전체론자(holist)까지 다양한 사상적 외연을 포괄하고 있기 때문이다. 그런 의미에서 우리는 생태주의를 어떤 하나의 이념을 지향하는 생태사상의 흐름이라기보다는, 환경사상과 생태사상에 기초한 '이념의 총체'로 이해할 수 있다.14)

그렇다면 생태주의가 서구 과학기술문명에 대한 전면적인 반성작업으로서 새로운 패러다임을 추구한다는 것은 무엇을 말하는가? 생태주의는 우선 성장 제일주의적 산업문명을 넘어서는 탈근대적 문명 전환운동을 지향한다. 지배가 아닌 공존, 획일성이 아닌 다양성, 시장 경쟁이 아닌 나눔의 공동체를 목표로 한다. 근대 자본주의적 산업사회가 몰고 온 온갖 폐해들, 예컨대 지배와 복종, 억압과 차별, 빈부의 격차, 무자비한 환경파괴 및 생태계 위기와 같은 여러 문제를 해결하고 대안적 사회를 이룩하려는 다양한 모색의 한 가운데에 생태주의가 자리 잡고 있다.

---

13) 현대 환경사상의 역사적 흐름과 발전과정에 대해서는 조셉 스타이거, 『현대 환경사상의 기원』, 박길용 역, 성균관대학교출판부 2008 참조.

14) 생태주의와 생태철학의 개괄적 이해를 위해서는 한면희, 『미래세대와 생태윤리』, 철학과현실사 2007; 송명규, 『현대 생태사상의 이해』, 따님 2008 참조.

특히, 1960-70년대 등장한 환경사상은 주로 환경적 관심에서 출발함으로써, 공해, 오염, 보존, 보호 등 인간중심주의적 관심으로부터, 어떻게 하면 지속 가능한 자연환경을 지킬 것인가에 초점을 맞추었다면, 최근에 와서는 생활양식으로서의 생태적 관심으로까지 확대되었다. 즉, 인간과 자연의 관계 양상만이 아니라, 인간의 삶의 양식, 인간의 세계관의 문제로 되었으며, 지금은 불투명한 환경·생태 위기라기보다는 생태지향적 삶을 위한 '자연스러운 생활세계'의 문제로 자리 잡고 있다.

또한 현재의 생태주의 지평은 좌에서 우까지 폭넓게 펼쳐져 있다. 먼저 오른쪽으로는 '환경관리주의'와 '지속가능한 개발론'이 위치하고 있다. 환경관리주의가 환경기술과 정책, 생활양식의 변화를 통해 문제를 해결할 수 있다고 본다면, 1992년 리우 세계환경회의 이후 유행어가 된 '지속가능한 개발론'은 지구의 자정 및 수용능력을 배려하는 점에서 환경관리주의보다는 다소 섬세한 편이지만 여전히 '성장주의'라는 비판에서 자유롭지 못한 한계를 안고 있다.[15)]

다른 한편 왼쪽으로 이동하면, 자본주의나 제국주의 같은 불평등 사회구조를 환경위기의 원인으로 지목하는 '생태사회주의'가 있다. 생태사회주의는 말 그대로 생태학(green)과 사회주의(red)의 결합이다. 생태학적 입장에서 맑스 비판에 대해 변호하고 맑스의 사상과 생태학의 결합을

15) '지속가능한 개발(sustainable development)은 "빈곤과 생태파괴를 경감시키기 위해 무언가 행동해야 한다고 생각하지만 성장과 진정한 지속가능성 사이에 놓인 근본적 모순은 인정하지 않는 자들의 피난처"이며, "'영원한 성장'을 뜻하는 암호"에 불과하다.(193쪽) 그러므로 현재의 선진국의 나라들과 자본가들이 주장하는 "더 많은 소비가 자신들을 더 자유롭게 할 것"(195쪽)이라는 주장은 터무니없는 주장이다. 스탠 콕스. 2009. 『녹색성장의 유혹-글로벌 식품의약기업의 두 얼굴』. 추선영 역. 난장이.

통해 현대 사회의 환경문제 해결을 지향한다. 생태사회주의의 핵심은 맑스의 철학과 경제학에 내재된 자연주의와 인간주의 그리고 자본주의를 비판하는 것에 있다.[16)]

이와 달리 머레이 북친(M. Bookchin)에 의해 시작된 '사회생태론'은[17)] 생태윤리적 공동체사회를 주장하는 일종의 '에코아나키즘'(ecoanarchism)이다. 사회생태론은 인간 사회가 단순한 바위덩어리가 아니라 사회 내부에는 수많은 불공정과 차별, 지배관계가 존재하며, 그러한 점에 둔감하면 불공정을 더욱 조장하는 에코파시즘을 낳을 수밖에 없다고 비판한다. 때문에 생명중심주의와 생태중심주의는 인간에 의한 자연의 지배를 자연에 의한 인간의 지배로 바꿔놓을 뿐이지 인간과 자연의 지배를 둘러싸고 제기되는 이원론을 극복할 수 없다고 지적하면서 근본적으로 '인간과 자연의 공생'을 주장한다. 사회생태론은 현대 사회의 지배구조를 지탱하는 국가에 의한 중앙집권제와 자본주의를 강력하게 비판하고, 자유롭고 생태적인 대안으로 지방분권화와 자급적 경제시스템을 가진 자율적 지역사회 건설을 지향한다.

'생태여성주의'는 미국을 중심으로 발전한 것으로 여성주의의 산물이다. 이 용어는 프랑스 여성주의자 프랑소와 도본느(F. d' Eaubonne)가 1974년 자신의 저서 『여성주의 아니면 죽음』에서 처음으로 사용하였다. 그녀는 이 책에서 생태여성주의를 지금까지와는 별개로 생각되었던 두

---

16) 생태사회주의 논의와 관련해서는 계간지 『문화/과학』 56호의 '생태주의와 맑스주의' 특집란에 실린 논문들을 보라. 문화과학회편. 2008.「생태주의」. 『문화/과학』. 56호. 문화과학사. 14-115쪽 참조.

17) 머레이 북친. 1997. 『사회 생태론의 철학』. 문순홍 역. 솔 ; 머레이 북친. 1998. 『사회 생태주의란 무엇인가』. 박홍규 역. 민음사 참조.

가지 투쟁, 즉 여성운동과 생태운동의 통합을 추구하는 것으로 정의했다. 생태여성주의는 환경개량주의를 비판하고 여성과 자연을 억압과 착취로부터 해방시켜야 할 대상으로 파악한다.[18]

이러한 다양한 유형의 생태주의가 철학적으로 변용되어 등장한 것이 생태철학이다. 생태철학은 기존 사유의 틀로는 더 이상 현대 과학기술문명이 안고 있는 문제를 해결할 수 없다는 성찰을 통해서 '인간중심주의에서 생태중심주의'로의 새로운 패러다임적 전환을 요구한다. 데카르트 이후의 철학에서 자연은 아무런 말이 없고 오직 이성에 의해서 구성되는 수동적 존재일 뿐이었다. 그러나 주체와 객체의 이분법을 거부하는 총체적 위기 앞에서 생태철학은 그동안 대상으로만 존재하던 자연과 환경을 인식주체로 끌어들인다. 이 점에서 생태철학은 엄격하게 환경윤리와 구분된다. 환경윤리는 인간을 둘러싼 환경만을 이야기한다면, 생태철학은 인간과 자연을 하나로 묶는 세계관의 범주에 속하기 때문이다.

서양의 사유방식에서 '생태철학'이라는 용어가 처음 등장한 것은 1979년이다. 영어권과 독일어권에서 나란히 출판된 존 패스모어(J. Passmore)의 『인간의 자연에 대한 책임』과[19] 한스 요나스(H. Jonas)의 『책임의 원칙-기술시대의 생태윤리』가[20] 그 출발점이다. 전자는 자연의 파괴로 야기된 환경문제를 기독교, 계몽적 이성을 통한 진보 이념 그리고 근대의 과학기술이 낳은 산업문명의 원초적인 악에 기인한다고 보았고, 후자는 자연

18) 생태여성주의의 인간과 자연의 관계에 대한 다양한 접근법과 관련해서는 캐롤린 머천트. 2007. 『래디컬 에콜로지』. 허남혁 역. 이후. 286-326쪽 참조.

19) J. Passmore. 1979. *Mans Responsibility for Nature.* New York.

20) H. Jonas. 1979. *Das Prinzip der Verantwortung : Versuch einer Ethik für die technologischen Zivilisation*, Frankfurt a. M.

에는 존재 그 자체를 위한 객관적 자연 목적이 내재하기 때문에 인간은 자연에 대해 책임을 져야 한다고 주장한다. 여기서 요나스가 주장하는 책임은 '비호혜적인 미래책임'으로서 인간 생명의 이념에 책임지는 것을 말한다.

그러나 우리가 철학적으로 특히 주목할 것은, 1973년 노르웨이 철학자 안 네스(A. Naess)를 중심으로 주창된 '심층생태론(deep ecology)'이다.[21] 심층생태론은 1960년대 현장 생태학의 연구 성과에 자극을 받아 생태학을 하나의 단순한 실증적 자연과학에서 철학적 영역으로 승화시키려는 의도에서 시작되었다. 심층생태론자들은 생태위기에 효과적으로 대처하기 위해서는 생태학이 단순히 하나의 과학으로서 이른바 가치중립적 이론이나 사실의 영역에만 머무르지 말고 이를 뛰어 넘어 '생태지혜'(ecosophy)라고 부르는 보다 고차적인 철학적 전망을 견지해야 한다고 말한다. 이런 맥락에서 심층생태론자들은 무엇보다도 '생태학적 평등' 혹은 '생태학적 민주주의'(ecological equality or democracy) 그리고 다양성의 극대화와 공생(共生)이라는 규범과 가치를 강조한다.

심층생태론자들이 현장 생태학으로부터 얻은 결론은 생태계와 그 구성 개체들 간에는 복합적인 상호관계가 존재한다는 것이다. 또한 생태계 보전을 위해서는 생태계의 다양성, 공생, 복합성 등에 대한 올바른 평가와 생명의 양태에 대한 진정한 존중이 요구되며, 인간중심주의에 대항하여 생태중심주의에 바탕을 둔 생태적 평등 의식이 요청된다고 본다. 마지

21) A. Naess. 1973. "The Shallow and the Deep, Long-Range Ecology Movement". Inquiry16. ; A. Naess. 1989. Ecology, *Community and Lifestyle, Outline of an Ecosophy.* Cambridge.

막으로 생태적 발견이 인간사회에 지니는 시사점으로서는 사회 계급의 타파, 지방자치와 분권화에 대한 재인식이 요구된다는 것이다.

이러한 맥락에서 안 네스는 좌·우를 떠나 근본주의적 입장에서 인간중심주의를 공격하고 '생물중심주의'를 외친다. 인간을 위해서 다른 생물 종을 파괴할 수 없다고 주장하면서 극단적으로는 인간을 '지구의 암세포'라고 말하기도 한다. 이처럼 그의 입장은 혁명적일 만큼 위험해 보이기도 하지만 기존 가치관을 뿌리째 뒤흔드는 발상, 즉 새로운 삶의 패러다임에로의 전환으로서 유효하며, 서구의 초기 녹색당 운동의 이념적 바탕이 되기도 했다.

21세기 벽두 생태주의가 철학의 핵심 화두가 되었다면, 생태주의의 철학적 변용으로서 생태철학은 아직 당위론에 머물러 있을 뿐 철학으로서 총체성을 얻기 위한 방법론적 모색의 단계에 있다고 할 수 있겠다. 우리의 삶은 여전히 생태적 합리성을 배반하는 야만적이고 파괴적인 과학기술문명에 뿌리를 내린 채 새로운 삶의 패러다임에로의 전환을 거부하고 있다. 그래서 생태철학적 사유와 과학기술문명에 지배된 현실은 마치 물과 기름처럼 겉돌고 있는지도 모른다. 생태철학의 고민이 깊어지고 계속되어야 하는 이유도 거기에 있다. 인류의 미래에 대한 희망, 즉 미래지속적인 인간의 삶의 조건을 버릴 수 없기 때문이다. 그것은 바로 인간과 자연, 나와 너의 유기적 결합에 근거한 인문생태적 사유를 통해서만 가능할 것이다.

5. 인문생태적 사유의 필요성

지난 20세기 현대 과학기술문명이 남긴 흔적들 중에서 가장 깊은 상처로 남아 있는 것은 누가 뭐라 해도 '생태계 위기'이다. 레그 모리슨(Reg Morrison) 같은 사람은 인간의 활동이 적어도 지난 3,500년 동안 환경에 돌이킬 수 없는 결과, 즉 '생태적 발자국'을 남겼다고 주장한다.[22] 이는 전지구적이면서 동시에 우주적인 차원에까지 영향을 미치는 사태를 말한다. 그렇다면 인간적 삶의 조건을 더욱 절망적으로 몰아가는 현재적 생태계 위기의 시대에 우리는 무엇을 준비해야 하는가?

진화사적으로 본다면, 400만 년 전의 루시(lucy)에서 호모 사피엔스 사피엔스에 이르기까지 원시적인 인간중심의 세계에서는 동물적인 절망과 불안을 제외한다면 모든 것이 희망적이지 않았을까.[23] 이 시기의 인간은 최소한 자연에 종속되어 있었기에 자신들의 자연환경에 영구적인 변화를 일으키지 않았다. 그러나 이런 원시 채집인의 세계관을 부정하고 등장한 기독교는 인간 도덕의 궁극적인 권능이 세속에서 파라다이스를 이룩하는 것을 그 목적으로 삼았다. 이를 위해서 기독교는 만인 평등, 사후구원, 금욕과 같은 강력한 유토피아적 희망의 카드를 꺼내들었다. 이 희망의 카드에 선명하게 각인된 글귀는 한마디로 '타락한 영혼을 인도하는 신의 섭리와 조화에 대한 확신'이었다. 인간은 자연을 지배하게 되면서 자연자원을 좀 더 조직적인 방식으로 이용하고 착취할 수 있는 정당성을 기독교 도덕으로부터 위임받을 수 있었다.

---

22) 레그 모리슨. 2003.『유전자의 영혼 : 인류의 오만한 착각과 자연의 법칙』. 황수연 역. 전파과학사 참조.

23) 스티브 존스. 2008.『진화하는 진화론』. 김혜원 역. 김영사 참조.

그로부터 1,500여년이 지난 후 종교 개혁가 루터가 희망한 것은 '개인'과 '자기 확신'이라는 새로운 메시지였다. 이 정신은 그 후 300여 년간 '계몽주의적 이성'으로 확장되어 널리 유포되었다. 무신론자 디드로, 자연신교주의자 볼테르, 비판주의자 칸트, 변증법론자 헤겔, 순수 유물론자 라메트리와 같은 계몽주의자들은 '이성이 사회를 지배한다.'는 이성주의 패러다임에 대해 무한한 신뢰를 보냈다.

세계는 오직 이성의 산물인 과학기술에 의해서만 이해될 수 있으며, 인간은 교육을 통해 바람직한 방향으로 진보할 수 있다는 생각을 공유한 이들은 '자유로운 존재로서의 인간의 진보 가능성'에 희망을 걸었다. 이는 단순히 영광된 미래에 대한 소박한 소망을 말하는 것이 아니라, 볼테르의 언어로 표현하면, '세상은 필연적으로 유용한 방향으로 나아간다.'는 확신에 찬 계몽주의적 희망을 의미했다.

계몽의 바다를 건너, 프랑스 대혁명의 질풍노도를 헤치고 19세기 후반에 등장한 '사회주의' 이념은 기독교 이래로 가장 급진적인 희망의 메시지를 던진다. 맑스와 엥겔스의 『공산당 선언』으로 대표되는 '조국이 없는 전 세계 노동자여 단결하라!' 는 메시지는 전 세계의 프롤레타리아트뿐만 아니라, 기독교적 유토피아의 실천지침으로서 모든 계급에게 장기적이고, 지속적인 희망이 될 수 있었다.

그러한 희망을 표방하며 오늘날에도 여전히 어떤 사람은 사회경제적 지표에, 어떤 사람은 과학기술의 무한한 발전가능성이라는 경험적 사태를 지표에, 또 어떤 사람은 형이상학적 메시지와 존재론적 증거에 의지해서, 혹은 주술적·신비주의적 경구와 잠언으로 우리가 겪고 있는 '생태계 위기'의 원인과 처방을 제시한다. 그러나 그 결론은 언제나 동일한 사태에 도달했다. 즉, '지구 생태계와 자연환경을 살리는 길은 소비를 줄이는 길 말고는 아무런 대안이 없다'는 결론이었다.

이러한 공통된 결론에도 불구하고, 미래세대가 인간다운 삶을 향유할 수 있는 생태 효율적 비전을 제시하는 것에서는 '차이'를 보였다. 아무리 21세기 지구정치에서 인류에게 가장 절박한 문제가 '환경'이라고 하더라도 현대 생태사상이 생태학적 논변의 정당성을 현존 사회경제적 질서 전반을 거부하는 것에 있다고 주장하는 것은 오해의 여지가 있다. 예컨대 합리적이고, 냉정하고, 남성적이고, 세련되고, 분석적이고, 고도로 추상화된 '근대적 이성' 대신에 감성적이고, 따뜻하고, 여성적이며, 협동과 감정 이입이라는 새로운 '생태학적 이성' 개념을 도입하려고 했던 것이다. 그러다 보니 지나치게 포괄적인 미래 비전에 과도한 집착을 보인 나머지 현대 생태사상은 생태적 현실을 외면하는 반동적 경향을 드러내기도 했다. 예컨대 '동양적 신비주의', '에코파시즘적 경향', '과학기술낙관주의'는 그 대표적인 사례들이다. 우리는 이것들을 일종의 '환경주의 이데올로기'라 부를 수도 있을 것이다.

환경주의 이데올로기는 과학기술과 그 철학적 기반을 제공해 온 이성 중심의 근대 사상을 그 전제 조건으로 설정하고, 오늘날 생태계 위기와 환경오염이라는 문제를 해결하기 위해서는 오로지 개인의 자연관과 세계관을 근본적으로 변화시키는 것 밖에 없다는 '사유방식'을 고집한다. 이것은 결국 사람들을 개인주의와 상대주의로 경도시키면서, 지난 1970-80년대 서구 사회에서 유행병처럼 급속하게 번져나갔다. 이러한 현상에는 미국의 종교적 전통과 뉴 에이지(신좌파)의 서브 컬처나 동양사상에 대한 캘리포니아식의 신비주의적 해석이 결합되어 나타났다. 예컨대,

건강 캠페인, 금연 운동, 자전거 타기 운동, 채식주의 운동, 금욕주의 운동과 같은 것들이 그 전형적인 예들이라 할 수 있겠다.

문제는 이러한 환경주의 이데올로기가 역사 속의 어떤 이데올로기보다 위험한 전체주의적 경향을 드러낸다는 것이다. 특히 에코파시즘은 넓게는 지구, 좁게는 생태계를 지키는 것을 목표로 그것을 위해서는 어떠한 희생도 마다하지 않는 전체주의적 사상을 가리킨다. 예컨대 생태계 보호를 위해서는 인간마저도 배제할 수 있다는 '생태계중심주의'를 주장한 캘리콧(J. B. Callicott)이나 '공유지의 비극'을 주장하며 대규모 인구 삭감의 필요성을 시사한 하딘(G. Hardin) 등의 사유방식은 대표적인 에코파시즘이다.[24] 이는 약간 과장해서 말하면, 환경적으로 건강하고 지속가능한 미래를 위해, '미국·중산층·백인·남자'의 자연관을 전지구적인 모범으로 삼으라는 강요와 협박에 불과하며, 그 점에서 명백한 '생태학적 전체주의'를 의미한다. 심층생태론처럼 지나친 정적주의(quieticism)로 퇴행하든지 아니면 에코파시즘으로 되든지 간에 이러한 환경주의 이데올로기는 '생명권에 대한 책임감' 그리고 공동체와의 연대성을 중요시하는 '인간의 사회성'을 쇠퇴시키는 역효과를 낳을 수 있다. 더 나아가 수직적이고 권위주의적 사회질서를 타파하기 위한 사회변혁에의 열정을 퇴화시키데 일조할 수도 있다.

환경 및 생태문제의 최종적인 해결책이 궁극적으로 '개인의 소비를 줄이는 일'에 있다면, 아니 오직 그 길밖에 없다면, 환경오염과 생태계 파괴

24) J. B. Callicott. 1989. *In Defense of the Land Ethic.* Albany ; G. Hardin. 1993. "The Tragedy of the Commons". H, E. Daly(ed.). *Valuing the Earth : Economics, Ecology, Ethics.* Cambridge.

의 심각성을 빌미로 무작정 '자연으로 돌아가자'는 루소식의 주장을 반복하거나, 동양적·신비주의적 세계관을 원용하여 생태계 위기를 사이비 종교적 주술로 해결하려 들거나, 환경문제에 대한 신자유주의적 해석인 '지속가능한 발전'의 논리를 앞세워 제3세계, 여성, 소수자를 폄훼하고 억압하는 전지구적인 환경정책을 주창하는 방식의 사유방식으로는 오늘날의 전지구적 시장자본주의 경제체제 내에서 '생태적 효율성의 혁명'을 기대한다는 것은 매우 험난한 여정이 될 것이다.

인간이 자연에 의존하며 자연과의 상호보완적 관계에서 공존·공생한다는 사실을 현대 과학기술문명이 인정하지 않으려는 이유는 자본이라는 형태로 부를 축적하는 일을 사회의 지상 목표로 삼는 자본주의 체제의 팽창 논리와 밀접하게 결합되어 있다. 그러므로 '생태'와 '자본주의'가 실제로 어떻게 갈등하는지 구체적으로 이해하기 위해서는 오늘날 가장 시급한 지구적 환경문제로 여겨지는 특정한 환경문제들에 주목할 때 쉽게 알 수 있다. 그 대표적인 예가 바로 기후변화로 인한 '지구온난화'이다.[25)]

그러므로 생태계 위기에 직면한 오늘날 생태적 효율성을 극대화하기 위해서는 지금의 사유방식을 넘어서는 '인문생태적 상상력'이 절실하게 필요하다. 그런 관점에서 우리는 먼저 현재의 자본주의적 경제활동 방식을 전면적으로 부정하기 보다는, 예컨대 에너지 문제의 경우 에너지 가격을 올려서 에너지 절약기술 개발을 유도한다든지, 기업과 소비자에게 환경세를 부과한다든지, 사회복지정책에서도 '풍요로운 삶'이라는 산업사회적 개념을 극복하고 '문화적 삶'이라는 생태사회적 복지공동체 개념을

---

25) 존 벨라미 포스터. 2007. 『생태계의 파괴자 자본주의』. 추선영 역. 책갈피 참조.

도입한다든지, 거대 복합기술을 환경기술로 분산시키는 등의 사회시장 경제로의 수정을 통해 문제를 해결하려는 다양한 방법을 모색할 필요가 있다.

둘째, 정치와 경제가 급속하게 지구화되고 있는 현대 사회에서 시장경제와 민주주의의 원활한 작동에 대한 기대는 여전히 의심스럽다. 특히 최근에 미국발 금융위기로 초래된 전지구적 경제위기는 시장경제의 한계와 민주주의의 퇴행을 적나라하게 보여주고 있다. 따라서 시장 논리에 대항하는 민주적, 도덕적, 사회적 균형추를 강화하고, 자본주의적 세계시장으로부터 독립적이고 자율적인 생활세계 영역을 보장함으로써 시장논리적 지구화의 부작용에 대항해 나가는 대안 모색이 시급한 과제다.

셋째, 21세기 첨단 과학기술의 등장으로 질적인 측면에서 인간의 삶의 양식에 급격한 변화를 불러일으키고 있는 정보통신기술과 나노기술의 건전한 발전과 확대를 전제로 한다면, 그 결과 더욱 견고한 연대성을 가지게 될 시민 네트워크는 민주주의의 퇴행을 방어하는 좋은 기제가 될 수도 있을 것이다.[26] 역설적으로 전지구적인 통제와 규제가 보편화된다고 하더라도, 국민국가와 초국가적인 권력의 조화는 여전히 가능할 것이며, 지구촌의 지구인으로서의 삶의 생존영역과 한 국가의 국민, 시민으로서의 생활세계는 '공존'할 수도 있을 것이다.

---

26) 기술에는 자율성의 영역을 늘려주는 기술과 그 영역을 축소하는 타율적인 기술이 있다. 전자 열린 기술이라면 후자는 잠긴 기술에 해당한다. 전화나 자유로운 네트워크와 소프트웨어처럼 소통, 협동, 상호작용에 도움을 주는 기술이 열린 기술이라면, 사용자를 노예처럼 만들고 그 작동을 프로그램화하고, 상품이나 용역의 제공을 독점하는 기술을 잠긴 기술이라고 할 수 있다. 앙드레 고르. 2008.『에콜로지카』. 임희근/정혜용 역. 생각의 나무. 12-13쪽.

6. 새로운 인문생태적 패러다임의 요청

우리의 자유로운 생각만으로는 무엇인들 희망하지 못하겠는가. 문제는 그 생각을 자유롭게 수행할 수 있는 해방의 시간이 많지 않다는 데 있다. 지금 당장 자본주의 경제체계에서의 자본과 사적 이익 창출에의 탐욕이 불러오는 전지구적 생태파괴의 위험을 어떻게 극복할 것인가? 현재의 가속화된 생태적 위험을 기술, 합리성, 효율성의 증대를 통해서 해결할 수 있다고 믿는 개발주의와 개발론자들의 주장을 근본적으로 비판하면서 대안적인 측면을 어떻게 견지할 것인가? 칸트의 말처럼, '자유는 주어지는 것이 아니라, 쟁취하는 것'이기에, 해방은 자유를 쟁취한 자에게만 주어진다. 그리고 자유의 쟁취 역시 고도의 지적, 도덕적 성실성에 근거한 자유로운 행위이어야 한다. 스스로를 자유하게 하려는 열정이 없는 사람은 해방을 누릴 가치가 없는 사람일지도 모른다.

그래서 우리는 좀 더 나은 인간성과 인간적 삶의 조건 형성을 위한 새로운 패러다임을 요청해야 할 것이다. 그것은 우리가 '인문생태적' 사유방식을 통해 새로운 인문생태적 패러다임을 사유하고 실천할 때만 가능하지 않을까. 이러한 사유가 실현되기 위해서는 최소한 다음과 같은 조건들이 만족되어야 하지 않을까.

첫째, 현대 과학기술문명의 지속적인 발전에도 불구하고 인간을 포함한 다양한 생명 종들과 생태계는 현재나 미래에도 그들의 고유한 생존권을 가진 '자기동일성'의 체계로서 인정되어야 한다. 자연적 환경세계는 자연을 가능하게 하며, 인간 실존의 미래에 책임을 지는 생활공간으로서 간주되어야 한다. 전지구적 차원에서 지역적 야망을 확대하고, 지역적 욕망을 위해 전지구적으로 자원을 동원하는 것은 모든 종에게 참담한 재앙을 불러올 뿐이다. 이제 지구의 한계를 인식하고 진지하게 고려해야 한다. 이러한 맥락에서 새로운 인문생태적 패러다임의 제1원칙은 인간이 지구 생태 공동체의 일부분임을 깨닫는 것, 즉 '공존 및 공생의 원칙'을 세우는 일이 될 것이다.[27)]

둘째, 오늘날 과학기술문명의 발전과 그것의 과도한 사용으로 초래된 지구환경과 생태계의 위기는 인간의 삶의 조건을 치명적인 상황으로 내몰고 있다. 이는 결국 초국가적, 초인종적, 초문화적으로 다양한 문제를 발생시키는 '도덕적이고 윤리적인 도전'이 되고 있다. 그런 맥락에서, 우리는 인본주의의 권능이 자유를 확대해 온, 저 이성사의 위대한 성취에 의지하여 응전해야 마땅할 것이다. 인간과 인간 이외의 모든 생명계의 공생과 공존을 위협하는 오늘날의 저 악랄하고 교만한 약탈적 야만사회는 지금이라도 '실천적 합리성'이 인도하는 문명사회로의 이행을 준비해야 할 것이다. 이를 위해서 우리는 이성의 언덕에 올라, 인간에 대한 지독한 긍정의 눈빛으로 신뢰를 보내는, 소위 새로운 인문생태적 패러다임의 제2원칙으로서 '신뢰의 원칙'을 올곧게 세워야 할 것이다.

셋째, 현대 과학기술문명사회에 만연한 냉소주의, 허무주의, 신비주의, 상대주의, 반인간주의와 같은 정서가 독버섯처럼 우리의 영혼을 잠식하고 있다. 생태계 위기를 대면한 시대에 인본주의는 '불합리한 현실적' 증거들을 제시하면서 침투하는 온갖 유형의 냉소주의, 반인간주의, 신비주의, 상대주의, 허무주의에 강력하게 저항하면서 현실적 불합리성의 배후

27) 이재성. 2008.『열림과 소통의 문화생태학』. 계명대학교출판부. 120쪽 참조.

를 지혜롭게 통찰해야 한다. 맑스의 말을 빌려서 표현하면, '관념이 현실을 추종해야 할뿐만 아니라, 현실 또한 관념을 따라야 하는 것'이다. 우리는 인간의 무한한 잠재력에 내재한 합리적인 현실화를 추구해야 하는 동시에 불합리하고 신뢰할 수 없는 현실을 비판할 수 있는 도덕적인 힘을 확보해야 한다. 따라서 새로운 인문생태적 패러다임의 제3원칙은 도덕적 지체를 극복하는 '도덕의 재구성'을 통해 가능할 것이다.

넷째, 현대 사회를 지배하는 과학기술이 비록 인간의 통제능력을 벗어나서 스스로 자율적인 영역을 확보하는 비인간적인 영역으로 분화되어 나간다고 하더라도 여전히 인간은 스스로의 실존적 위상을 초월하는 존재일 뿐만 아니라, 인간 이외의 모든 존재자들과 관계하면서 책임을 져야 하는 '이성적 주체'의 능력을 가지고 있다. 이성적 주체로서의 인간은 이 지구의 생태환경에서 지속적인 삶을 가능하게 하기 위해서, 인간성의 자존감을 회복하기 위해서, 오늘날 쇠퇴해 버린 사회성을 강화하기 위해서 그리고 더 나아가 생태학적인 책임을 보증하기 위해서라도 '인간의 이념', 즉 인간, 자연, 사회를 통합적으로 사유하는 일에 충실하지 않으면 안 된다. 여기서 인간의 이념을 충실히 따른다는 것은 궁극적으로 '이성의 권능을 복구하고 강화한다'는 말이며, 이는 새로운 인문생태적 패러다임의 제4원칙이 될 것이다.

결론적으로 우리가 새로운 인문생태적 패러다임을 위한 네 가지 원칙들을 요청한다는 것은 무지, 미신, 공포로 점철된 신비적·신화적인 과거로의 회귀도 아니고, 탐욕, 경쟁, 지배로 점철된 현재를 수동적으로 받아들인다는 것도 아니다. 그것은 채집 생활을 하던 원시 공동체의 협동 및 공생 정신과 근대의 개인, 계급, 민족의 해방사상이 옹호했던 자유와 평등이념에 현대의 인권, 생태, 여성이라는 보편적인 이념을 결합시키는 원칙이다. 이 원칙으로 우리는 2,000년 전에 "보아라, 이제 나는 모든 것을 새롭게 하리라!"(요한묵시록, 21.5)던 어떤 선지자의 예언이 실현되는 합리적이고 이상적인 사회를 희망해 볼 수 있을 것이다. 이 지구상에서 인류의 '지속가능성을 사유하기'를 통해 자기파괴를 부정하는 것은 아직 오지 않는 미래를 가능하게 하는 필연적 조건이 될 것이다.

참고문헌

다카기 진자부로. 2007. 『지금 자연을 어떻게 볼 것인가』. 김원식 역. 녹색평론사.

문화과학회편. 2008. 「생태주의」. 『문화/과학』. 56호. 문화과학사.

송명규. 2008. 『현대 생태사상의 이해』. 따님.

이상욱 외. 2009. 『욕망하는 테크놀로지』. 동아시아.

이재성. 2008. 『열림과 소통의 문화생태학』. 계명대학교출판부.

이중원 외. 2008. 『필로테크놀로지를 말한다』. 해나무.

최무영. 2008. 『최무영 교수의 물리학 강의』. 책갈피.

한면희. 2007. 『미래세대와 생태윤리』. 철학과 현실사.

레그 모리슨. 2003. 『유전자의 영혼 : 인류의 오만한 착각과 자연의 법칙』. 황수연 역. 전파과학사.

레이첼 카슨. 『침묵의 봄』. 김은령 역. 에코리브르.

머레이 북친. 1997. 『사회 생태론의 철학』. 문순홍 역. 솔.

머레이 북친. 1998. 『사회 생태주의란 무엇인가』. 박홍규 역. 민음사.

스탠 콕스. 2009. 『녹색성장의 유혹-글로벌 식품의약기업의 두 얼굴』. 추선영 역. 난장이.

스티브 존스. 2008. 『진화하는 진화론』. 김혜원 역. 김영사.

알도 레오폴드. 2003. 『모래 군의 열두 달』. 송명규 역. 따님.

앙드레 고르. 2008. 『에콜로지카』. 임희근/정혜용 역. 생각의 나무.

에른스트 프리드리히 슈마허. 1992. 『작은 것이 아름답다』. 원종익 역. 원음사.

에릭 드렉슬러. 1995. 『나노테크노피아』. 세종서적.

조셉 스타이거. 2008. 『현대 환경사상의 기원』. 박길용 역. 성균관대학교출판부.

존 벨라미 포스터. 2008. 『생태계의 파괴자 자본주의』. 추선영 역. 책갈피.

지그문트 바우만. 2009. 『유동하는 공포』. 함규진 역. 산책자.

캐롤린 머천트. 2007. 『래디컬 에콜로지』. 허남혁 역. 이후.

Anker, P.. 2001. Imperial Ecology: Environmental Order in the British Empire. Cambridge.

Callicott, J. B.. 1989. In Defense of the Land Ethic. Albany.

Hardin, G.. 1993. "The Tragedy of the Commons". H, E. Daly(ed.), Valuing the Earth : Economics, Ecology, Ethics. Cambridge.

Jonas, H.. 1979. Das Prinzip der Verantwortung : Versuch einer Ethik für die technologischen Zivilisation. Frankfurt a. M.

Naess, A.. 1973. "The Shallow and the Deep, Long-Range Ecology Movement". Inquiry16.

Naess, A.. 1989. Ecology, Community and Lifestyle, Outline of an Ecosophy. Cambridge.

Passmore, J.. 1979. Mans Responsibility for Nature. New York.

동양사상과 인문생태적인 다문화사회의 모색

홍 승 표(계명대학교 사회학과)

다문화사회의 도래는 역사의 필연이며, 인류에게 주어진 좋은 기회이다. 하지만 오늘날 탈현대의 새로운 사회구조인 다문화사회와 낡은 세계관인 현대 세계관이 충돌하면서 다문화사회 문제를 양산하고 있다. 그러므로 다문화사회와 조화를 이룰 수 있는 새로운 세계관의 모색이 필요하다. 이 글은 동양사상에서 다문화사회의 새로운 세계관적 기초를 찾아보고자 한다. 유가의 '화和' 사상과 '겸謙' 사상, 도가의 '절대 평등사상'과 '유약柔弱사상', 불가의 무아사상과 상즉사상을 중심으로 이 글은 인문생태적인 다문화사회의 비전을 제시할 것이다.

1. 다문화사회와 현대 세계관의 충돌

다문화사회의 도래는 인류의 선택이 아니라 역사운동의 필연이다. 오늘날 지구촌에는 다양한 인종, 민족, 종교, 문화 등이 같은 공간에 서로 섞여 공존하는 새로운 사회 형식이 보편화되고 있으며, 앞으로 이런 경향은 더욱 확산될 것이다. 사회의 하드웨어가 이렇듯 급속히 변화하고 있는데 반해, 소프트웨어의 측면은 거의 변화가 없다. 지금은 낡은 것이 되어버린 현대 세계관이 여전히 현대인의 의식을 지배하는 상황이 계속되고 있다. 이에 따라서, 오늘날 지구촌에는 다문화사회라는 새로운 사회구조와 현대 세계관이라는 낡은 세계관 간이 격심한 충돌을 일으키면서 다문화사회 문제를 양산하고 있다.

이리하여 지금 다문화사회에는 문화 간의 경쟁과 갈등, 시기와 차별이 팽배해 있으며, 진정한 평화와 사랑, 상호 존중과 우애는 사라져버렸다. 9.11 테러와 미국의 중동 공격, 이스라엘과 팔레스타인 간의 처절한 살육, 한국사회에서 보는 외국인 노동자나 이주여성 그리고 혼혈아에 대한 차별 등은 현대 다문화사회가 드러내는 수많은 상처들 중의 하나이다.

현대 다문화사회 문제의 근원은 무엇인가? 현대 세계관이다. 현대 세계관의 근본 전제는 '모든 존재들 간의 근원적인 분리'이다. 나는 영원한 시간과 분리되어 출생에서 죽음까지 시간의 특정 기간만 존재하며, 나는 무한한 공간과 분리되어 피부를 경계선으로 하여 외부세계와 단절된 개체이다. 나는 우연히 생겨났으며 아무런 본래적인 의미도 없다. 부질없는 나의 삶에서 내 존재 의미를 확인할 수 있는 것은 오직 내가 획득한 돈, 인기, 권력, 지위, 지식, 외모 등일 따름이다.

바로 이런 이유로 현대 세계관은 탐욕적인 삶을 부추긴다. 나의 존재 의미의 확인은 위에서 지적한 성취를 통해서만 이루어지기 때문에, 현대인의 삶은 자아확장 투쟁으로서의 삶이 된다. 이것은 자본주의 경제체제를 포함해서 현대사회를 형성시킨 원동력으로 작용함과 동시에 자본주의 경제체제에 의해서 강화된다. 이리하여 현대 세계관이 지배하는 현 세계에서 탐욕은 현대적인 삶과 문명의 키워드가 되었다.

위에서 논의한 현대 세계관의 영향은 집단이나 국가 또는 문화의 차원에도 그대로 적용된다. 이에 따라서, 현대 다문화사회에서는 문화의 혼재 속에도 문화 간의 근원적인 분리와 단절이 지속되고 있으며, 자신과 상대편 문화를 근본적으로 존중하지 않는다. 문화들은 서로 지배하려하며 차별한다. 문화 간 경쟁과 갈등은 확산되고, 평화로운 공존과 공영은 근원적으로 불가능하다.

새로운 사회구조로서의 다문화사회와 낡은 세계관인 현대 세계관이 이렇게 충돌하면서 인류의 삶을 피폐화한다면, 우리는 이 둘 중에서 무엇을 버려야할까? 당연히 현대 세계관이다. 다문화사회는 버릴 수도 없으며, 버려서도 안 되는 인류사회의 새로운 구조이다. 그렇다면 사회학자는 미래의 조화로운 다문화사회 건설을 위해 무엇을 해야 하는가? 조화로운 다문화사회 건설의 기초가 될 수 있는 새로운 세계관을 모색해야 한다.

바로 이런 맥락에서, 본 연구는 동양사상에서 인문생태적인 다문화사회를 구축할 수 있는 세계관적인 기초를 찾아보고자 한다. 본 연구가 동양사상에 관심을 기울이는 이유는 동양사상 속에 인문생태적인 다문화사회 구축을 위한 세계관적 기초가 될 수 있는 자원이 풍부하게 내장되어 있기 때문이다.[1] 물론 이런 시도가 동양사상에 대한 전면적인 옹호를 의미하는

---

1) 홍승표(2008a)의 「동양사상과 탈현대 대안사회의 구상」, 64-65쪽에는 새로운 세계관 구성에 있어서 동양사상에 의거해야할 필요성이 서술되어 있다. 이현지(2007)의 「동양사회사상과 새로운 세계관의 모색」에는 동양사상을 바탕으로 한 새로운 세계관 구성을 위한 여러 학자들의 작업이 잘 요약되어 있다.

것은 아니다. 동양사상이 내포하고 있는 세계관에는 탈현대적인 특성만이 있는 것이 아니고 전현대적이거나 현대적인 특성이 또한 병존하고 있기 때문이다. 이 글에서는 유가사상·불가사상·도가사상을 중심으로 하는 동양사상이라는 광산에서 탈현대적인 광물질들을 선택적으로 캐내어 인문생태적인 다문화사회 구축을 위한 기초로 활용하고자 한다.

2. 유가사상과 인문생태적인 다문화사회의 기초

인문생태적인 다문화사회 구축을 위해서 유가사상에 내장되어 있는 유용한 자원은 어떤 것이 있을까? 이 글에서는 유가의 '화和' 사상과 '겸謙' 사상에 주목하고자 한다. 현대 다문화사회 문제의 중심에는 문화 간 '불화不和'와 타문화에 대한 '오만傲慢'이 자리 잡고 있다. 유가의 '화' 사상과 '겸' 사상은 이런 현대 다문화사회 문제를 해결하고 인문생태적인 다문화사회를 건설하는데 있어 유용한 기초를 제공할 수 있다.

1) '화和' 사상과 인문생태적인 다문화사회의 기초

대립물 간의 조화를 이룬다는 '화'는 유가 사상가들이 추구한 궁극의 경지이자 동아시아 전통 사상과 문화의 이상이었다. 유가의 '화' 사상은 현대 다문화사회의 '불화' 문제 해결에 기여할 수 있다. '화'란 무엇인가? '화'란 대립물 간에 서로 사랑으로 결합하는 것이다. 유가의 관점에서 보면, '화'는 가장 창조적인 관계 형식이며, 발전의 원동력이 된다.

'화'는 어떤 바탕 위에서 이루어질 수 있는가? 대립물들 각각의 독자성과 자유(異)가 '화'가 이루어질 수 있는 전제가 된다. 획일화된 '동同'의 상태에서는 '화'가 이루어질 수 없다. "다양성의 바탕 위에서만 '화'는 꽃필 수 있는 것이다."[2) "'화'란 획일화된 동(同)의 상태와 다를 뿐만 아니라 대극에 위치해 있다. '동'은 다름(異)의 극소화를 추구하지만, '화'는 다름(異)을 전제조건으로 삼는다. 각자 자신의 개성을 갖고 있는 가운데, 나는 더욱 나다와지고 너는 더욱 너다워짐을 통해서, 나와 너의 어울림으로서의 '화'가 이루어지게 된다."[3)]

'화' 사상은 인문생태적인 다문화사회의 구축을 위한 좋은 기초가 될 수 있다. 현대 세계관의 영향으로 현대인은 모든 행위 주체를 근원적으로 분리된 범주로 인식한다. '나의 문화'와 '너의 문화'에 대한 인식 역시 동일하다. 현대 세계관의 관점에서 볼 때, '나의 문화'의 입장에서 본 '너의 문화'의 의미는 무엇인가? '나의 문화'에게 있어서 '너의 문화'는 아무런 본래적인 의미도 없으며, '너의 문화'는 '나의 문화'와 아무런 본래적인 관련도 없다. '너의 문화'는 '나의 문화' 발전을 위해서 극복하고 이용해야할 수단과 도구로서의 의미를 가질 뿐이다. 이리하여 현대 세계관이 지배하는 현대사회에서 문화와 문화 간 관계는 잠재적으로 적대적인 성격을 띤다.

진화론은 현대 세계관에 바탕하고 있고 또한 현대 세계관 확립에 크게 기여한 사상이다. 진화론의 대립관은 현대인이 대립물을 바라보는 주도적인 관점으로 작용하고 있다. 진화론의 대립관은 모든 대립을 이해관계가 상반되는 적대적인 대립으로 간주하는 적대적 관계관이다. 진화론의

---

2) 홍승표. 2005b. 「대대적 대립관의 탈현대적 의미」. 『철학논총』 40(2). 401쪽.
3) 홍승표. 2008b. 「유교사상을 통해 본 다문화사회」. 『철학연구』 107. 84쪽.

관점에서 보면, 내가 살기위해서는 너를 극복해야만 한다. 대립물 간의 경쟁과 갈등은 불가피한 것임과 동시에 발전의 원동력으로 인식된다. 현대 세계관의 지배가 지속되면서, 이런 관념은 일반인들의 의식에 확산되었다. 이것은 현대사회에서 모든 관계 파탄을 초래하는 근원적인 요인으로 작용하고 있다.

진화론의 대립관을 전제한다면, '나의 문화'와 '너의 문화' 간에는 어떤 관계가 존재할 수 있을까? '나의 문화'는 자기 발전을 위해 끊임없이 '너의 문화'를 지배 · 착취 · 이용하고자 하며, '너의 문화'의 '나의 문화'에 대한 입장도 같다. 이런 가운데 문화 간 갈등 · 경쟁 · 지배와 복종 · 교환의 관계가 성립된다. 이것이 현대 다문화사회에서 문화 간 관계의 실상이다. 이런 관계는 필연적으로 문화 간 '불화'를 초래한다.

이런 문화 간 '불화'의 늪을 벗어나기 위해서는 어떻게 해야 할까? '나'와 '너'의 관계를 바라보는 관점의 전환을 이루어야 한다. 문화 간 경쟁과 갈등이 문화발전의 원동력이 된다는 현대적인 관점은 비현실적인 것이다. 미시적인 측면에서 보면, 때로 이런 관점의 타당성을 인정할 수 있다. 하지만 이런 경우조차도 문화발전 자체가 목적이 되어버리는 문제에 부딪친다. 문화란 인간다운 삶을 위한 도구이며, 그 자체가 목적이 될 수는 없다. 그러므로 문화 간 갈등을 통해 상대 문화에 대한 적개심을 증폭시키면서 이루어지는 문화발전이란 사실은 진정한 의미에서의 문화발전이 아닌 것이다.

바로 이런 이유에서, 현 인류는 다문화사회라는 인문생태적인 사회구조와 조화를 이룰 수 있는 '나'와 '너'의 관계를 바라보는 새로운 관점을 절실히 필요로 한다. 진화론이 적대적 관계관을 응축하고 있다면, 음양론은 대대적對待的 관계관을 응축하고 있다. 음양론의 관점에서 다문화사회를 보면, 어떤 문화도 홀로 존재할 수 없다. 각각의 문화는 '너의 문화'를 전제로 해서 '나의 문화'가 성립하는 상호의존 관계를 갖고 있다. '나의 문화'와 '너의 문화'는 서로를 풍부하게 한다. 각각의 문화가 갖고 있는 차이는 조화를 위한 전제조건이 된다. 문화 간 창조적인 관계 방식은 '화'(사랑)를 이루는 것이다. 문화 간에 '화'(사랑)를 이룸으로써 진정한 문화발전이 이루어진다.

현대인이 적대적 대립관에 고착되어 있음으로 말미암아 현대 다문화사회가 '화'에 이르는 작업은 큰 곤란에 직면해 있다. 이런 현대의 곤경을 벗어나기 위해서는, 다른 문화를 바라보는 관점 자체의 전환이 요구되며, 유가의 '화' 사상은 바로 이런 시대의 요구를 잘 충족시켜 줄 수 있다.[4]

2) '겸謙' 사상과 인문생태적인 다문화사회의 기초

공자孔子는 이렇게 말했다. "안평중은 사람 사귀기를 잘한다. 오래 사귀어도 공경하는 마음을 잃지 않는구나!"[5] 공자의 말에서와 같이, 사귐이 오래되어도 상대편에 대해 공경하는 마음을 잃지 않는 것은 사람과 잘 사귀는 비결이다. 이것은 개인뿐만 아니라 모든 행위 주체에 해당하며, 문화와 문화 간의 관계에서도 마찬가지이다. 문화 간 알력이나 갈등과 같은 현대 다문화사회 문제의 바탕에는 상대편 문화를 '존중하고 존경하지 않음'의 문제가 도사리고 있다. 유가는 '겸' 사상을 발전시켜왔고,

4) 홍승표. 2008b. 앞의 책. 85쪽.
5) 『論語』. 「公冶長篇」. "晏平仲善與人交. 久而敬之."

'겸' 사상의 요점은 '자신과 상대편을 깊이 공경함'이다. 바로 이런 이유에서, 유가 '겸' 사상은 인문생태적인 다문화사회 건설을 위해 좋은 기초를 제공할 수 있다.

'겸'이란 무엇인가? '겸'이란 자신과 상대편을 극진히 공경하는 마음가짐을 갖는 것이다. 『주역周易』「겸괘謙卦」 괘상卦象을 보면, 높은 산(☶)이 낮은 땅(☷)의 아래에 위치해 있다. '높은 것이 낮은 것의 아래에 처함' 역으로 보면 '낮은 것이 높은 것의 위에 처함', 이것이 바로 '겸'의 의미이다. 이를 다문화사회에 적용하면, '크고 강한 문화가 작고 약한 문화의 아래에 처함'이 바로 '겸'을 행하는 것이다. 강자가 약자 위에 군림하는 것을 당연시하는 현대적인 심성에서 보자면 '왜 그렇게 해야 하는가?'라는 의문이 일어난다. 유가사상은 왜 '겸'해야 하는가에 대해서 다음과 같은 대답을 제공한다.

유가는 '모든 사람이 하늘과 통하는 지극히 선하고 순수한 본성을 갖고 있다'[6]고 보았다. 바로 이런 인간 본성을 『대학大學』에서는 '명덕明德', 『중용中庸』에서는 '성性', 공자孔子나 맹자孟子는 '인仁'이라고 표현했다. 이런 관점에서 보면, 모든 인간은 영원한 시간과 무한한 공간에 맞닿아 있는 위대한 존재이다. 그러므로 각자는 자신과 상대편을 깊이 공경하는 마음을 갖고 대해야 한다.[7] 자신과 상대편 문화를 대할 때도 똑같은 마음가짐이 요구된다. 유가사상의 관점에서 보면, 자신과 상대편 문화에 대한 우월감이나 열등감은 근거 없는 것이다.

---

6) 바로 이런 이유에서 맹자는 "聖人與我同類者."(『孟子』, 「告子篇」)라고 했고, "人皆可以爲堯舜."(『孟子』, 「告子篇」)라고 했다.

7) 홍승표. 2008b. 앞의 책. 79쪽.

'겸' 사상은 현대 다문화사회 문제 해결에 기여할 수 있다. 왜냐하면 현대 다문화사회 문제의 근원에는 '상대편 문화에 대해 공경하는 마음의 결여'가 놓여있기 때문이다. 얼핏 보면 자신이 속한 문화는 존중하는 것 같이 보이지만, 이것 역시 사실이 아니다. 상대편 문화를 진정으로 공경하지 않으면서, 자신의 문화를 진정으로 공경하는 것은 논리적으로 불가능하기 때문이다. 그렇다면 현대 다문화사회에는 왜 이런 자신과 상대편 문화 모두를 존중하지 않는 태도가 형성된 것일까? 그 답은 현대 세계관이다.

현대 세계관은 오늘날에 이르러서도 현대인의 의식을 지배하고 있다. 현대 세계관의 관점에서 볼 때, 나는 누구인가? 나는 시간적・공간적으로 유한한 존재이며, 우연하게 생겨난 아무런 본래적인 의미를 갖고 있지 않은 존재이다. 그래서 현대인은 직업, 학력, 외모, 수입, 소비, 권력, 인기 등을 통해서 자신의 존재 의미를 확인하고자 하며, 이런 것을 더 많이 차지하는 일에 삶을 쏟아 붓고 있다.

다시 말하자면 현대적인 관점에서 볼 때, 나도 너도 무의미하고 하찮은 존재에 지나지 않는다. 그런데 어떻게 나와 너를 존경할 수 있겠는가! 하물며 위의 것들을 아무 것도 갖고 있지 않은 너를 어떻게 존경할 수 있겠는가! 바로 이런 이유에서 현대인은 자신과 상대편을 근본적으로 경시한다. 개인으로서의 나와 너를 '나의 문화'와 '너의 문화'로 확대했을 경우에도 똑같은 태도가 생겨난다. 현대 다문화사회에서 현대인은 '나의 문화'와 '너의 문화'를 모두 하찮게 여긴다. 현대인들이 흔히 '나의 문화'에 대한 존중이라고 생각하는 것은 실제로는 '나의 문화'에 대한 우월감에 불과한 것이며, '너의 문화'에 대한 존경이라고 생각하는 것은 실제로는 '너의 문화'에 대한 열등감에 불과한 것이다. 이것은 어느 경우도 진정한 존경이 아니다.

'나'와 '너'를 깊이 공경하는 마음이 없다면, '나'와 '너'는 창조적인 관계를 맺을 수 없다. 마찬가지로 '나의 문화'와 '너의 문화'를 깊이 공경하는 마음이 없다면, '나의 문화'와 '너의 문화'는 창조적인 관계를 맺을 수 없다. 여기에 바로 다문화사회라는 새로운 사회구조가 급속히 확산되는 가운데서도, 문화 간의 근원적인 분리와 반목이 계속되는 근본적인 이유가 있다. 유가 '겸' 사상은 '왜 '나의 문화'와 '너의 문화'를 깊이 존경해야 하는가'에 대한 명백한 답을 제공할 수 있다. 바로 이런 이유에서 유가 '겸' 사상은 인문생태적인 다문화사회의 발전을 위한 중요한 기초가 될 수 있다.

3. 도가사상과 인문생태적인 다문화사회의 기초

도가사상에도 인문생태적인 다문화사회 건설을 위해 사용할 수 있는 소중한 자원이 있다. 장자의 절대 평등사상이나 노자의 유약柔弱사상 같은 것이 그 대표적인 예다. 현대의 관점은 세계를 차별의 시각에서 바라보며, 강자의 철학을 조장한다. 이는 다문화사회에서 문화 간 차별과 강한 문화의 약한 문화에 대한 지배를 초래하는 세계관적인 근원이 된다. 여기서는 도가사상이 현대 다문화사회가 안고 있는 이런 문제를 극복하고 인문생태적인 다문화사회를 열어 가는데 어떻게 기여할 수 있는가를 살펴보고자 한다.

1) 절대 평등사상과 인문생태적인 다문화사회의 기초

평등은 현대가 추구해온 중요한 가치의 하나이다. 하지만 현대 평등사상은 차별적인 시각을 바탕에 깔고 있다. 이것은 현대 평등사상이 모든 존재들 간의 근원적인 분리를 전제로 삼는 현대 세계관의 태두리 안에서 발달했기 때문이다. 현대 세계관의 관점에서 보면, 이 세상에 똑같은 것은 하나도 없다. 현대 세계관에서 바라보는 세계는 'A는 A이며 not A가 아니다'라는 형식논리학의 동일율과 모순율이 예외 없이 작용하는 세계이다.

그러므로 현대 사회사상이 말하는 평등은 모든 존재의 절대 평등이 아니며, 제한된 범위 내에서 서로 간의 차이를 없애는 획일화로서의 평등에 불과한 것이다. 평등사상의 새 지평을 열어간 계몽사상가들은 인간과 자연이 평등하다고는 결코 생각하지 않았다. 남성과 여성이 평등하다고도, 또 흑인과 백인이 평등하다고도 생각하지 않았다. 심지어 몽테스키외(Montesquieu).는 『법의 정신』에서 '흑인은 인간이 아니라는 논증'을 버젓하게 행하고 있다.[8)]

현대 평등사상은 이와 같이 두 가지 문제점을 안고 있다. 첫 번째 문제점은 평등의 적용범위가 협소하다는 것이다. 현대적인 평등은 아무리 넓게 본다고 하더라도 그 외연이 인간사회 밖으로 확장될 수 없다. 인간과 자연은 평등하지 않다. 또한 문화의 측면에서 보자면, 아마존 밀림지대에

---

8) 몽테스키외(2005: 208)는 다음과 같이 논증한다. "그들(흑인)의 코는 몹시 납작해서, 그들을 동정한다는 것은 거의 불가능할 정도이다. 대단히 현명한 존재인 신이 영혼을, 특히 선량한 영혼을 새까만 육체 속에 깃들이게 했다고는 도저히 생각되지 않는다."

아직 잔존하고 있는 원시 문화와 현대 서구문화는 평등하지 않다. 두 번째 문제점은 현대 평등사상에서는 차이와 불평등을 동일시한다는 점이다. 그래서 평등을 지향하는 운동은 획일성(同)을 추구한다. 예컨대, 남녀평등을 지향하는 페미니즘 운동에서 그런 문제점이 잘 드러난다. 문화의 측면에서 보자면, 이런 형태의 현대 평등관은 문화의 다양성의 파괴를 가져올 수 있는 위험한 관점이다.

현대 평등사상과는 달리, 도가 평등사상은 인문생태적인 다문화사회 건설을 위한 기초를 제공할 수 있다. 도가 평등사상은 절대 평등사상이다. 도가는 인간사회의 범위를 훨씬 넘어 우주만물의 절대 평등을 주창한다. 이런 주장의 논리적인 기초가 되는 것은 '도道의 편재성'에 대한 가정이다. 장자莊子와 동곽자東郭子가 주고받은 아래 문답은 도道의 편재성에 대한 도가의 관점을 잘 보여준다.

동곽자 : 소위 도란 어디에 있습니까?
장자 : 없는 곳이 없소.
동곽자 : 분명히 가르쳐 주십시오.
장자 : 땅강아지나 개미에게 있소.
동곽자 : 어째서 그렇게 낮은 곳에 있습니까?
장자 : 강아지풀이나 피에 있소.
동곽자 : 어째서 그렇게 점점 더 낮아집니까?
장자 : 기와나 벽돌에 있소.
동곽자 : 어째서 그렇게 차츰 더 심하게 내려갑니까?
장자 : 똥이나 오줌에 있소.
동곽자는 (그만 말문이 막혀) 아무 대꾸도 하지 않았다.[9]

만일 장자가 좀 더 친절하게 대답했다면, '도는 개미나 강아지풀 등 모든 곳에 있다'고 말했을 것이다. 아무리 하찮아 보이는 것에도 대우주의 도가 흐르고 있다. '도는 어디에나 없는 곳이 없는'[10] 것이다.

도의 편재성에 대한 사상은 필연적으로 절대 평등사상으로 이어진다. 나와 너를 포함해서 우주만물은 영원한 대우주의 도를 내재하고 있다. 그러므로 인간을 포함해서 모든 존재는 절대적으로 평등하며 존귀한 것이다. 이것이 바로 장자가 말하는 '제물齊物의 세계'이다.[11] 장자는 여러 차례 우주만물의 절대 평등을 강조했다.[12]

위에서 언급했던 현대 평등사상의 두 가지 문제점은 도가의 절대 평등사상에서 해소된다. 첫째, 도가의 절대 평등사상은 적용 범위의 한정이 없다. 인간과 자연도, 흑인과 백인도 절대적으로 평등하다. 물론 문화와 문화도 평등하다. 둘째, 도가의 절대 평등사상은 다양성을 해치지 않는다. 남녀는 남녀인 채로 평등하며, 문화와 문화 역시 자신의 개성을 그대로 지닌 채 있는 그대로 평등하다.

도가 평등사상이 갖고 있는 이런 특징은 인문생태적인 다문화사회 구축을 위한 좋은 기초가 될 수 있다. 도가 평등사상의 관점에서 보면, 자신

---

9) 『莊子』, 「知北遊」, "東郭子問於莊子曰. 所謂道惡乎在. 莊子曰. 無所不在. 東郭子曰. 期而後可. 莊子曰. 在螻蟻. 曰. 何其下邪. 曰. 在稊稗. 曰. 何其愈下邪. 曰. 在瓦甓. 曰. 何其愈甚邪. 曰. 在屎溺. 東郭子不應." 『장자莊子』의 번역을 위해 안동림이 역주를 단 『莊子』(현암사, 1993)의 도움을 받았다.

10) 『莊子』. 「齊物論」. "道惡乎往而不存."

11) 홍승표. 2007. 『노인혁명』. 예문서원. 102쪽.

12) 장자가 절대 평등을 주창하는 대표적인 구절을 인용하면 다음과 같다.
『莊子』. 「秋水」. "萬物一齊."
같은 책. 「齊物論」. "厲與西施, 恢恑危憰怪, 道通爲一."
같은 책. 같은 곳. "唯達者知通爲一."

과 상대편 문화에 대한 우월감이나 열등감은 근거가 없는 것이다. 또한 어떤 형태의 문화적인 지배도 정당화될 수 없으며, 세계문화의 다양성을 파괴하는 문화의 획일화에 반대한다.

이와 같이, 도가 평등사상은 오늘날 지구촌 다문화사회의 문제 해결을 위한 새로운 시각을 제공할 수 있다. 지구촌 다문화사회의 조화로운 발전을 가로막는 중요한 문제의 하나는 서구인들이 품고 있는 자신의 문화에 대한 우월감과 비서구인들이 갖고 있는 자신의 문화에 대한 열등감이다. 이것은 서구문화의 비서구문화에 대한 지배와 궁극적으로는 문화의 서구화라는 형태로 세계문화의 획일화를 초래하고 있다.

도가의 절대 평등사상은 현재 다문화사회에서 일어나고 있는 이런 일들이 '왜 문제인가'에 대한 명쾌한 시각을 제공할 수 있다. 또한 다양한 문화가 평화롭게 공존하면서 조화로운 발전을 이루어나갈 수 있는 새로운 시각을 제공할 수 있다.

2) 유약柔弱사상과 인문생태적인 다문화사회의 기초

현대 자본주의사회에는 약육강식의 논리가 지배하고 있다. '강한 것만이 살아남는다', '강해져야 한다'는 생각이 현대인의 의식 속에 팽배해 있다. 문화 영역도 예외가 아니다. 현대 다문화사회에도 약육강식의 논리가 지배하고 있다. 강한 서구문화의 영향 아래 한국 전통문화를 비롯해서 제 3세계의 많은 문화는 소멸했거나 약화되었다.

다문화사회의 조화로운 발전이란 측면에서 보면, 세계문화의 다양성이 훼손되는 이 같은 현실은 안타까운 것이다. 강한 문화의 약한 문화에 대한 지배나 약한 문화의 소멸과 같은 현대적인 문화현상의 세계관적인 기초는 진화론에서 두드러지게 나타나는 '강자의 철학'이다.

다윈(Charles R. Darwin)은 약육강식에 바탕 한 적자생존과 자연도태를 통해 진화가 이루어진다고 보았다. 이런 원리를 수용하면, 강자가 약자를 지배하는 것은 자연스런 일이다. 바로 이런 이유에서, 부자의 가난한 자에 대한 착취나 우세한 군사력을 바탕으로 한 서구제국들의 제 3세계에 대한 침략이 정당화되었다.[13] 이렇게 진화론적 세계관은 제국주의를 정당화하는 이데올로기로 작용했다. 현 세계에서 일어나고 있는 문화 제국주의의 세계관적인 토대 역시 동일한 것이다.

다문화사회의 근간을 흔드는 이런 상황을 벗어나기 위해서는 진화론의 '강자의 철학'을 대체할 새로운 관점이 필요하다. 이 글은 노자老子의 유약사상에서 현대 다문화사회 문제를 해결할 수 있는 새로운 관점을 찾고자 한다. 노자사상은 '유약의 철학'이라고 명명될 만큼 '부드럽고 약한 것의 가치'를 옹호한다. 노자는 강한 것(强)과 약한 것(弱), 단단한 것(剛)과 부드러운 것(柔), 높은 것(高)과 낮은 것(低) 중에서 약한 것(弱)[14], 부드러운 것(柔)[15], 낮은 것(低)[16] 등이 대립물보다 본성적으로 우월하다

---

13) 홍승표. 2005a. 『동양사상과 탈현대』. 예문서원. 44-45쪽.

14) 약한 것이 강한 것보다 우월함을 주창하는 대표적인 구절은 다음과 같다. "약한 것은 도의 작용이다.(弱者, 道之用.)"(『老子』, 「40章」)

15) 부드러운 것이 단단한 것보다 우월함을 주창하는 대표적인 구절은 다음과 같다. "천하에서 가장 부드러운 것이 천하에서 가장 견고한 것을 부린다.(天下之至柔, 馳騁天下之至堅.)"(『老子』, 「43章」)

16) 높은 것보다 낮은 것의 우월함을 주창하는 대표적인 구절은 다음과 같다. "최상의 선은 물과 같다. 물은 만물을 아주 이롭게 해 주면서도 다투지 않고, 뭇 사람들이 싫어하는 곳에 머문다. 그런 까닭에 도에 가깝다.(上善若水. 水善利萬物而不爭, 處衆人之所惡. 故幾於道.)"(『老子』, 「8章」)

고 평가한다.

노자의 '유약사상'은 강한 것만이 추구되고 평가받는 현대 다문화사회에서 가치관의 일대전환을 촉구한다. 노자의 관점에서 보면, 부드럽고 약한 것은 생명의 원리이며, 단단하고 강한 것은 죽음의 원리이다. 그래서 노자는 이렇게 말한다. "사람은 연약하게 태어나지만 단단하게 굳어져 죽고, 만물 초목도 부드럽게 나서 딱딱하게 말라 죽는다. 그러므로 단단하고 강한 것은 죽음의 무리이고, 부드럽고 연약한 것은 삶의 무리이다."[17] 그래서 노자는 부드러움, 약함, 낮은 곳에 머묾 등의 속성을 간직하고 있는 여성[18], 골짜기[19], 어린아이[20], 물[21]과 같은 대상물들을 찬양한다.

노자는 왜 '부드럽고 약한 것'이 '단단하고 강한 것(剛强)'보다 우월한 것이라고 생각했을까? 깊이 바라보면, '단단하고 강한 것의 추구'야말로 열등감이나 무력감의 자기표현이며, '유약'이야말로 진정한 힘의 표현임

---

17) 『老子』, 「76章」, "人之生也柔弱, 其死也堅强, 萬物草木之生也柔脆, 其死也枯槁."

18) "암컷은 항상 고요함으로 수컷을 이기며 고요함으로 아래가 된다.(牝常以靜勝牡, 以靜爲下.)" (『老子』, 「61章」)

19) "높은 덕은 골짜기 같다.(上德若谷.)"(『老子』, 「41章」)

20) "후덕한 덕을 품은 것은 어린아이에 비유되니, 어린아이는 독충이 쏘지 않고, 맹수도 덮치지 않고, 독수리도 움켜 채지 않는다. 뼈는 약하고 근육은 부드러우나 쥐는 것은 단단하고, 암수의 교합에 대해서 알지 못하나 온전히 자라는 것은, 정精이 지극하기 때문이요, 종일토록 울어대도 목이 쉬지 않음은, 화和가 지극하기 때문이다.(含德之厚, 比於赤子, 蜂蠆虺蛇不螫, 猛獸不據, 攫鳥不搏, 骨弱筋柔而握固, 未知牝牡之合而全作, 精之至也, 終日號而不嗄, 和之至也.)"(『老子』, 「55章」)

21) "천하에 물보다 부드러운 것이 없으나 단단하고 강한 것을 공격하기로는 이보다 나은 것이 없으니, 어떤 것도 물과 바꿀 만한 것이 없다. 연약한 것이 강한 것을 이기고 부드러운 것이 단단한 것을 이긴다.(天下莫柔弱於水, 而攻堅强者, 莫之能勝, 以其無以易之. 弱之勝强, 柔之勝剛.)"(『老子』, 「78章」)

을 알 수 있다. 이미 에릭 프롬(Erich Fromm)은 『자유로부터의 도피』에서 권력을 추구하고 권력에 매료되는 히틀러와 독일인의 마음 깊이 자리 잡고 있는 것이 다름 아닌 무력감이었음을 명쾌하게 분석했다. 어떤 행위 주체(개인, 문화, 집단, 국가 등)도 내적인 힘이 충만할 때는 상대편에 대한 관용을 베풀고, 부드러워지고, 상대편의 공격에도 쉽게 동요하지 않는, 다시 말하자면 부드럽고 약한 모습을 보여준다. 바로 이런 이유에서 노자는 '유약의 철학'을 제창한 것이다.

'유약'은 어떻게 가능한가? 자신의 가치를 알고, 사랑함으로써 가능한 것이다. 현대사회에는 왜 '강자의 철학'이 지배하게 되었는가? 자신의 가치를 모르고 사랑하지 않기 때문이다. 현대 세계관의 관점에서 보면, 나(의 문화)는 우연하게 생겨난 아무런 본래적인 가치도 없는 존재이다. 바로 이런 이유에서, 현대 세계관이 지배하는 현대사회에는 나(의 문화)의 존재 의미를 확인하기 위한 강박적인 노력이 팽배해 있다. 나(의 문화)의 본래적인 가치를 인정하지 않기 때문에, 나(의 문화)는 대상획득을 통해서만 자신의 가치를 확인할 수 있다. 그래서 다른 문화보다 강한 문화를 형성하고자 하며, 다른 문화를 지배하고자 한다.

'유약'에 대한 노자의 찬사는 약육강식의 원리에 따라 움직이는 현대 다문화사회 문제를 인식할 수 있는 시각을 제공해준다. 강한 것에 대한 추구는 결과적으로 세계문화의 다양성을 훼손할 만 아니라 문화 간의 평화로운 공존을 불가능하게 하며, 차별과 그로인한 관계악화를 심화시킨다.

현대 다문화사회가 절실하게 요구하는 것은 다양한 문화가 평화롭게 공존하고 사랑으로 결합하는 것이다. 어떻게 현대 다문화사회에 평화와 사랑을 건설할 것인가? 예수나 석가모니는 이 문제에 대해 역사적으로 가장 성공적인 모범을 보여주었다. 평화와 사랑의 다문화사회 건설이란 목표에 도달하는데 있어, 노자의 제안에는 풍부한 함의가 있다. 어떻게 다문화가 조화를 이룰 것인가? 노자는 대답한다. "큰 나라가 자신을 낮춤으로써"[22]이다. 노자는 또 말한다. "큰 나라가 작은 나라에게 자신을 낮추면, 작은 나라의 마음을 취한다."[23] 큰 나라가 작은 나라에게 자신을 낮추면, 작은 나라는 큰 나라에 대한 존경심을 갖게 되고, 양국 간에는 평화와 사랑이 건설된다. 노자의 이런 가르침은 인문생태적인 다문화사회 건설에 굳건한 기초가 될 수 있다.

4. 불가사상과 인문생태적인 다문화사회의 기초

불가사상에도 인문생태적인 다문화사회의 기초로 활용할 수 있는 자원이 풍부하게 내장되어 있다. 이 글에서는 특히 '무아無我'사상과 '상즉相卽'사상에 초점을 맞추어, 불가사상에서 인문생태적인 다문화사회 건설을 위한 세계관적 기초를 찾아보고자 한다. 현대 다문화사회 문제의 근원이 '나의 문화'에 대한 집착에 있기 때문에, '무아'와 '상즉'사상은 조화로운 다문화사회를 형성하는 기초로 활용될 수 있다.

---

22) 『老子』. 「61章」. "大國者下流."
23) 같은 책. 같은 곳. "大國以下小國. 則取小國."

1) 무아無我사상과 인문생태적인 다문화사회의 기초

나는 누구일까? 이 문제에 대해 현대는 독특한 관점을 발전시켰다. '나는 다른 모든 존재와 시공간적으로 분리된 유한한 개체'라는 생각이 그것이다. 나의 나이, 성격, 직업, 외모, 건강, 수입, 학력 등의 총체가 바로 '나'라는 것이다. 많은 현대인은 이런 나에 대한 인식이 현실 또는 사실이라고 생각한다. 하지만 '개인으로서의 나'라고 하는 생각이 큰 영향력을 갖게 된 것은 수백 년도 되지 않았다. 이것은 명백하게 역사의 특정시기에 지배력을 획득한 특수한 형태의 나에 대한 인식에 불과한 것이다.

나에 대한 현대적인 관념은 특수한 것일 뿐 아니라 새로운 시대와 조화를 이룰 수도 없는 것이다. 새로운 시대는 모든 행위 주체들 간의 분리와 반목을 극복할 수 있는 새로운 관점을 요구한다. 하지만 나에 대한 현대적인 관념은 이런 분리와 반목을 조장하는 근원으로 작용하고 있다. 그러므로 이것은 현대 다문화사회와 조화를 이룰 수 없다. 이 시대는 '나는 누구일까?'라는 질문에 대한 새로운 대답을 필요로 한다.

불교 무아사상은 이 시대가 필요로 하는 새로운 대답의 하나이다. 불교는 '분리 · 독립된 개체로서의 나'라고 하는 현대적인 관념은 '환幻'이라고 말한다. 불교의 관점에서 보면, '이런 의미에서의 나는 실재하지 않는다(無我).' 실재로서의 나는 오직 '환'으로서의 나를 벗어났을 때만 존재할 수 있음을 주장한다.

불교 무아사상은 '나'를 바라보는 시각의 변화를 주창한다. 무아의 자각이란 융(Carl G. Jung)의 용어를 빌린다면 '분리된 개체로서의 에고(ego)가 나'라고 하는 생각으로부터 벗어나서 '영원한 시간과 무한한 공간과 맞닿아 있는 셀프(self)가 나'라는 것을 자각하는 것이다. 틱낫한[24]은 파도와 바다의 비유를 이용해서 무아사상을 설명한다. 나는 한정된 크기와 모양을 가진 파도라는 생각을 벗어나서 '파도인 내가 바로 바다'임을 자각하는 것이 무아의 자각이라고 말한다.

무아사상은 '나의 감옥'으로부터의 해방에 기여할 수 있다. 무아를 자각하면, 내가 받은 모욕에 대한 기억, 증오심, 화, 애욕, 이기심, 갈망 등 나를 고통스럽게 하는 모든 감정으로부터의 자유를 쟁취할 수 있다. 분별과 집착에서 오는 고통을 벗어나면, 사랑의 행복을 누릴 수 있다. 나는 비로소 나 자신을 진정으로 사랑할 수 있게 되며, 또한 너를 사랑할 수 있게 된다.

이와 똑같이, 무아사상은 '나의 문화의 감옥'으로부터의 해방에 기여할 수 있다. 무아를 자각하면, 나의 문화에 대한 우월감과 열등감, 상대문화에 대한 증오심, 나의 문화에 대한 집착 등으로부터 자유를 얻게 된다. 이것은 나의 문화와 너의 문화를 진정으로 사랑하는 출발점이 된다. 이렇게 해서, 무아사상은 인문생태적인 다문화사회 발전을 위한 좋은 기초를 제공할 수 있다.

2) 상즉相卽사상과 인문생태적인 다문화사회의 기초

"상즉이란 '색즉시공色卽是空 공즉시색空卽是色', '일즉다一卽多 다즉일多卽一', '일즉일체一卽一切 일체즉일一切卽一'이라고 말할 때와 같이,

24) 틱낫한(Thich Nhat Hanh). 2003. 『죽음도 없이 두려움도 없이』. 허문명 옮김. 나무심는 사람. 49-50쪽.

외견상 상이한 범주들 간의 통일성을 지시하는 개념이다."[25] 불교 상즉사상의 관점에서 보면, "이 세상 어떤 것도 분리된 실체로 존재하지 않는다. 모든 것은 서로 연관되어 있을 뿐만 아니라 궁극적으로 하나이다."[26] 불교 화엄사상은 모든 존재의 상즉사상을 가장 정교하게 발전시켰다. 화엄 사상가들은 '일즉다一卽多와 다즉일多卽一', '일중다一中多와 다중일多中一'의 논리 구조를 갖고서, 우주만물의 근원적인 통일성을 서술했다.

의상義湘은 『화엄일승법계도華嚴一乘法界圖』에서 우주만물의 공간적·시간적 상즉을 다음과 같이 표현했다.

일一 가운데 일체一切가 있고 다多 가운데 일一이 있으며	一中一切多中一
일一이 곧 일체一切요 다多가 곧 일一이다.	一卽一切多卽一
한 티끌 속에 시방十方을 포함하고	一微塵中含十方
일체一切 티끌 중에도 이와 같다.	一切塵中亦如是
무량한 먼 겁이 곧 일념이요,	無量遠劫卽一念
일념이 곧 무량겁이다.	一念卽是無量劫[27]

불교 상즉사상의 관점에서 보자면, 모든 존재는 공간적으로 그리고 시간적으로 상즉한다. 즉, '내 속에는 네가 살고 있고', '네 속에는 내가 살고 있다.' 지금 이대로 '나는 너'이고, '너는 나'인 세계가 열리는 것이다. 이것은 나와 너의 개체성에 대한 부정 위에 성립하는 동同이 아니라 나와 너의 개체성의 전제 위에서 성립하는 화和의 세계인 것이다.

---

25) 홍승표. 2007. 앞의 책. 87쪽.
26) 홍승표. 2007. 같은 책. 86쪽.
27) 김해주. 1993. 『義湘華嚴思想史硏究』. 민족사. 122쪽.

예를 들어, 우리들 각각의 존재가 바다 위에 잠시 생겼다 사라지는 파도라고 생각해보자. 파도 A와 파도 B는 각각의 크기와 모양(개체성)을 동일하게 만듦으로써 '나는 너'인 세계가 열리는 것이 아니다. 파도 A가 자신의 크기와 모양을 가진 그대로 자신이 바다임을 자각하는 순간 자신이 현재의 모든 파도와 과거와 미래의 모든 파도임을 알게 되는 것이다.

불교 상즉사상을 문화 영역에 적용하면 조화로운 다문화사회의 기초를 제공할 수 있다. 상즉사상의 관점에서 보면, '내 속에 네가 살고 있듯이' '나의 문화 속에는 너의 문화가 살고 있다.' 지금 이대로 '나는 너'이듯이, 지금 이대로 '나의 문화는 너의 문화'이다. 파도 A인 나의 문화는 과거, 현재, 미래의 모든 문화인 것이다.

그렇다면, 파도 A인 나의 문화가 파도 B인 너의 문화보다 조금 더 크거나 작다는 것이, 조금 더 예쁘거나 밉다는 것이, 파도 A인 나의 문화가 파도 B인 너의 문화에 대해서 우월감이나 열등감을 가질 근거가 될 수 있겠는가! 파도 A인 나의 문화가 파도 B인 너의 문화를 지배, 이용, 착취하려 들겠는가! 파도 A인 나의 문화와 파도 B인 너의 문화가 서로 더 많은 것을 차지하겠다고 다투는 것은 나의 오른손과 왼손이 각각 더 빨리 먹이를 차지하려고 다투는 것과 같다.

파도 A인 나의 문화와 파도 B인 너의 문화는 상대편의 부족한 점을 채워주고, 자신과 상대편을 깊이 존경하며, 사랑을 나눌 것이다. 이와 같이, 불교 상즉사상은 현대 다문화사회에서 야기되는 갈등과 지배와 복종의 관계를 종식시키고 인문생태적인 다문화사회 발전을 위한 기초를 제공할 수 있다.

5. 인문생태적인 다문화사회 건설을 향해서

현대 다문화사회 문제의 근원은 지금도 여전히 큰 영향력을 발휘하고 있는 현대 세계관이다. 현대 세계관은 '모든 존재로부터 시공간적으로 분리된 나(의 문화)'를 전제함으로써, 현대적인 관점을 벗어나지 않는 한 '나(의 문화)의 감옥'으로부터 벗어날 수 없다. 유불도로 대표되는 동양사상은 '나(의 문화)의 감옥'으로부터 벗어날 수 있는 새로운 시각을 제공해줄 수 있다. 바로 이런 이유에서, 이글은 동양사상에서 인문생태적인 다문화사회의 비전을 찾아보고자했다.

많은 독자들은 필자가 유가, 도가, 불가사상으로 분류만 했을 뿐 각장에서의 논의가 근본적으로 같은 내용을 중언하고 있다는 느낌을 받았을 것이다. 독자의 그런 느낌은 정확한 것이다. 중언의 이유는 다음과 같다.

이 글은 현대 다문화사회 문제의 근원이 현대 세계관에 있다고 본다. 그러므로 인문생태적인 다문화사회 건설을 위해서는 새로운 세계관의 모색이 필요하다. '모든 존재들 간의 근원적인 분리'를 대전제로 삼는 현대 세계관과는 달리, 새로운 세계관은 '모든 존재들 간의 근원적인 통일성'을 대전제로 삼는다. 필자는 탈현대를 열어갈 새로운 세계관을 통일체적 세계관[28]이라고 명명했다.

이 글의 맥락 속에서 보면, 통일체적 세계관은 인문생태적인 다문화사회 구축의 세계관적 기초이다. 유불도의 동양사상에는 통일체적 세계관이 풍부하게 내장되어 있다. 필자가 통일체적 세계관을 구성하는 작업은

28) 통일체적 세계관이란 용어는 필자가 만든 것으로 『깨달음의 사회학』(2002)에서부터 본격적으로 사용하기 시작했다. 통일체적 세계관이란 용어의 형성과정과 의미에 대해서는 『노인혁명』(2007), p. 81 각주 43을 참조하라.

동양사상에서 통일체적 세계관을 발굴해서, 이를 체계화하는 방법이 주를 이루었다. 그러므로 인문생태적인 다문화사회의 기초를 동양사상에서 찾는다고 했을 때, 그 작업 내용은 유불도 사상에 내재한 통일체적 세계관의 요소들을 서술하고, 이것이 인문생태적인 다문화사회의 기초로 어떻게 작용하는가를 보여주는 것이었다.

그런데, 유불도 사상에서 추출한 내용들은 통일체적 세계관의 일부로서 서로 밀접히 연결되어 있다. 이 글에서는 유가의 '겸' 사상과 '화' 사상, 도가의 '절대 평등'사상과 '유약'사상, 불가의 '무아'사상과 '상즉'사상 등을 다루었다. 그런데 '겸', '화', '절대 평등', '유약', '상즉', '무아' 사상은 이 중에서 하나만 있으면 다른 다섯 가지는 반드시 있고, 이 중 하나가 없으면 다른 다섯 가지도 성립할 수 없다. 또한 이 여섯 가지 각각은 다른 다섯 가지를 내포하고 있다.

예를 들어 '무아'를 생각해보자. '무아'를 자각하면, 반드시 '겸謙'하게 되고, '화和'를 이루게 되며, '상즉'하고, '유약'하며, '절대 평등'의 세계에 도달하게 된다. 다른 다섯 가지도 마찬가지이다. 바로 이것이 유불도 사상에서 인문생태적인 다문화사회 건설을 위한 세계관적 기초를 발굴하는 이 글의 내용이 중복 서술의 느낌을 초래할 수밖에 없는 이유이다.

여하튼 이 글이 갖고 있는 일관된 입장은 현대를 지배하고 있는 현대 세계관의 틀 안에서는 인문생태적인 다문화사회의 기초를 발견할 수 없다는 것이다. 인문생태적인 다문화사회가 의미하는 핵심은 문화와 문화가 사랑으로 맺어지는 것인데, '모든 존재들 간의 근원적인 분리'를 전제하는 현대 세계관의 토대 위에서 '문화와 문화가 사랑으로 하나 됨'은 원천적으로 불가능하기 때문이다.

현대인이 현대 세계관에 고착되어 있는 한, 다문화사회는 내적으로 분리되고, 상대편을 자신의 이익달성을 위한 수단과 도구로 바라보며, 때로 갈등하고, 자기 문화만을 확장하려하는 현재의 불구적인 상태를 벗어날 수 없다. 그래서 현대 다문화사회는 고통으로 가득 차 있다. 이 모든 고통의 근원에는 '파도 A'가 자신을 시간과 공간 속에서 특정의 크기와 모양을 갖고 있는 '파도 A일 뿐'이라고 인식하는 현대 세계관이 도사리고 있다.

여기에 하나의 연필이 있다고 하자. 연필을 세워서 보면 직사각형이고, 눕혀서 보면 원의 모양을 하고 있다. 이것이 관점이다. 관점은 타당성을 입증할 수 없다. '나'는 전현대적 관점에서 보면 내가 속한 집단의 일원이고, 현대적 관점에서 보면 나만의 개성을 갖고 있는 분리된 개체이며, 탈현대적(통일체적) 관점에서 보면 나는 자신의 개성을 갖고 있는 그대로 영원한 시간과 무한한 공간에 닿아있는 우주적인 존재이다. 이 세 가지가 모두 나를 바라보는 관점이다. 관점은 타당성을 입증할 수 없다. 다만 특정 시대 속에서 그 시대의 요구와 얼마나 잘 조응할 수 있는가에 따라서 그 유용성이 평가될 수 있을 뿐이다.

다문화사회라고 하는 새로운 사회구조의 출현을 맞은 지금 이 시점에서 현대 세계관은 인문생태적인 다문화사회를 건설하는데 있어서 무력할 뿐만 아니라 온갖 다문화사회 문제를 초래하는 근원으로 작용하고 있다. 탈현대(통일체적) 세계관은 유용하며 다문화사회가 창조적으로 발전해나갈 수 있는 관점을 제공한다. 그렇다면, 지금 이 시대를 살아가는 우리는 어떤 관점을 채택할 것인가? 답은 명백하다.

현대 세계관이 지배하는 가운데 다문화사회는 많은 고통을 낳고 있다. 사람들의 문명에 대한 불만이 고조되고 있다. 사회학자에게 요구되는 일은 문명에 대한 불만이 창조적으로 분출될 수 있는 길을 제시하는 것이다. 그것은 바로 조화로운 다문화사회 건설의 기초가 되는 새로운 세계관을 제시하는 일이다. 이 글은 동양사상을 바탕으로 하여 바로 이 작업을 수행해보고자 한 것이다.

참고문헌

『周易』

『論語』

『孟子』

『莊子』

몽테스키외(Baron de La Brède et de Montesquieu). 2005. 『법의 정신』. 이명성 옮김. 홍신출판사.

이현지. 2007. 「동양사회사상과 새로운 세계관의 모색」. 『東洋社會思想』 16: 15-32쪽.

틱낫한(Thich Nhat Hahn). 2003. 『죽음도 없이 두려움도 없이』. 허문명 옮김. 나무심는 사람.

홍승표. 2002. 『깨달음의 사회학』. 예문서원.

______. 2005a. 『동양사상과 탈현대』. 예문서원.

______. 2005b. "對待的 對立觀의 탈현대적 의미." 『철학논총』 40(2): 389-404쪽.

______. 2007. 『노인혁명』. 예문서원.

______. 2008a. "동양사상과 탈현대 대안사회의 구성." 『東洋社會思想』 17: 59-84쪽.

______. 2008b. "유교사상을 통해 본 다문화사회." 『哲學研究』 107: 69-89쪽.

Thich, Nhat Hahn. 1987. Being Peace. Berkeley. California: Parallax Press.

제 2 부

인문생태적인 관점과 지역 혁신

경부대운하 프로젝트와 낙동강 개발에 대한 인문생태적인 접근

홍 원 식(계명대 철학부)
이 상 호(한국국학진흥원)

1. 들어가는 말

이명박 한나라당 대선 후보의 공약이었던 한반도 대운하 사업이 그가 대통령에 당선되면서 현실화되는 단계로 접어들었다. 이명박 정부는 경부대운하 사업이 강력한 반대 여론에 부닥치자 잠시 주춤하는 모습을 보이기도 하였지만 기본적으로 사업 추진의 입장을 버리지 않고 있으며, 내부적으로 사업 추진을 일부 진행 중에 있다.[1] 우리 역사상 최대의 토목

1) 심지어 2008년 5월 21일이 되면서, 이명박 대통령은 물길을 잇는 것은 뒤로 미루고 4대 강을 정비하는 수순을 먼저 밟겠다고 밝히고 있다. 강력한 여론의 반대에 부딪치면서 한발 물러선 것으로 이해할 수 있지만, 그럼에도 불구하고 운하 사업을 반드시 진행하려는 의도를 확인할 수 있는 대목이다.

공사가 될 이 사업은 찬반의 입장이 팽팽히 맞선 채 아직까지도 정치적 논의의 장을 크게 벗어나고 있지 못한 상황이다. 이런 가운데서도 근자에 오면서 토목과 기술, 그리고 경제적 가치를 중심으로 한 논의이기는 해도, 사업의 '실효성'을 중심으로 한 논의가 조금씩 진행되고 있는 것은 다행스러운 일이 아닐 수 없다.

이같이 정치적 문제와 더불어 운하 건설에서 가장 크게 반대에 부딪친 문제는 '생태계 파괴'에 대한 문제이다. 이렇게 되자, 심지어 대운하 사업 찬성론자들은 운하야말로 '생태적'이라거나 또는 '친환경적'이라고 말함으로써, 마치 운하 건설 자체가 생태적이고 친환경적인 것처럼 호도되고 있다. 그러나 적어도 무언가를 '개발'하고 '건설'한다는 것이 결코 생태적일 수는 없다. 생태의 관점에서 본다면 '있는 그대로의 상태'를 유지하는 것이 가장 생태적이기 때문이다. 아무리 '생태적'이고 '친환경적' 개발이라고 주장해도 그것은 '개발'이며, 그 속에는 개발의 논리가 우선적으로 작용하고 있는 것이다. 결국 '개발'은 논리적으로나 현실적으로 '생태'와 모순관계에 설 수밖에 없다. 따라서 생태계 파괴의 위험을 무릅쓰고서라도 개발에 나설 것인가라고 묻는 것이 보다 정직할 것이며, 어떻게 하면 생태계 파괴를 최소화할 것인가를 토론하는 것이 보다 바람직할 것이다.

그런데 지금까지 생태적 관점에 선 경부대운하 논의를 보면 대부분 '자연생태'의 범위를 넘어서지 못하고 있다. 낙동강의 '자연환경'에 관한 문제로만 논의의 초점이 맞추어지고 있는 것이다. 그러나 '강'은 단순히 물만 흐르는 곳이 아니라 인간들이 모여 살면서 삶과 문화를 일군 터전이자 서로 관계 맺고 소통한 물길이기도 하다. 이러한 점에서 낙동강은 그

역사가 유구한 만큼 그 특수성 또한 돋보인다. 우리는 낙동강이 가지는 이러한 역사적·문화적 특수성에 주목하고자 한다.

우리는 찬성이나 반대 입장을 앞세워 논의할 생각은 없다. 하지만 '자연생태'적 관점에서 본다면 경부대운하 사업은 대재앙이라는 사실을 분명히 하면서, 이것을 무릅쓰고서라도 경부대운하 사업을 추진해야 한다면 고려하는 것이 많으면 많을수록 좋다는 생각에 역사나 문화, 사회 등의 측면을 반드시 고려할 필요가 있으며, 낙동강의 경우는 더욱 그러하다는 주장을 펴고자 한다. 그리고 자연 뿐만 아니라 역사, 문화, 사회 등 여러 측면을 한데 묶어 보는 것이 진정한 '생태론'적 관점이라는 주장과 더불어 이러한 우리의 관점을 '인문생태'라는 말로 규정하는 것이 가능할런지도 타진해보고자 한다.

2. 경부대운하 및 낙동강 개발계획과 관련된 쟁점

1) 한반도 대운하와 경부대운하 사업

1996년 당시 이명박 국회의원은 정치권에서 처음으로 한반도 운하의 필요성을 강력하게 역설했다.[2] 그리고 10년이 지난 뒤 이것을 대선 공약 사업으로 제시하였고, 대통령 당선 이후 반드시 시행해야 할 국책 사업이 되었다. '새로운 국운 융성'이나 '한반도 리모델링'과 같은 거대한 발언들을 쏟아 내면서, 멀지 않아 시행할 것처럼 밀어붙이고 있다. 여기에

2) 2008년 4월 19일 SBS '그것이 알고 싶다 : 대운하의 꿈 - 꾸는 사람들과 파는 사람들' 참조.

대해 정치권에서는 '시대착오적 발상(천정배, 이인제)'이느니 '식수 오염과 환경 대란을 일으킬 대재앙(한명숙)', 혹은 '대국민 사기극이 될 가능성(문국현)'이 많다는 등과 같은 말들로 강력히 비판하고 나섰으며,[3] 나아가 토목과 경제, 환경 등과 같은 분야에서는 기술과 경제성, 환경 영향 등에 대한 자세한 평가와 토론을 시작하였다.

한반도 대운하 계획은 한반도 전체에 흐르고 있는 강들을 운하로 개발하여, 한반도 전체를 물길로 잇겠다는 계획이다. 계획대로 된다면 한강과 낙동강을 잇는 경부대운하를 비롯하여 충청운하와 호남운하, 그리고 제주운하까지 만들어지며, 이것은 무려 총 2,100km에 달하는 물길이다. 그리고 통일시대를 대비하여 북한 운하까지 이 계획 속에는 포함되어 있다. 그야말로 한반도 내륙 전체를 물길로 연결하겠다는 야심찬 계획이다. 이와 같은 계획은 강을 이전처럼 식수나 농·공업 용수로 이용하는 범주를 넘어 교통로로 이용하는 주운舟運 기능을 더한 것으로, 이를 통해 물류나 관광사업을 일으킴으로써 경제 발전을 꾀하겠다는 것이다.

이 중 경부대운하는 서울에서 부산까지를 물길로 잇는 것이다. 이것은 곧 한강과 낙동강을 조령 터널을 뚫어서 연결함으로써 인천에서 서울, 그리고 부산까지 물길로 잇겠다는 것이다. 이와 같은 경부대운하 사업은 한반도 대운하 사업 중에서도 가장 중심에 서 있는 것으로, 한반도 대운하 사업비의 3/4이 들어가는 거대 사업이다.[4] 특히 경부대운하 사업은 조령 터널을 뚫는 등 그야말로 '배가 산으로 가야'하기 때문에, 그에 따른

3) 신봉기. 2007.「경부운하 구상의 법적 문제점 검토」.『토지공법연구』37(2). 한국토지공법학회. 2-3쪽 참조.

4) 안용모. 2008.「대구 낙동강 운하 및 연안개발 방향」.『영남운하정책연구회 창립기념 학술 심포지엄 자료집』. 영남운하정책연구회. 82쪽.

보나 갑문의 건설이 다른 운하들에 비해 많을 수밖에 없다. 경부대운하는 한강 구간 187km, 연결 구간 73km, 그리고 낙동강 구간 280km를 합하여 총 길이가 540km로, 약 40km 정도의 터널 공사와 16개의 주운보, 그리고 19개의 갑문 공사가 필요할 것으로 예상되고 있으며, 사업비는 최소 15 조원 이상이 소요될 것으로 보고 있다.[5] 현재 대운하 공사는 다양한 변수들로 인해 어떻게 될지 알 수 없는 상태이지만, 대구시는 2008년에 시작해서 2011년에 공사를 마치는 것으로 계획하고 있다.[6] 대구시의 계획대로라면 올해 안에 타당성 검토 후 공사에 착수하게 된다.

원래 경부대운하 사업에 대한 계획은 1990년대 초부터 여러 자료들에 등장했으며,[7] 정치적으로 이슈화된 것은 앞에서 말한대로 1996년 당시 국회의원이었던 이명박 현 대통령의 발언 때문이었다. 특히 1996년 세종연구원에서 발간된『우리도 운하를 개척하자 : 물류혁명과 국토개조 전략』[8]이라는 책은 이와 같은 운하 논의에 이론적 근거가 되었다. 그러나 여러 국책연구기관과 지방자치단체의 조사 결과 타당성 없는 것으로 결론지어졌으며,[9] 1998년 경인운하 역시 추진되다가 환경영향평가의 보완사항 때문에 추진이 보류되는 사태까지 벌어지게 되었다. 이렇게 되면서 운하에 대해서는 대체적으로 부정적인 반응들이 이어지게 되었고, 이후

---

5) 위의 글. 같은 곳 참조. 참고로 당시 이 발표를 맡았던 안용모는 대구광역시 문화정책개발 담당관으로, 그 내용은 대구광역시의 입장을 대변한 것으로 이해할 수 있다.

6) 위의 글. 같은 곳 참조.

7) 신봉기. 앞의 글. 3쪽 참조.

8) 주명건 외. 1996.『우리도 운하를 개척하자 : 물류혁명과 국토개조 전략』. 세종연구원 참조. 실제 이 보고서는 현 이명박 대통령의 운하 계획에 대한 실질적인 이론적 근거로 작용하면서, 많은 부분이 구체적인 계획으로 반영되었다.

9) 신봉기. 앞의 글. 3쪽 참조.

특별한 사회적 이슈가 되지 못했다. 그렇다가 이명박 대선 후보가 한반도 대운하 사업을 대선 공약사업으로 내세우면서 다시 사회적 이슈로 등장한 것이다.

2) 경부대운하 사업의 쟁점과 입장들

앞에서 살펴본 바와 같이 한반도 대운하 사업이 대선 공약 사업으로 채택되면서 이것은 곧바로 '정치적 쟁점'으로 비화되었으며, 이후 찬반 논의도 정치적 입장에 따라 진행되면서 운하 자체에 대한 차분한 논의를 기대하기 힘들게 되었다. 일단 찬성론자들은 한반도 대운하 사업이 '물류'와 '관광'이라는 두 가지 키워드를 중심으로, 지역균형발전과 경제발전 효과, 지역통합 및 수질개선 등을 이루어 낼 수 있는 획기적인 것이라고 주장하고 있다.[10] 찬반론자들의 쟁점과 입장을 정리해 보면 다음과 같다.

첫 번째 쟁점은 한반도 대운하 사업이 과연 찬성론자들의 주장처럼 경제적 '효용성'이 실제로 있는가 하는 점이다. 이것은 다시 크게 세 가지로 나눠볼 수 있는데, 하나는 '물류'에 따른 경제적 효과이며, 또 다른 하나는 새로운 '관광 산업'의 개발을 통해 얻어지는 경제적 효과이고, 마지막으로 하나는 고용증대 효과이다. 찬성론자들은 적어도 2020년이 되면 현재 국내 물동량의 2~3배 정도가 증가한다고 보았을 때, 비록 느리

10) 그런데 요 근래 오면 '물관리' 때문에 운하를 건설해야 한다는 입장으로 정부측의 명분이 바뀌고 있다. 처음에는 '물류' 때문이다가, 그것에 대한 타당성 검토와 더불어 비판이 거세지자 '관광'이라는 명분을 세웠으며, 지금은 '물관리'라는 명분으로 갈아타고 있다. 한겨레신문. 2008. 5월 19일. 3면. '옛날엔 "물류 때문에" 이젠 "물관리 때문에"' 참조.

지만 운하가 그 대안이 될 수 있으며,[11] 관광을 통한 새로운 이익 창출과 이를 통한 30만 명 정도의 일자리 창출도 가능하고, 나아가 내륙도시의 지역 산업을 활성화시킬 수 있다고 주장한다.[12] 또한 부가적으로 경부대운하에서만 10억톤 이상의 물을 저수할 수 있으므로 부족한 수자원 확보에도 기여할 수 있다는 것이다.

그러나 여기에 대해 반대론자들은 비록 대규모의 수송이 가능하다는 장점은 있지만, 과연 그 정도의 수송할 물동량이 있을 지에 대한 의문과 더불어 그 정도로 많은 물동량이라면 실제 해운을 통한 이동이 더 효과적이라고 비판한다. 특히 근래에 들어오면서 오랫동안 물류를 쌓아 두었다가 한꺼번에 이동하는 방식보다는 빠른 이동을 통해 재고의 분량을 줄이는 것이 목표가 되고 있다는 점 역시 비판의 관점이다. 관광 역시 많은 전문가들은 회의적인 반응을 보인다. 경부대운하는 대부분 수량의 보존을 위해 콘크리트 벽을 쌓는 방식으로 건설될 수밖에 없기 때문에 새로운 관광상품이 되기에 무리가 있다는 것이다. 특히 40km의 길이에 달하는 터널은 적어도 5~6시간 동안 관광객들을 깜깜한 터널 속에 가두게 되는데, 이것은 도리어 관광의 효과를 극심하게 떨어뜨릴 수 있다고 주장한다. 이처럼 물류나 관광의 효과가 불확실한 상태에서 대운하부터 만들어놓고 보면, 결국 국민의 혈세로 운하를 유지해야 하는 것도 충분히 예견할 수 있다고 경고한다.

두 번째 쟁점은 운하를 건설하고 유지하는 데 드는 비용과 관련된 문

11) 박석순. 2007.「긍정의 눈으로 본 한반도 대운하」.『첨단환경기술』15(7). 환경관리연구소. 31쪽 참조.
12) 위의 글. 같은 곳.

제들이다. 정부는 골재 판매 및 민자 유치를 통해서 이 사업의 예산을 확보하겠다고 말하지만, 여기에 대해서 회의적 시각들도 만만치 않다. 특히 경부대운하만 하더라도 15조원 이상이 소요될 것으로 예상되는데, 이것은 순수하게 운하를 만드는 데 드는 금액에 불과하다. 당장 운하 건설을 위해서 새로 건설하거나 옮겨야 할 다리가 적지 않으며, 문화재의 이건, 보상금 등의 비용도 적지 않은데 이 속에 거의 반영되어 있지 않다. 반대론자들은 더 큰 문제가 유지비라고 주장한다. 대운하 건설 후 이것을 운영하고 유지하기 위해서는 인력과 장비 등에서 많은 경비가 소요될 것인데 이것 역시 예상 경비 속에 들어가 있지 않다는 것이다. 이것은 물동량과 관련된 것이어서 물동량이 많으면 별 문제가 없겠지만, 그렇지 않을 경우 이것은 국민들에게 감당할 수 없는 부담을 안겨 줄 것이라고 주장한다.

세 번째 쟁점은 운하를 개발함으로써 발생할 수 있는 다양한 '문제들'이다. 이 가운데 가장 대표적인 것이 바로 '환경'과 '생태계' 파괴이다. 자연적으로 형성된 강을 배가 운항할 수 있도록 건설하는 과정에서 환경과 생태계 파괴는 필연적이라는 것이다. 이렇게 되면 낙동강의 수초지나 여울목, 늪지 등은 파괴될 수밖에 없으며, 낙동강 속의 생태계 혼란 역시 필연적 결과가 될 것이라고 반대론자들은 주장한다. 특히 경부대운하는 낙동강의 깊지 않은 수심으로 인해 인위적인 보를 설치할 수밖에 없어서 결국 콘크리트를 통해 인위적으로 수심과 유속을 유지해야 하는데 이 과정에서 오염은 필연적이며, 나아가 대규모 준설작업은 주위의 지하수 고갈을 불러올 것이고,[13] 이밖에도 미처 예측하지 못한 수많은 환경과 생태 문제가 닥쳐올 것이라고 주장한다.

앞에서 살펴본 바와 같이 경부대운하 사업에 대해 이제 단순한 정치적 공방을 넘어서서 면밀한 검토 작업으로 접어든 것은 당연하고도 다행스런 일이다. 그러나 현 정부는 이러한 검토와 논의들에 대해 그다지 귀담아 듣는 것 같지 않고 다만 반대 여론이 수그러들고 호전되기만을 기다리고 있는 듯하며, 정치적 태도 또한 끝내 버리지 않고 있는 듯하다.[14] 이러다가는 자칫 원래의 계획과는 다른 돌발적이고 기형적인 운하 건설안이 나오는 것은 아닌가하는 우려마저 들게 한다. 이에 대해 반대편에서는 이 사업이 너무나 불확실한 점이 많고 중차대한 것이기 때문에 그 결정을 국민들에게 맡겨야 하며, 이를 위해 반드시 국민투표를 거쳐야 한다고 주장하고 있다.[15]

그런데 우리는 여기에서 찬반의 입장과 별개로 경부대운하 사업을 단순히 토목과 경제, 그리고 환경·생태적인 문제에서만 검토할 것이 아니라 보다 넓고 많은 관점을 가지고 바라볼 것을 제안하면서, 이를 위해서는 '개발론'에 대한 근본적 검토와 '강'에 대한 새로운 인식, 그리고 '낙동강'의 특수성에 대한 깊은 이해가 반드시 선행되어야 한다고 생각한다.

---

13) 2008년 4월 19일 SBS '그것이 알고 싶다 : 대운하의 꿈-꾸는 사람들과 파는 사람들' 참조.

14) 『한겨레신문』 2008년 5월 19일. 앞의 기사 참조.

15) 신봉기는 경부 대운하에 대해 '법적인 검토'를 통해, 이것은 헌법에서 밝히고 있는 '국민투표의 필요성'의 요건을 채우고 있다는 주장을 제기한다. 결국 대통령의 공약이 당선되었다고 해서 그대로 실행될 수 있는 사안이 아니라는 입장이다. 자세한 것은 신봉기. 앞의 글. 4~5쪽 참조.

3. 경부대운하 사업과 '지속 가능한 개발'

1) '친환경적' 운하 건설과 '지속 가능한 개발'

우리는 여기에서 경부대운하 계획이 입안되고 실행되는 과정에서 근본적으로 작용하는 입장들을 확인해 보려고 한다. 앞에서 살펴보았다시피 경부대운하 찬성론자들은 물류비용의 절감, 새로운 관광산업의 개발, 내륙 경제의 발전, 그리고 수량의 확보와 수질의 보전 등을 내세우며 그 당위성을 주장하고 있다. 이와 같은 입장은 궁극적으로 '개발'을 통한 '경제적 이익의 극대화'에 초점이 맞추어진 것이라고 말할 수 있다. 수량의 확보나 수질의 보전도 이 범위를 크게 벗어나지 않는다. 한반도 대운하 사업의 전도사로 알려져 있는 박석순 교수의 "땅 속에 묻어 둘 것이 아니라 보다 적극적으로 우리의 국토를 관리하고 활용해야 한다"[16]는 말에서도 그 목적이 개발을 통한 효율적 이용에 있음을 쉽사리 알 수 있다.

그러면서도 경부대운하 사업을 찬성하는 사람들은 '친환경적'이라는 말을 입에 달고 있다. 물론 그들도 그것이 환경에 미칠 영향을 인정하고 있다. 하지만 그들은 친환경적으로 공사하는 것이 가능하다고 주장한다. 곧 그들은 환경전문가들을 운하 기획단에 합류시키면서 '친환경적인 운하 개발'이니 '운하가 환경을 보존할 수 있다'느니 하는 말들을 마구 쏟아내고 있다.[17] 개발의 과정에서라도 생태에 대한 고려만 이루어지면,

---

16) 박석순. 앞의 글. 35쪽.

17) 황기연. 2008. 「21세기 국토의 새로운 비전 – 한반도운하를 통한 '수로·수변형 신국토발전전략」. 『영남운하정책연구회 창립기념 학술 심포지엄 자료집』. 영남운하정책연구회. 39쪽 참조.

충분히 생태적 개발이 가능하다는 낙관론이 깊게 배어 있는 말들이다. 여전히 개발주의와 생태에 대한 막연한 낙관론이 존재하고 있는 것이다. 그들의 수량 확보와 수질 보전의 주장에서 볼 수 있듯 도리어 낙동강은 개발을 통해서만 생태문제가 해결될 수 있는 것처럼 주장하기까지 한다. 이것은 바로 전형적인 '지속 가능한 개발론'[18]이자,[19] 거기에서 한 걸음 더 나아간 것이라고 평가할 수 있겠다. 그러나 그것은 어떠한 경우이든 '개발론'의 입장에 선 것이다.

'지속 가능한 개발론'은 결국 개발은 하되 인간 종의 삶의 향상을 위해 인간과 관련된 다양한 환경적 위해 요인들을 살펴보자는 것이다. 그리고 '지속 가능할 수 있는 상태'를 유지하는 선에서 개발하자는 것이다. 이와 같은 입장은 '개발지상주의'에서는 벗어났다고 해도, 그것이 '인간 종의 지속성'을 위해서 인간 이외의 다른 종이 필연적으로 가지게 될 희생에 대해서는 고려대상에 넣지 않은 것이다. 이러한 점에서 한반도 대운하 프로젝트는 바로 이와 같은 '지속 가능한 개발론'의 입장을 그대로 대변한 것이라고 말할 수 있다. '생태적 운하의 개발'이라는 그들의 구호는 결국 '개발을 위한 논리'에 불과함을 알 수 있다.

앞서 언급한 바와 같이 '지속 가능한 개발론'은 '인간중심주의'에 서

---

18) 1972년 스웨덴의 스톡홀름에서 열린 '유엔인구환경회의'에서 경제발전과 환경문제가 동시에 만족될 수 있는 '환경적으로 건전하고 지속 가능한 발전(ESSD)'을 표명하게 된다. 홍원식. 2007. 「동아시아 생태담론에 대한 비판적 검토」. 『동양철학연구』 51. 동양철학연구회. 257쪽 참조.

19) 여기에 대해 자세한 입장은 영남운하정책연구회. 2008. 『영남운하정책연구회 창립기념 학술 심포지엄 자료집』. 영남운하정책연구회. 53쪽 이하의 내용을 참조. 여기에서는 주로 '생태학적으로 건전한 대운하'나 '환경친화적 운하의 개발'과 같은 슬로건을 내 걸고 있다.

있는 이론이다. 인간중심주의는 비록 자연을 도덕적 논의의 대상에 새롭게 포함시키기는 했지만, 인간끼리의 의무와 행위규범의 틀 안에서 그 문제를 해결할 수 있다고 믿는 입장이다. 이처럼 환경문제가 인류 전체와 생존 자체에 대한 위기를 불러올 수 있다는 의식은 환경문제를 윤리학의 범주에까지 포함시키게 했지만, 그 궁극적 목적은 결국 '인간이라는 종의 존립'에만 맞추어져 있는 것이다. 이와 같은 인간중심주의 입장은 기본적으로 '생태계 전체에 대한 인간의 배타적 이익'이 전제되어 있으며, 나아가 실제로 환경문제의 장본인들이 자신의 '삶'을 위한 방법으로서 제시하는 대안이기 때문에 윤리적으로 상당 부분 설득력이 떨어질 수밖에 없다.

그런데 친환경적·생태적 운하 건설이라는 주장은 무엇보다 논리적으로 설득력이 없다. 뭐라 해도 생태는 원래 있던 그대로를 보존하는 것이 가장 이상적이다. 다만 사람이 살아가다 보면 이와 같은 이상적 상태를 해칠 수 있고, 또 사람의 필요에 의해 불가피하게 해칠 수밖에 없을 경우가 있다. 하지만 이럴 경우 우리는 더 이상 친환경적이느니 생태적이느니 하는 말들을 앞세우지는 말아야 할 것이다. 사람의 삶을 위해 개발하면서 생태와 환경을 고려하는 것일 뿐, 그 자체가 친환경적이고 생태적일 수는 없기 때문이다.[20)]

이렇듯 '개발'이라는 말과 '생태'라는 말은 논리적으로 '모순개념'에 가깝다. '개발'이라는 개념 속에 '생태'라는 내용이 포함될 여지가 거의

---

20) 이와 같은 이유에서 임혜지는 '환경을 개선하는 운하란 존재하지 않는다'는 입장을 분명하게 제시하고 있다. 자세한 내용은 http://www.hani.co.kr/arti/society/society_general/289200.html 참조.

없는 것이다. 따라서 경부대운하 프로젝트는 낙동강 생태의 관점에서 보면 절망적인 대재앙이다. 그것 자체가 '생태적'이라든가 '친환경적'라는 말은 그야말로 말치장이요 말장난에 불과한 것이다. 여기에서 생태와 환경의 관점을 단순히 자연에만 국한시키지 않고 역사와 문화, 사회 등으로 확대시키면 문제는 더욱 복잡해지고 어려워진다.

2) '지속 가능한 개발'에 대한 비판적 검토와 '심층생태주의'

21세기로 접어들면서 이제 환경 재난은 눈앞에서 빈번히 일어나고 있다. 끝없는 과학기술의 발전과 경제 개발, 여기에다 지칠 줄 모르는 인류의 욕망 추구는 생태계의 파괴를 불러와 마침내 인류의 생존 자체를 위협받는 지경에 이르렀다. 환경공학 등의 공학적 · 자연과학적 방법으로 다가오는 대재난을 막기에는 역부족이요, 그것은 어디까지나 대증요법에 지나지 않는다는 것을 인류는 깨닫기 시작했다. '지속 가능한 개발'이라는 것도 결국 이러한 공학적 방법에 기댄 채 낙관론을 폈던 것이라고 볼 수 있다. 이제 이러한 낙관론은 설 자리를 잃어가고, '지속 가능한 개발'은 개발론자들의 개발을 위한 한낱 구호로 전락해가고 있다. 반면 대증요법을 넘어서 근본적인 치유를 할 수 있는 해법을 찾아나서면서 환경과 생태 문제는 비로소 인문학과 손을 잡게 되었다.

인문학적 생태 논의는 인간과 자연의 관계 재설정으로부터 시작되었다. 원래 생태 논의는 '인간중심주의(anthropocentrism)'로부터 시작되었으며, 이것은 바로 '지속 가능한 개발론'의 이론적 근거가 되었던 것이다. '지속 가능한 개발론'이 보존과 개발 사이에서 결국 개발을 정당화하는 논리로 쓰였듯이, '인간중심주의'는 말 그대로 자연과 인간의 관계에서 인간 중심적 관점을 버리지 않고 있다. 이제 인간 중심적 관점을 버리지 않는 한 생태 문제의 근본적 해결을 기대하기가 어렵다는 인식에 이르게 되면서 인간과 자연을 대등하고 등가적인 관계로 볼 것을 요구하는 주장이 대두하였다. 이것이 바로 '심층생태학'이다. 이것은 인간의 가치관을 점검하고 그것을 통해 적합한 행위양식을 결정하게 된다는 점에서 윤리학적 내용을 포함하고 있기도 한다. 이제 이렇게 윤리학의 범위 안에 자연이 들어오게 되었으며, 그것도 단순히 대상적 존재로서가 아니라 하나의 주체로 참여하게 된 것이다.

'심층생태학'을 정초했던 A. 네스[21]는 기존의 환경 이론[22]이나 환경운동들이 선진국 국민만을 위한 협소한 관점에 머물러 있다고 비판했다.[23] 이러한 이유에서 그는 현 생태 문제를 해결하기 위한 방법으로 "인간을 포함한 모든 생명체를 생물권의 그물망 또는 내재적 관계의 장에 속한 하나의 매듭으로 이해"할 것을 요구하였다.[24] 이것은 인간을 중심에 두고 생각했던 기존의 환경윤리 담론에서 벗어나, 인간이 아닌 다른 생명체와 개체에 대해서도 인간과 동일한 등가적 가치를 부여하려는 시도였다. 인간의 생존을 목표로 이루어졌던 기존 담론에 대한 비판으로, 자연을 바라보는 적극적인 관점의 이행을 요구하는 것이다. 이것은 궁극

21) A. 네스에 대한 자세한 내용은 김명식. 2002.『환경, 생명, 심의민주주의』. 범양사 출판부. 73쪽 이하를 참조할 것.

22) 당시 기존의 환경이론 대부분은 여전히 지속가능한 개발론에 머물고 있었다.

23) 특히 이와 같은 비판의 시각은 게릿 하딘과 같은 사람들의 '구명정 보트 이론'과 같은 데 모아져 있다. 자세한 것은 김명식.「영미권 환경철학의 역사」.『환경철학』. 3. 한국환경철학회. 33쪽 참조.

24) 구승회. 2001.『생태철학과 환경윤리』. 동국대학교출판부. 105쪽에서 재인용.

적으로 '의식적 존재'가 주체가 되는 것이 아니라 '자연 존재가 주체이면서 자연의 자연성'을 문제 삼는 근본생태주의를 만들어 냈다.[25)]

네스는 이와 같은 이유에서 사람들의 가치관을 완전히 바꿀 수 있는 '생태철학'을 주장하게 된다. 이것은 '주어진 환경문제를 해결하기 위한 철학적 해명'의 단계를 넘어 인간과 자연과의 관계 자체를 바꾸는 '적극적인 가치관의 모색'이다. "세계가 나의 몸이다", "모든 생명은 근본적으로 하나이다"[26)]라는 근본생태주의 표어는 이와 같은 입장에서 제시된 것이다. 네스가 관심을 가졌던 것은 '생명의 등가치성'을 인정하고, 인간과 자연을 분리시키지 않는 '유기체적 세계관'이었다. 이러한 네스의 철학은 이후 B. 드볼이나 G. 세션즈, W. 폭스 등을 통해 발전되면서 '근본생태학'이라는 하나의 학파를 형성한다.[27)] 이 과정에서 저명한 하이데거 연구가인 E. 짐머만이나 대중성 있는 작가인 F. 카프라와 같은 인물이 합류하면서 근본생태학은 서구 생태담론의 한 축으로 떠올랐다.[28)]

이와 같은 입장에 따르면 '지속 가능한 개발론'은 크게 두 가지 측면에서 심각한 비판에 직면하게 된다. 첫째, '지속 가능한 개발론'이 비록 환

---

25) 이효걸. 1997. 「생태론의 빛과 그림자」. 『현대의 위기 동양철학의 모색』. 예문서원. 287쪽 참조.

26) 김명식. 「영미권 환경철학의 역사」. 37쪽에서 재인용.

27) 위의 글. 36쪽 참조.

28) 이들은 자연과 인간의 관계에 대한 근본적인 인식의 전환을 요구하였으며, 이러한 과정에서 특히 동양철학에서 이 같은 이론의 원형들을 발굴하기 시작한다. 이렇게 되면서 동양에서는 이들의 논의를 받아들여 불교와 도교, 그리고 유교로 이어지는 다양한 생태담론들이 등장하게 된다. 홍원식은 이와 같은 이유에서 현재 생태담론을 '기생담론'의 일종으로 규정하기도 한다. 동양생태담론에 대한 자세한 내용은 이상호. 2007. 「성리학과 생태담론」. 『오늘의 동양사상』. 17. 예문동양사상연구원. 34쪽 이하를 참조. 홍원식의 입장은 홍원식, 앞의 논문을 참조할 것.

경과 생태의 문제를 논의의 중심에 끌어들이고는 있지만, 그럼에도 불구하고 그 초점은 개발에 맞추어져 있다는 점이다. 이렇게 되면서 환경과 생태는 개발 가능한 상태를 유지하기 위한 목적을 갖게 되며, 따라서 이러한 개발 과정에서 생태 문제는 2순위가 될 수밖에 없게 된다. 특히 생태계 보호의 개념이 '인위성을 탈피하여 가능하면 자연 그대로를 보존하는 것'에 맞추어지면서, '지속 가능한 개발론'에서 주장하는 '기술을 통한 생태 보존' 역시 힘을 잃어 가게 되었다.

둘째는 윤리학적 측면에서의 비판이다. 앞에서도 잠깐 살펴보았던 것처럼 '지속 가능한 개발론'은 '생태계 전체에 대한 인간의 배타적 이익'이 전제되어 있는 상태에서 이루어지는 것으로, 이것은 환경문제를 일으킨 장본인들이 자신의 삶을 위한 방법으로 제시하는 대안에 머물게 된다. 따라서 만약 자연을 윤리적 대상으로 설정하는 것이 우리 모두가 받아들일 수 있는 전제가 된다면, '지속 가능한 개발론'은 그 자체로 '인간 중심'의 비윤리적 생태관념이라고 말할 수 있다. '심층생태학'은 생태 문제에 대한 '근원적 해결'에 목적이 있으며, 근원적 해결을 위해서는 '자연과 인간을 등가치적인 것으로 설정'해야 하는 것으로부터 시작해야 한다고 생각하기 때문에, 자연을 '필요에 따라서 개발하고 필요에 따라서 보존하는 방식'은 대단히 비윤리적으로 보일 수밖에 없는 것이다.

여기에서 우리는 다시 경부대운하 프로젝트를 되돌아보게 된다. 그것이 분명히 경제적 실익이 커서 반드시 실행에 옮겨야 한다면, '친환경적'이니 '생태적'이니 하는 구호를 앞세우거나 '지속 가능한 개발'이라는 막연한 낙관론에 기대면서 시간을 허송할 것이 아니라 지금이라도 차분히 한강과 낙동강 유역의 생태계 지표조사에 나서야 할 것이다. 그리고 경부대운하 공사가 어차피 생태계의 대교란과 파괴를 불러올 것은 불 보듯 뻔한 것인 만큼 그것을 최소화할 공법을 깊이 연구해야 할 것이다. 지금 아무리 세심히 야기될 생태 문제를 짚고 대책을 세운다하더라도 빠뜨린 것은 있을 것이며, 더욱이 전혀 예상치 못한 문제들이 앞으로 얼마든지 닥쳐올 수 있다는 가능성을 열어두면서 겸허하고도 조심스런 자세를 가져야 할 것이다. 우리 민족의 최대 토목공사로 일컬어지는 경부대운하 공사로 한번 파헤쳐진 강은 다시 원래대로 복원될 수 없으며, 한번 파괴된 생태계는 영영 회복이 불가능하다는 사실을 깊이 인식해야 할 것이다.

아울러 우리는 이번 기회에 자연에 대한 우리들의 생각과 태도를 진지하게 되짚어볼 필요가 있다. 이제 맹목적 경제 개발론과 기술에 대한 맹신에서 벗어나 과연 우리가 할 수 있는 것은 어디까지이고 어디부터는 할 수 없는 것인지, 그리고 해도 되는 것은 어디까지이고 어디부터는 하지 말아야 하는 것인지 진지하게 토론하고 합의하여야 할 것이다. 스스로 자신의 욕망을 절제하지 못하는 한 그 어떤 문제도 근본적인 해결을 할 수 없다는 사실도 받아들여야 할 것이다. 인류는 지금 인간 중심적 사고를 버릴 필요가 있는 것이 아니라, 자연이 인류에게 그것을 강요하고 있다. 환경·생태 문제의 중요한 특성은 더 이상 머뭇거릴 시간이 없다는 것과 인류의 생존 자체와 직결되어 있다는 점, 전지구적으로 연관되어 있다는 점, 그리고 나 자신으로부터의 실천을 요구한다는 점 등을 들 수 있을 것이다. 경부대운하 사업도 이로부터 예외일 수는 없는 것이며, 이번 기회에 심층생태론자들의 주장을 한낱 허언이라 여기지 말고 한번 귀담아 들을 필요가 있다고 생각한다.

4. 낙동강의 특수성과 문화생태

우리는 많은 대가와 불확실성을 떠안고서라도 경부대운하 사업을 추진하여야 한다면 경제성에만 매몰되지 말아야 할 것이다. 이미 자연생태에 대해서도 깊이 생각해보아야 함을 말한 터이다. 우리가 생태나 환경이라고 말할 때, 그것이 반드시 자연만을 대상으로 하지는 않을 것이다. 거기에는 역사나 문화, 사회 등의 영역이 모두 포함될 수 있다. 특히 낙동강의 경우 그 유구한 역사만큼이나 풍부한 문화적 기억들을 안고 흐른다. 낙동강은 세계 4대 문명 중 하나인 유교 문명의 기억을 간직하며 흐르는 마지막 남은 강이며, 이러한 의미에서 낙동강 유역은 하나의 거대한 유교 박물관이라 하여도 과언이 아닐 것이다. 낙동강의 특수성은 바로 이점에서 두드러진다. 이러한 낙동강의 문화적 특성에 주목하여 생태론적으로 논의하는 것을 우리는 '문화생태'라고 부르고자 한다.

경부대운하 프로젝트 속에도 부분적으로 낙동강이 지닌 역사·문화와 관계된 것이 있다. 그것은 바로 경부대운하 사업의 경제적 실효성을 말하면서 처음에는 주로 물류를 거론하다가 뒤이어 관광수익을 들고 나온 점이다. 이렇게 낙동강의 문화적 특성을 관광산업과 연결시키는 구상은 경부대운하 프로젝트 이전에 먼저 경상북도의 '낙동강 프로젝트'에서 제시된 적이 있다. 경상북도는 '낙동강 프로젝트'를 입안하면서 낙동강을 중심으로 한 지역발전을 계획했는데, 이것이 경부대운하 사업과 맞물리면서 이 둘을 보완하는 측면에서 사업 추진을 시도하고 있다.

'낙동강 프로젝트'는 원래 크게 1)레포츠나 생태에 역점을 둔 '봉화 산악생태경관권', 2)낙동강의 역사와 문화 및 생활에 역점을 둔 '상주 역사문화경관권', 3)레저와 국제교류 등에 중점을 둔 '고령 도심레저경관권'으로 나누어서 개발하는 것으로 되어 있었다. 이것은 낙동강 자체에 대한 개발이라기보다는 강과 연접해 있는 지역을 문화와 관광, 그리고 생태 복합지로 개발하려는 것이었다.[29]

경상북도는 지금 이와 같은 원래의 '낙동강 프로젝트'를 경부대운하 사업과 연계시켜, 1) '봉화 산악생태경관권'을 중부내륙권 물류기지로 만들어 '상주 · 문경권 내륙항'으로 건설하고, 2) '상주 역사문화경관권'을 낙동강 IT밸리 거점 및 구미권 물류수송 거점항인 '구미 · 칠곡권 내륙항'으로 건설하며, 3) '고령 도심레저경관권'을 낙동강 국제크루즈관광단지 및 복합화물 물류단지인 '고령 · 성주권 내륙항'을 건설하는 것으로 수정한 채 사업 추진을 서두르고 있다.

경상북도의 원래 계획은 낙동강이 가지고 있는 특수성을 살려서 낙동강이 흐르는 지역의 낙후성을 극복해 보려는 것으로 평가할 수 있다. 각각의 지역적 특징에 맞추어 그에 따른 개발 계획을 세운 것은 기존의 획일적인 개발 계획과 다른 모습을 보이고 있다. 특히 그들이 '낙동강 프로젝트'를 기획하면서 생각했던 것은 바로 역사와 문화, 레저로 한데 묶는 것이었다. 즉 낙동강은 생태와 역사, 문화, 그리고 레저라는 특수성을 가지고 개발하는 것이 가장 적절하다는 판단을 하였던 것이다. 그러나 이와 같이 문화적 특수성을 중심으로 입안했던 계획이 경부대운하 사업

29) 여기에 대한 자세한 내용은 김남일. 2008. 「경북도의 운하정책 기본방향」. 『영남운하정책연구회 창립기념 학술 심포지엄 자료집』. 영남운하정책연구회. 99쪽 이하를 참조. 당시 발표했던 김남일 단장은 경상북도 경부운하추진지원단장으로, 그의 이와 같은 발표는 경상북도의 일반적 입장으로 이해해도 무리가 없을 것 같다.

의 추진과 더불어 그 중심이 '물류와 수송의 거점항'으로 바뀌었다. 곧 낙동강을 연안지역 여러 산업단지와 유통단지를 잇는 물길로 이용해야 한다는 입장으로 선회한 것이다. 경상북도 경부운하추진지원단에서는 '원론적으로 상보적 관계'[30]라고 주장하고 있지만 본래의 목적과 궤를 달리하게 된 것은 사실이다.

그런데 경부대운하 사업이 물류로 경제성이 없다는 지적이 계속 제기되자 급히 관광산업의 육성을 들고 나왔다. 운하의 물길을 이용해 선상관광을 한다는 것인데, 경상북도의 수정 계획 속에도 그것은 포함되어 있다. '낙동강 국제크루즈관광단지'로 고령 · 성주권 내륙항을 건설한다는 것이 바로 그것이다. 여기에서 경제성 여부를 따지는 것은 주요 관심사가 아니기 때문에 일단 접어두기로 하고, 대운하 사업을 낙동강의 역사·문화적 특성과 연결시킨다는 점에서 주목하고자 한다.

서두에서도 잠깐 언급하였듯이 낙동강 주변과 유역은 거대한 유교박물관이라고 할 수 있다. 우리는 흔히 중국의 황하 유역에서 일어난 문명을 세계 4대 문명의 하나로 거론하며, 그 중심에 유교가 있음은 주지의 사실이다. 그런데 지금 중국의 황하를 가보면 유교의 기억을 찾기가 쉽지 않다. 그곳을 사는 사람들에게서도 유교의 흔적을 찾기가 쉽지 않다. 낙동강은 원래 '가락국의 동쪽을 돌아드는 강'이라는 의미에서 붙여진 이름이지만, 조선의 유학자들은 이 강을 '낙수洛水'라고 하여 주자학을 발흥시켰던 중국의 이수伊水·낙수洛水와 동치시켰다. 즉 낙동강이란 '낙학(주자학)이 동쪽으로 전래되어 흐르는 강'이라는 의미로 사용되었던 것이

30) 위의 글. 104쪽.

다. 그러나 이것은 이름뿐만이 아니라 실제의 역할도 그러했으며, 지금도 낙동강은 유교의 영과 혼을 담은 채 흐르고 있다.

고려 말 고려 건국에 반대했던 길재가 낙향했던 곳이 바로 지금의 구미였으며, 여기에서 그는 제자들을 기르기 시작했다. 그들은 낙동강 수로를 따라 아래로는 합천 · 밀양까지, 위로는 안동까지 오르내리면서 주자학을 퍼뜨려 '사림士林'이라는 말에 나타나 있듯 숲처럼 빽빽한 거대한 사림 집단을 형성하였던 것이다. 여기에서 볼 수 있듯이 당시 낙동강은 단순히 물류만 오르내린 물길이 아니었다. 그곳으로 사람들이 오르내렸고, 사람을 따라 학술과 문화가 오르내렸던 것이다. 이후 퇴계退溪 이황李滉(1501~1570)이 등장하여 조선 주자학을 창도하자 그의 학문은 낙동강 본류와 지류를 따라 퍼져나가면서 거대한 학파를 형성하였으며, 그의 정신은 조선을 떠받치는 기둥이 되었다. 낙동강은 그야말로 조선의 유학과 정신을 만들어 낸 강이 되었고, '낙학이 동으로 흐르는 강'이 되었다. 낙동강이 지금 많이 말라가고 있기는 하지만, 그래도 그때의 기억을 간직한 채 흐르고 있다. 그나마 지금 유교의 기억을 간직한 채 흐르고 있는 강은 중국과 한국을 통털어서 낙동강밖에 없다고 해도 지나친 말이 아닐 것이다.

중앙 정부의 경부대운하 프로젝트와 경상북도의 낙동강 프로젝트는 마땅히 낙동강이 지니고 있는 이러한 역사적·문화적 특성을 충분히 숙지한 이후에 입안되고 추진되어야 할 것이다. 낙동강 연안에는 유교문화를 기억하게 해주는 유적과 부락들이 즐비하다. 운하 공사를 하다보면 이들 가운데 자리를 옮겨야 할 것이 적지 않을 것이다. 낙동강 지역 대운하는 자연생태뿐만 아니라 이러한 문화생태에도 심각한 재앙을 불러 올 것이다. 유적들은 옮겨 놓으면 그만이라는 생각을 할지 모르겠다. 그렇다면 우리는 이 자리에서 이러한 생각이 바로 이러한 재앙을 불러온 것이라고 말하고 싶다. 유적은 그것이 있던 자리에 있어야 살아있는 것이고, 하다못해 관광거리도 되는 것이다.

문화재라는 것이 유형의 것만 있는 것은 아니다. 하지만 무형의 문화재는 유형의 문화재가 있어야 기억될 수 있고, 있어야 할 자리에 있어야 제대로 기억되고 길이 기억될 수 있는 것이다. 유형의 문화재를 마음대로 옮겨 놓는 것도 충분히 문제가 되지만, 무형의 문화재 입장에서 보면 이것은 대재앙과 다를 바 없다. 옮겨진 유형의 문화재에서 무형의 문화를 기억해내고 살려낸다는 것은 거의 불가능에 가깝기 때문이다. 이 모두가 오늘날 우리에게 그다지 의미 없고 중요한 것이 아니라고 말한다면 우리로서도 달리 할 말은 없다. 다만 죽어있는 유적을 보러 그렇게 많은 사람들이 모여들지는 않을 것이란 말을 하고 싶을 뿐이다.

적어도 낙동강의 문화와 관광·레저 상품으로서의 가치는 개발보다는 보전을 통해서 더 많이 얻을 수 있을 것이다. 결국 여기에서도 우리는 개발지상주의의 환영을 볼 수 있다. 낙동강의 역사와 문화, 정신을 흩고 수몰시키고서 낙동강의 관광상품이란 있을 수 없는 것이다. 낙동강 개발을 통한 관광상품화라는 생각에는 애초 그것이 지닌 역사·문화적 가치에 대한 깊은 고려가 없었던 것이며, 경부대운하 사업과 연결되면서 그 도는 더하여져 '지속 가능한 개발'이라는 말마저 무색해져버렸다. 곧 '문화생태'라는 관점에서 볼 때, 낙동강은 경부대운하 프로젝트로부터 헛된 것이나마 '지속 가능성'이란 약속마저 받아내지 못한 것이다.

5. 정리와 제안

경부대운하 사업이 우리 역사상 최대의 토목사업이 될 것이라는 것은 누구나 인정하고 있다. 그리고 그만큼 그 중요성이나 영향이 클 것이라는 것도 누구나 부인하지 않고 있다. 그럼에도 사업의 시행 여부는 지금도 오리무중이며, 여전히 정치적 논리에 휘둘리고 있다. 그런 가운데서도 한편에서 토목 공법이나 경제성, 생태 문제 등에 대한 차분한 논의가 진행되고 있어서 그나마 다행스럽다. 하지만 현 정부는 이러한 논의에 대해 그다지 귀 기울여 듣는 것 같지 않으며, 오히려 여론의 전환을 기다리는 등 정치적 태도로 일관하는 모습을 보이고 있다.

우리는 먼저 대운하 찬성론자들이 '친환경', '생태적' 운운하는 것에 대해 입장을 분명히 하면서 논의를 시작하였다. 어떠한 경우에도 경부대운하 사업이 친환경적이고 생태적 사업일 수 없는 것이며, 그러한 말로 진실을 가려서는 안 된다고 하였다. 다만 환경과 생태 파괴를 감수하고서라도 얻을 경제적 이익이 크기 때문에 경부대운하 사업을 추진하여야 한다면 그것을 어떻게든 최소화할 필요가 있는 것이다. 경부대운하 사업은 기본적으로 '지속 가능한 개발론'의 입장에 서 있는데, 그것 또한 개발을 정당화하는 논리일 뿐 '지속 가능성'은 보증 받을 데가 없다.

이러한 '지속 가능한 개발'이란 구호가 한때 풍미한 적이 있지만, 오늘의 현실은 이러한 낙관을 쉽게 허용해주지 않는다. 그것은 어디까지나 대증요법에 지나지 않는다는 것을 서서히 사람들은 깨닫기 시작한 것이다. 보다 근본적인 처방의 필요성을 느끼게 되었고, 그러면서 인간중심주의에서 벗어나 인간과 자연이 대등한 관계 맺기를 함으로써만 오늘날 인류가 직면한 환경위기를 벗어날 수 있다는 인식이 싹트기 시작한 것이다. 여기에서 비로소 생태학이 인문학과 손을 잡게 되고, 생태윤리나 환경철학과 같은 학문 분야가 새롭게 생겨났으며, 심층생태론과 같은 주장이 제기된 것이다. 굳이 그들의 주장을 따르지는 않는다고 할지라도 이번 기회에 그들의 주장을 한번 주의 깊게 들어볼 필요는 있을 것이다.

생태와 환경 문제는 단순히 자연만 그 대상이 되는 것이 아니다. 역사와 문화, 사회 등도 얼마든지 그 대상이 될 수 있다. 우리는 이 모두를 한데 묶어서 바라보는 것이 바로 제대로 된 '생태론'적 관점이며, 이것을 우리는 '인문생태'라는 말로 규정해보았다. 우리가 중심적인 논의 대상으로 삼았던 낙동강 연안은 풍부한 유형 · 무형의 문화유산을 간직하고 있으므로 그 특수성에 주목하여야 한다고 말하였다. 낙동강 유역은 하나의 거대한 살아있는 유교박물관과 같다고 다소 수사적 표현을 써보기도 했다. 중앙 정부의 경부대운하 프로젝트나 경상북도의 낙동강 프로젝트를 살펴보면, 낙동강이 지닌 이러한 풍부한 문화유산은 관광산업과 연계되어 있다. 운하 개발을 통해 낙동강을 관광상품으로 만들겠다는 야심어린 계획이다. 우리는 이렇게 바닥과 주변이 파헤쳐지고 과거를 기억시켜줄 유적들이 흩어진 낙동강에 그렇게 많은 사람들이 찾지는 않을 것이라고 확신하였다. 문화재는 그것이 있어야 할 곳에 있어야 의미를 가지게 되며, 사람들로 하여금 인문학적 상상력을 불러일으킬 수 있게 되고 또한 사람들을 불러 모을 수 있을 것이라고 말하였다.

환경과 생태 문제는 복잡다단하기 짝이 없다. 우리 눈에 포착된 문제는 그 중 극히 일부라고 생각해도 크게 무리가 없을 것이다. 환경·생태 문제를 자연 생태에만 국한시키지 않고 '인문생태' 영역으로 확장시키면 우리의 선택은 더욱 복잡해지고 어려워진다. 그렇다고 경제 논리를 앞세워 서둘러 결정할 문제는 더욱 아니다. 고려하는 것이 많고 깊을수록 그만큼 더 생태론적이라고 볼 수 있다. 경제 논리에 빠져 자연 생태를 파괴시켜서도 안 될 것이며, 자연 생태의 문제에만 매달리다 인문 생태의 문제를 놓쳐서도 안 될 것이다. 생태론적 관점이란 풍족함을 구하기보다는 행복함을 누리기 위한 것이며, 후대에 덕을 주려고 하기보다는 누를 끼치지 않으려는 데 신경을 쓰는 것이다. 경부대운하 공사의 시행 여부는 마땅히 국민의 뜻을 따라야 하며, 지금 당장 정부가 해야 할 일은 낙동강 유역의 생태계와 문화재 지표 조사를 진정한 마음으로 행하는 것이라고 생각한다.

참고문헌

주명건 외. 1996. 『우리도 운하를 개척하자: 물류혁명과 국토개조 전략』. 세종연구원.

김명식. 2002. 『환경, 생명, 심의민주주의』. 범양사출판부.

구승회. 2001. 『생태철학과 환경윤리』. 동국대학교출판부.

신봉기. 2007. 「경부운하 구상의 법적 문제점 검토」. 『토지공법연구』. 37(2). 한국 토지공법학회.

안용모. 2008. 「대구 낙동강 운하 및 연안개발 방향」. 『영남운하정책연구회 창립기념 학술 심포지엄 자료집』. 영남운하정책연구회.

황기연. 2008. 「21세기 국토의 새로운 비젼 - 한반도운하를 통한 '수로 · 수변형 신국토발전전략」. 『영남운하정책연구회 창립기념 학술 심포지엄 자료집』. 영남운하정책연구회.

김남일. 2008. 「경북도의 운하정책 기본방향」. 『영남운하정책연구회 창립기념 학술 심포지엄 자료집』. 영남운하정책연구회.

박석순. 2007. 「긍정의 눈으로 본 한반도 대운하」. 『첨단환경기술』. 15(7). 환경관리연구소.

홍원식. 2007. 「동아시아 생태담론에 대한 비판적 검토」. 『동양철학연구』 51. 동양철학연구회.

김명식. 2004. 「영미권 환경철학의 역사」. 『환경철학』 3. 한국환경철학회.

이효걸. 1997. 「생태론의 빛과 그림자」. 『현대의 위기 동양철학의 모색』. 예문서원.

이상호. 2007. 「성리학과 생태담론」. 『오늘의 동양사상』 17. 예문동양사상연구원.

언론자료

2008년 4월 19일 SBS '그것이 알고 싶다 : 대운하의 꿈-꾸는 사람들과 파는 사람들'

『한겨레신문』 2008년 5월 19일. 3면. '옛날엔 "물류 때문에" 이젠 "물관리 때문에" http://www.hani.co.kr/arti/society/society_general/289200.html

인문생태적인 관점에서 본 대구시 솔라시티 프로젝트

정 혜 진(전 영남일보)

1. '줄만 그은 호박'

'호박에 줄 긋는다고 수박되나'는 말이 있다. 수박이 되기를 꿈 꾼 적이 없는, 아무 잘못도 없는 호박에게는 대단히 미안한 말이지만, 겉을 비슷하게 바꾼다고 속까지 바뀌는 건 아니라는 그 뜻만 가져오기로 한다.

지금 우리 사회에서 '녹색'이 '줄만 그은 호박' 꼴이다. 이명박 대통령이 2008년 8·15 기념축사에서 앞으로의 국정발전 패러다임으로 '저탄소 녹색성장'을 제시한 이후, 그 전까지만 해도 변방 신세를 면치 못했던 '녹색'은 어느 새 어디서나 하이라이트를 받는 주역이 되었다. '녹색'이 단박에 성장을 담보할 수 있는 해결책이자 일자리를 창출하는 동력으로 각광받게 된 것이다.

그러나 그 '녹색'이 진정한 '녹색'이라고 생각하는 사람은 드물다. 오히려 '녹색'의 탈을 쓴 토건적 개발주의에 불과하다는 데 대부분의 사람들은 동의한다. 구호는 멋진데 내용을 뜯어보니 지금까지의 개발주의 경제 구도와 다를 바가 없다는 것이다. '속은 절대 건드리지 않고 겉에 녹색 칠만 한 형국'[1]이다.

왜 굳이 정부는 애써서 '녹색'이라는 칠을 하는 걸까. 기후변화로 대변되는 환경위기와 고유가로 대변되는 에너지위기의 시대에서 녹색은 시대의 요청이자 피할 수 없는 세계의 흐름이다. 정부의 애초의 의도는 이 거역할 수 없는 변화에 발맞추기 위한 것이었을 수도 있다. 그런데 이 변화는 지금까지의 개발지상주의 경제 구도로는 도저히 따라갈 수 없는 것인데, 개발과 성장이 절대 선(善)이라고 믿는 정부는 가치관의 전환을 받아들일 수 없지 않았을까. 그러니 기존의 가치관에 '녹색'만 입히고 만 것이다. 그럼에도 호박에 줄을 그었으니 이 호박은 이제 수박이 된 거라고 정부는 우기고 있다.

결론부터 말하자면, 대구시의 솔라시티 프로젝트도 '줄만 그은 호박'이다. 화석도시에서 솔라시티로의 전환에 대한 고민 없이 신재생에너지 구호만 난무했고, 언론의 관심을 끄는 국제대회만 요란했다. 수박 속을 만드는 데는 관심 없이 줄 긋기에만 열중하는 이런 현상은 굳이 대구만의 문제가 아니라 '녹색'을 내세우며 전국에서 벌어지고 있는 녹색 뉴딜 사업에서 공통적으로 나타나고 있다.

이 글은 인문학과 생태학에 대한 학문적 기초가 전혀 없는 필자가 단지 기자로서 현장에서 취재하면서 느낀 점을 정리한 수준에 불과하지만,

---

1) 장회익. '2009 신년 대담 : 경제위기 근본 성찰하고 학습하는 사회되기를'. 경향신문 2008년 1월 1일.

대구시 솔라시티 프로젝트 사례를 통해 최근 전국에 유행처럼 번지는 '녹색성장'의 신화를 벗기고 진정한 녹색의 방안을 찾는 이 시대의 고민의 일환으로 감히 내놓는 것임을 밝혀 둔다.

2. 도시 패러다임의 전환: 화석도시에서 솔라시티로

'솔라시티'라는 말의 뜻을 이해하기 위해서는 도시의 역사를 에너지의 관점에서 볼 필요가 있다. 석탄으로 상징되는 산업혁명은 농촌에서 도시로의 대규모 인구 이동을 가능하게 했고, 석유로 대표된 수송연료의 혁명은 현대 도시 문명의 꽃인 자가용 문명을 탄생시켰다. 그러나 화석연료의 과다한 배출로 인한 지구온난화 현상이 심각해지면서 세계 곳곳에서 이상 기후가 발생해 도시의 인프라를 망가뜨렸고, 해수면 상승으로 일부 도시는 절박한 생존의 문제에 처해 있다. 화석연료로 탄생이 가능했던 도시가 바로 그 화석연료 때문에 위기에 처해있는 사실은 도시의 역사가 매우 역설적이라는 점을 말해준다.

유엔정부간기후변화위원회(IPCC)는 2007년에 발표한 4차 보고서에서 지구온난화로 인한 기후변화 현상에 대한 인류의 책임 여부에 대해 90% 이상 확률을 갖는 '매우 있을 법하다'란 용어로 기록했다. 기후변화에 인류의 책임이 있다면 그 책임은 거의 대부분 도시 활동에 의한 것이다. 지구온난화 물질이 과다하게 배출되던 산업화 이후 시대는 도시화 시대와 정확하게 일치한다. IPCC에 따르면 대기 중 이산화탄소 농도는 산업혁명 이래 연평균 0.5%씩 상승해, 산업혁명 이전의 280ppm에서 1990년에는 350ppm으로 25% 증가했고, 같은 기간 지구 평균 온도는 0.3~0.6℃ 상승했다.[2] 본격적인 산업화 이후 시대인 1900년부터 2000년까지 한 세기 동안 세계 인구는 15억 명에서 62억 명으로 4배 성장했는데, 그동안 도시 인구는 2억2500만 명에서 29억 명으로 13배 급증했다.[3] 화석 연료 시대의 특징인 전원의 집중화와 규모의 경제는 막대한 에너지 소비와 걷잡을 수 없는 대도시 인구 집중이라는 결과를 낳은 것이다. 지구온난화로 인한 기후변화는 인간 문명의 도시화의 또 다른 측면인 셈이다.[4]

이런 점에서 도시 차원의 패러다임의 전환은 당연하면서도 절실하다. 그동안의 도시가 화석연료에 의존해 에너지를 과다하게 소비하는 '화석도시'였다면 자원의 고갈, 지구온난화의 심화, 그리고 기후변화 위기에서 있는 도시는 에너지를 효율적으로 사용하면서 재생가능한 에너지에 더 의존하는 '태양도시(솔라시티)'로 전환되어야 한다. 여기에서 '솔라(태양)'를 하늘에 떠 있는 태양 그 자체로 생각해 '솔라시티'를 '태양에너지(태양광 발전과 태양열 온수)를 많이 활용하는 도시'로 정의한다면 곤란하다. 태양은 자연에 대한 은유다. 화석에너지를 재생가능 에너지로 대체해 가고, 에너지를 효율적으로 쓸 수 있도록 시스템을 만들어나가는 도시가 태양도시다.[5] 20세기 '화석도시'가 자원의 남용으로 가능했다면, 21세기에 지향하는 '솔라시티'는 화석도시로부터의 결별과 극복의 의지를 담고 있는 것이다.

---

2) IPCC. 2007.「Climate Change 2007: The Physical Science Basis Summary for Policymakers」
3) UN. 2005.「World Urbanization Prospects: The 2005 Revision」
4) 월드워치연구소. 2007.『도시의 미래 – 2007 지구환경 보고서』. 도서출판 도요새. 9쪽.
5) 정혜진. 2004.『태양도시: 에너지를 바꿔 삶을 바꾸다』. 16-21쪽.

3. 대구시 솔라시티 프로젝트의 내용과 성과

대구시가 참가한, 국제에너지기구(IEA)의 솔라시티 프로젝트는 이러한 배경에서 시작되었다. 1999년 11월 IEA는 온실가스 배출을 줄이기 위해 태양에너지를 비롯한 재생가능에너지를 적극적으로 도입하고 에너지 효율성을 제고하는 정책을 도시차원에서 개발하고 실천하는 국제 연대 사업을 '솔라시티 프로젝트'[6]으로 명명하고 이를 공식 사업(IEA task 30)으로 확정했다. 당시 이 프로젝트를 탄생시킨 피터 드로기(Peter Droege) 호주 시드니 대학 교수는 솔라시티 프로젝트를 다음과 같이 설명했다.

> 솔라시티(Solar city)란 지구적 지속가능성 목표를 도시의 인구 수준에 맞게 적용해 온난화를 야기하는 물질 배출 목표 감소를 겨냥하는 동시에, 화석 및 핵에너지를 재생가능하고 지속가능한 형태의 에너지로 대체하는 데 전면적으로 나선 도시 공동체를 의미한다.[7]

세계솔라시티위원회(ICSI)[8]가 주도하는 솔라시티에 대한 연구를 꾸준히 하고 있는 에릭 마리오트(Eric Martinot) 월드워치연구소 연구원이 내

---

6) 사업 준비과정을 결쳐 2001년 6월부터 시작된 이 프로젝트는 이 해부터 5년간 참가 도시들이 온실가스 배출 저감에 관련된 기술과 산업 및 효과적인 수단들을 폭넓게 경제 및 도시개발 등 전 도시 규모에 적용하는 방향으로 목표로 세우고 추진되었다.

7) http://www.solarcity.org/solarcity/conceptframe.htm (본인 번역. 2004년 당시. 현재 홈페이지 개편으로 더 이상 이 부분은 찾을 수 없음)

8) 당초 IEA가 주도한 솔라시티 프로젝트는 자금조달이 원활히 이루어지지 않는 바람에 계획대로 진행되지 못하고 지연됐다. 그러다 세계태양학회(ISES)가 자금조달을 도우면서 솔라시티 사업은 ISES에서 별도로 만든 세계태양도시위원회(ISCI)가 주관하게 됐다.

린 정의도 이와 같은 맥락이다.

> '솔라(그리고 지속가능한) 시티'라는 용어는 많은 다양한 정책과 행동, 그리고 기술을 범주에 넣는 폭넓은 용어이다. 대체적으로, 솔라시티는 재생가능한 에너지, 에너지 효율성, 지속가능한 교통수단, 새로운 도시계획 방법과 목표, 건축물의 혁신, 그리고 환경 건강을 포함한다. 세계솔라시티위원회(International Solar Cities Initiative)와 유럽솔라시티위원회(European Solar Cities Initiative)가 정의하는 솔라시티는 "기후-안정화" 측면을 포함한다. 즉 도시들이 미래 1인당 온실가스 배출량 목표를 기후를 안정시킬 수 있는 수준으로 세우는 것을 포함한다.[9]

대구시는 2000년 12월 네덜란드 헤이그에서 열린 IEA 솔라시티 워크샵에 참가 의향서를 제출하고, 2001년 호주 시드니에서 열린 회의에서 대구시는 솔라시티 국제 프로그램의 파트너 도시가 됐다. 당시 IEA에 제출한 실행계획서에 따르면 대구시는 2001년부터 2006년까지 연구기반사업과 더불어 태양열 에너지, 태양광 에너지, 태양에너지 복합시설, 폐기물 에너지 보급 사업을 벌이기로 계획했다. 이 후 대구시는 세계태양에너지학회(ISES)가 탄생시킨 세계솔라시티위원회(ISCI)의 첫 총회를 개최하면서 국내에서 솔라시티 종주도시로 인식되게 되었다. 대구시 솔라시티 사업의 주요 성과는 다음의 5가지 정도로 정리할 수 있다.

1) 세계 도시들의 '대구선언' 채택

2004년 11월 14일부터 18일까지 대구에서 열린 제1회 세계솔라시티총회

9) http://www.martinot.info/solarcities.htm (본인 번역)

에서 대구시는 총회의 기본 틀을 제공하는 한편 참가 도시 대표들과 함께 적극적인 솔라시티 추진 및 국제협력을 위해 '대구선언(Daegu Declaration)'을 채택했다. 이 선언에는 세계 19개 도시의 대표가 동참했다. 대구선언의 주요 내용은 ▲유엔정부간기후변화위원회(IPCC)가 제안한 '기후 장기 지속가능성'을 보장할 수 있도록 '1인당 온실가스 배출량 2050년 감축 목표치' 달성을 위한 정책과 사업 ▲참여도시의 신재생에너지 도입 목표 수립 ▲도시간 경험 공유 및 교류를 위한 국제 협력 파트너쉽 구축 ▲참여도시간 자매 도시 체결 장려 등이다.

대구선언의 내용은 2년 후 영국 옥스퍼드에서 열린 제2회 세계솔라시티총회에서 채택된 '옥스퍼드 선언'으로 업그레이드됐다. 옥스퍼드 선언에서는 참가 도시들이 2년에 한 번 씩 온실가스 감축 목표와 실행계획(Action Plan)을 ISCI에 보고하도록 규정했다. 이와 함께 강제규정은 아니지만 2050년까지 1990년 대비 각 도시의 온실가스를 60% 수준으로 감소시켜야 한다는 규정이 첨가됐다.

2) 솔라시티 조례 제정

대구시는 2004년 3월 제정된 대구시에너지조례를 토대로 2006년 12월 대구시솔라시티조례를 제정했다. 솔라시티 조례는 '에너지 효율 제고 및 신재생에너지 확대보급을 통한 지속가능한 도시 발전과 솔라시티 대구 조성'을 위해 만들어졌으며, 총 6장 29조로 구성돼 있다. 주요 내용으로는 솔라시티 대구 실현을 위한 종합계획 수립, 연차별 계획 수립, 구·군 및 시민단체 · 언론 · 학교의 적극 참여, 솔라시티 시범지역 지정, 공공 ·

산업 · 수송 · 건축 부문별 에너지 절약 및 신재생에너지 도입 계획 수립, 솔라시티 대구 조성을 위한 국제협력, 솔라시티 위원회 운영 등이 있다.

3) 솔라시티 대구 2050 계획 수립

2005년 연말에 수립된 '솔라시티 대구 2050'은 대구시가 앞으로 50년 동안 추진할 내용을 담고 있다. 이 계획에서 제시된 목표는 2050년까지 신재생에너지 공급을 대구시의 총에너지수요의 30%까지 확대하고, 에너지 수요 관리 및 온실가스를 50% 감축한다는 것이다. 이와 함께 에너지 환경산업을 대구시의 주력산업으로 정착시켜 대구 첨단 경제를 이끄는 활력소가 되도록 하겠다는 것을 목표로 하고 있다. 3대 목표를 위한 구체적인 프로젝트로는 에너지혁신도시를 위해 시민들의 자발적 에너지 절약을 유도하는 사업, 대구·경북 에너지클러스터를 주도할 에너지혁신센터 설립 등이 제안됐다. 솔라시티 대구 2050 계획 개요는 다음과 같다.

- **계획기간** : 2006~2055 (50년)
- **기본 체제** : 맑고푸른 하늘과 새 경제를 열어가는 솔라시티 대구
- **3대 핵심목표** : 에너지혁신도시, 신산업도시, 생태문화도시
  (1) 에너지혁신도시(신에너지기술과 경제를 여는 도시) : 신재생에너지의 혁신적 활용 및 관리, 에너지수요관리의 체계적 추진, 혁신적 추진체계 구축
  (2) 신산업도시(새로운 산업과 고용기반을 창출하는 도시) : 태양경제, 수소경제, 신재생에너지산업클러스터

(3) 생태문화도시(시민들이 쾌적하고 건강하게 선진문화를 누리는 도시): 건강과 웰빙, 새로운 생활양식, U-솔라시티 조성

4) 신재생에너지 보급 · 확산

대구시의 솔라시티 프로젝트를 통해 일어난 가장 큰 변화는 신재생에너지 확산이다. 2007년을 기준으로 신 · 재생에너지 보급현황<표>을 보면 태양광 발전시설은 22개소, 태양열 발전시설은 1개소, 태양열 급탕시설은 42개소, 지열이용 냉 · 난방은 2개소, 소수력, 태양광 가로등, 열병합 발전은 각각 공공부문만 2개소, 3개소, 1개소이다. 태양광주택은 민간부문만 290가구, 가정용 연료전지는 3기 보급됐다.

신재생에너지 보급 사업 외에 대구시는 관련 기업 유치에 힘을 쏟았다. 태양광 모듈을 구성하는 핵심부품인 태양전지를 생산하여 독일, 미국 등에 수출하는 미리넷솔라(주)가 대구시에 국내 최대 규모의 태양광 전지 제작 회사를 세움으로써 대구시의 유치 노력은 결실을 맺었다. 이와 함께 대구시는 대구은행 등 7개 기관이 참여한 (주)대구솔라캐노피와 협약을 맺고, 대구의 960여 공공기관 옥상에 태양광 발전시설을 설치하기로 했다.[10)]

10) 이 사업은 거창한 계획과는 달리 수요 조사 부실, 관련 법령의 미비 등으로 실제적으로는 거의 이루어지지 않았다. 영남일보 2008년 6월 17일 및 2008년 10월 31일 기사 참고.

[표 1] 대구시 신재생사업 현황

원 별	실 적		향후계획	
	구 분	규 모	'08계획	'09계획
태 양 광 발전시설	계 : 22개소	1,723㎾	450㎾	
	공공부문(15개소)	1,489 〃	450 〃	
	민간부문(7 〃)	234 〃	-	
태 양 열 발전시설	계 : 1개소	10㎾	-	
	공공부문(0개소)	-	-	
	민간부문(1 〃)	10㎾	-	
태 양 열 급탕시설	계 : 42개소	5,431㎡	-	
	공공부문(40개소)	5,081 〃	-	
	민간부문(2 〃)	350 〃	-	
지열이용 냉·난방	계 : 2개소	400RT	50RT	
	공공부문(0개소)	-	50 〃	
	민간부문(2 〃)	400 〃	-	
소 수 력	공공부문(2개소)	259㎾	90㎾	
태양광 가로등	공공부문(3개소)	16기	-	
열병합발전	공공부문(1개소)	840㎾	-	
태양광주택	민간부문(290가구)	870 〃	300가구	
태양열주택	민간부문(가구)	㎡	100가구	
가 정 용 연료전지	계 : 3기	3기	5기	
	공공부문(1㎾)	-	5 〃	
	민간부문(2 〃)	3 〃	-	
기 타	전 시 회	4회	1회	
	솔라시티국제협력	1회	-	
	기반조성용역	3건	1건	

자료 : 2008년 4월 기준, 대구광역시

5) 그린에너지 엑스포의 성장

2004년 세계솔라시티총회와 더불어 출발한 그린에너지 엑스포는 그동안 국내 최대 규모의 신재생에너지 전문전시회로 성장했다. 세계적인 신재생에너지 전문지인 포톤-인터내셔널(PHOTON-International, 독일)이 국내 전시회 중 이 전시회를 유일하게 '올해의 전시회'로 선정했고, 국내 에너지 전시 분야에선 처음으로 세계전시산업의 공인인증기구인 국제전시엽합(UFI) 인증을 획득했다.[11)]

4. '줄만 그은 호박' : 잘못 꿴 첫 단추와 그 연장

온실가스 배출을 줄이기 위해 태양에너지를 비롯한 신재생에너지의 도입과 에너지 효율성 제고를 도시차원에서 개발하고 실천하자는 취지에서 추진된 대구시 솔라시티 프로젝트가 태양광과 태양열 등 신재생에너지 보급 사업 등 앞서 언급한 얼마간의 가시적 성과를 낳은 것은 사실이다. 또 국가보다 앞서서 50년에 걸친 에너지 계획을 시도했고, 지자체 수준에서 신재생에너지에 관심을 일치감치 가진 것은 나름의 공이라고 평가할 만하다.

그러나 대구시 솔라시티 프로젝트는 주로 태양광 · 태양열 등 신재생에너지 보급 사업에만 치중해 왔다는 비판을 면키 어렵다. 효율적인 에너지 사용과 에너지 저소비 등 '지속가능한 에너지 절약형 도시'를 목표로

---

11) '그린에너지엑스포 국내유일 세계 우수전시회 선정'. 매일신문 2008년 1월 25일. '대구 그린에너지엑스포 국제인증 획득'. 매일신문 2008년 11월 14일.

해야 할 '솔라시티' 사업이 태양광 발전시설 몇 개 더 설치하는 사업으로 전락해 버렸다는 것이다. 이마저도 국내에서 '선구적'이라고 할 수준은 전혀 못된다. 2006년 말 현재 대구의 신재생에너지 보급률은 1.1%로 전국 평균 2.4%의 절반에도 못 미칠 정도로 처져 있다.[12)]

전국에서 처음으로 향후 50년을 염두에 두고 '솔라시티대구 2050' 장기계획을 세운 바 있지만, 용역 결과가 대구시 정책으로 연결되지는 않고 있다. 태양에너지 보급 확산 정책만 어느 정도 성과를 거두었을 뿐 온실가스 배출을 줄이기 위한 체계적이고 포괄적인 정책은 전혀 진척이 없는 것이다.

솔라시티 프로젝트의 이와 같은 실패는 그 출발이 도시의 패러다임의 전환을 위한 고민이 아니라 지자체장의 업적 홍보 내지 도시 홍보를 위한 정치적 수단이었기 때문에 어떤 의미에서는 피해갈 수 없는 결과라고 해도 과언이 아니다. 당시 언론은 OECD 산하기구인 국제에너지기구(IEA)가 대구를 포함한 전 세계 12개 도시를 '솔라시티'로 '선정'(인용표시는 필자)했으며[13)], 이에 따라 대구시가 국제적 환경친화도시로 발돋움하게 되었다고 보도했다. 보도에 따르면 대구시 간부는 "IEA도시로 공인됨으로써 중앙정부, 국제기구와 금융기관의 지원을 받는데 매우 유리한 조건이 될 것", "특히 유럽 선진도시들과 협동과제를 실천함으로써 대구의 세계화에도 도움이 될 것으로 기대된다."고 말했다.[14)]

대구시가 IEA 프로그램에 자발적으로 참가한 것뿐인데도 마치 대구의

---

12) '2008 대구' ②말뿐인 '저탄소 녹색도시 정책'. 연합뉴스 2008년 12월 17일.
13) '대구, 국제적인 친환경도시 솔라시티로 선정'. 매일신문 2000년 12월 5일.
14) '대구시, IEA '솔라시티'에 선정'. 영남일보 2000년 12월 5일.

친환경적 성취를 국제기구가 인정한 것으로 과장 홍보한 사실이 그 이듬해 대구시의회를 통해 알려지자 대구시의회는 물론 시민단체에서도 이를 비판하고 나섰다. 솔라시티 프로젝트 시작 당시, 대구홍사단, 대구경실련 등의 시민단체들이 자발적으로 구성한 '솔라시티대구시민연대'는 이와 같은 과장 홍보 문제로 불거진 갈등으로 곧 해체됐고, 그 때 이후로 지금까지 솔라시티 프로젝트에 관한 한 대구시와 시민사회의 거버넌스는 제대로 이뤄지지 않고 있다. 2004년 세계솔라시티총회 당시 에너지시민연대에서 시민참여 포럼을 맡았지만, 대구환경운동연합 등 대구의 대표적인 환경 단체는 총회 행사에 공식적으로 참여하지 않았다. 시민단체의 행동이 다 옳았던 것은 아니지만, 솔라시티 사업을 에너지 전환의 노력으로 실천하기 보다는 국제 홍보의 수단으로 삼았기 때문에 거버넌스까지 무너지는 현상을 초래했다고 볼 수 있다.

내용이 아니라 포장에 치장하는 대구시의 행정은 국제행사 유치로 이어졌다. 2004년 개최한 제1회 세계솔라시티총회(International Solar Cities Congress)는 대구시가, 적어도 국내에서는, '솔라시티'로 이름을 알리게 되는 계기를 제공했다. 그러나 국제 행사의 성공적 개최가 곧바로 솔라시티 프로젝트의 성공적 추진은 아니었다. 솔라시티 프로젝트를 대구시에 건의하고 지금까지 줄곧 대구솔라시티센터장을 맡아 온 김종달 소장도 이와 같은 문제를 지적했다.

> 총회 규모가 커지면서 1회 개최지의 영광은 더욱 더 빛났다. 이번 총회[2008년 호주 아델레이드에서 열린 제3회 세계솔라시티총회: 필자주]에 대구시 정무부시장 등 대구에서 간 5명 외에 다른 지역에서 11명의 공무

원과 전문가도 참가했는데 모두들 '대구에서 왔냐, 정말 환영한다'는 말을 들을 정도로 최소한 솔라시티 사업에서만큼은 우리시의 위상은 굳건하다. 다만 대구시의 행사 진행 자체는 세계적인 수준에 올랐으나 솔라시티 프로젝트를 얼마나 지속적으로 추진했는가를 평가한다면 많이 미흡하다.

(중략)

실제 우리시도 솔라시티조례가 있으나 형식적이다. 독일 마르부르크시는 신규 주택이나 기존 주택을 개조할 때 태양열 시설을 반드시 설치하도록 하고, 위반하면 시설비의 3배에 해당하는 벌금을 부과하는 규정을 실시하고 있다. 태양, 풍력, 바이오 등과 같은 신재생에너지가 지구온난화 문제와 석유고갈에 대한 유일한 대책이며, 또한 이러한 에너지 전환은 구호가 아니라 규제라는 불편을 감수하면서 구체적으로 우리 경제생활에서 구현될 때만 비로소 이루어진다는 것을 보여준다. 이 정도는 아니더라도 국제행사 추진 때와 같은 열정을 갖고 솔라시티 사업을 추진하면 신재생에너지가 대구 경제의 신성장동력이 되고, 에너지와 환경 선진도시 대구를 만들어줄 것이다.[15)]

대구시가 2004년 제1회 세계에너지총회 폐막 당시에 에너지 문제를 반세기에 걸인 장기계획으로 추진해나가겠다며 '솔라시티대구 2050'이라는 계획을 세울 것을 밝혔을 때 솔라시티 프로젝트가 장기 계획에 의거, 제대로 추진될 수 있으리라는 기대가 없지 않았다. 그러나 '계획 따로 실천 따로'의 문제가 곧 바로 대두되었다. 50년짜리 이 계획 또한 수많은 용역 중의 하나인 '단지 용역'으로 끝난 것이다. 물론 지자체가 발주하는 모든 용역 사업이 지자체의 정책으로 바로 채택되지는 않는다. 대구시는

15) 김종달. 「기고-대구 밖에서의 솔라시티 대구」. 영남일보 2008년 2월 29일.

솔라시티대구 50년 계획을 기반으로 하여 솔라시티 사업을 지속적이고 체계적으로 추구하며, 정책가이드 라인으로 활용할 계획이라고 밝혔다.[16] 매년 10년마다 계획을 수정 보완하고 솔라시티대구 2050을 구심점으로 하여 에너지혁신도시, 신산업도시 및 생태문화도시라는 세 가지 목표를 추구해 나간다는 계획이라고 했지만, 아직까지 이에 따른 본격적인 정책 추진은 찾아보기 어렵다.

태양광 등 신재생에너지 확대보급 사업은 있는 반면 에너지 절약과 에너지 효율화에 대한 사업은 없다는 점이 이를 잘 말해준다. 자동차 위주의 도로 정책은 전혀 변하지 않고 있고, 건축물 에너지 효율화 규제도 거의 없다. 시민들을 대상으로 한 에너지 절약 캠페인은 형식적 수준에 그치고 있다. 솔라시티 사업의 본질적 목표는 화석도시에서 벗어나 '지속가능한 도시'를 추구하는 것이어야 하는데, 도구적 수단인 태양에너지 기술 개발과 보급사업이 목적이 되어 버린 셈이다.

물론 재생에너지에서 해결의 가능성을 발견하는 것은 현재의 에너지 위기로부터 벗어나기 위한 중요한 발걸음이지만, 재생에너지가 만능은 아니다. 에너지 사용 행태에 대한 반성이 우선적으로 이루어져야만 재생에너지에 기반을 둔 에너지 시스템도 제 기능을 할 수 있기 때문이다.[17] '에너지 어플루엔자'[18]를 그대로 두고 에너지 절약과 효율적 이용을 전

---

16) '솔라시티 대구 50년 계획 최종 보고회'. 매일신문 2005년 11월 9일.

17) 이필렬. 2004.『다시 태양의 시대로』. 양문. 226-227쪽. 이필렬 교수는 '신재생에너지'라는 용어 대신 '재생가능 에너지'라는 말을 쓰고 있으나, 이 글에서는 일관성을 위해 '신재생에너지'로 통일했다.

18) '어플루엔자(affluenza)'는 '풍요로운'의 뜻인 '어플루언트(affluent)'와 '유행성 독감'인 '인플루엔자(influenza)'의 합성어로 질병 수준으로 불릴 만큼의 과도한 소비 증상을 뜻한다. 존 더 그라프 등. 2004.『어플루엔자 : 풍요의 시대, 소비

제로 하지 않는 신재생에너지 보급 확대는 결코 솔라시티를 만들지 못하는 것이다. 결론적으로, 대구시 솔라시티 프로젝트는 화석도시에서 솔라시티로의 패러다임에 대한 고민 없이 신재생에너지 시설 확충과 국제행사 유치를 정치적 선전 도구로 활용함으로써 수박 속을 외면한 '호박에 줄긋기'에 그치고 말았다.

정부의 녹색 성장 화두 이후 대구시는 '솔라시티'라는 용어를 '카본프리 솔라시티'라는 말로 업그레이드해 솔라시티 정책 기조를 이어나가고 있는데, 그 중 중요하게 추진된 사업이 세계에너지협회(WEC) 2013년 총회이다. 세계에너지협회 총회는 세계 유수의 에너지 기업 CEO들과 에너지 관계 장관 등 3천~4천여 명이 참가해 '에너지 올림픽'이라 불리는 큰 행사이다. 대구시는 유치전에 다소 뒤늦게 뛰어들었음에도 불구하고 2011 세계육상선수권대회 등 굵직한 국제행사를 유치한 경험에서 나온 저력으로 총력전을 펼쳐 국내 도시 유치 후보 자격을 따 낸 데 이어 2008년 11월 멕시코시티에서 열린 WEC 집행이사회에서 남아프리카공화국 더반과 네덜란드 코펜하겐과 경쟁을 벌여 유치에 성공했다. 김범일 대구시장은 멕시코에서 귀국하자마자 기자회견을 열었고, 총회 유치의 의미를 묻는 기자들의 질문에 "저탄소 녹색성장이 국가적 화두가 되고 있다. 대구가 그러한 브랜드를 선점했다는 의미가 크다. 에너지 산업의 중심도시로 거듭날 수 있을 것이다."[19] 라고 그 의의를 설명했다.

대구 지역 사회는 세계에너지협회 총회 유치라는 낭보에 환호했지만,

중독 바이러스』. 한숲출판.

19) '경북도와 힘 합쳐 대회 준비… 대구, 저탄소 녹색성장 선점'. 영남일보 2008년 11월 11일.

대구시의 WEC총회 유치 과정 및 그 이후 총회 준비 과정을 보고 있노라면 '세계솔라시티총회의 성공적 개최가 가져온 역설적인 솔라시티의 실패'[20]를 또 되풀이 할지도 모른다는 우려가 든다. '솔라시티'가 '카본 프리 솔라시티'로 이어지면서 바뀐 것은 신재생 에너지 보급 위주의 사업이 에너지 산업 유치 위주로 가고 있다는 것, 또한 '제1회 세계솔라시티총회'라는 국제행사가 '2013년 세계에너지총회'로 대체되었다는 것뿐 본질적인 변화가 없기 때문이다.

5. '줄만 그은 호박'이 '수박'이 되려면

대구시 사례에 대비해서 세계에서 '솔라시티'[21]의 명성을 얻고 있는 외국의 선진도시를 보면 화석도시에서 솔라시티로의 전환의 시작이 지역 에너지에 대한 고민이었다는 흥미로운 사실을 발견하게 된다.

'솔라시티'하면 가장 대표적인 도시로 꼽는 독일의 프라이부르크는 지역의 원자력발전 반대라는 시민적 공감대 위에 재생에너지 관련 사업을 추진했다. 1974년 독일연방정부는 독일과 프랑스, 스위스 접경지역에 3개의 원자력 발전소 건설을 추진했는데, 이는 프라이부르크 시 주변에서 불과 30km 정도 떨어진 곳이었다. 체르노빌의 끔찍한 기억을 갖고 있던 시민들은 반대운동에 앞장섰고, 시의회는 1986년 시 조례를 통해 환경

20) 정혜진. 「동대구로에서 – 또 '브랜드'에만 만족할 것인가」. 영남일보 2008년 11월 28일.

21) 여기서의 '솔라시티'는 대구시가 참가한 ISES의 솔라시티프로그램과는 별도로, 화석도시에 대비되는 개념으로서의 솔라시티를 말한다.

보전을 최우선 정책으로 선포했다. 이와 연계해 시정부는 영향력을 행사할 수 있는 건물에 에너지절약 강제기준을 적용해 왔고, 에너지절약정책을 펴는 한편 태양과 발전, 소수력, 열병합 발전을 장려해 원자력 발전이나 화력 발전에 대한 의존을 줄이는 정책을 꾸준히 폈다.

시민들은 원자력 발전소에서 나오는 에너지를 포기한 대신 재생에너지에서 생산되는 전기에 대해 자발적으로 표준요금보다 비싼 고율의 에너지 요금을 지불해 재생에너지 촉진 재원 마련을 도왔다. 원자력 발전소 반대 운동으로 일치감을 얻은 이 도시는 1995년, 시의회에서 기후변화에 대처하기 위해 2010년까지 1992년 대비 온실가스를 25% 줄이는 계획을 확정했다.[22]

미국의 대표적인 '솔라시티'로 꼽히는 새크라멘토가 '솔라시티'로 유명하게 된 계기 역시 원자력발전소 사태였다. 시에서 30km 떨어진 란코센코 원자력발전소(당시 913MW)는 끊임없는 잔고장을 내다 1985년 중앙통제실의 컴퓨터시스템 고장으로 원자로 가동이 전면 중단된다. 방사능 오염으로 폐쇄논쟁이 불붙었다. 새크라멘토 시 전력회사인 스머드(SMUD)는 발전소 폐쇄를 결정하는 한편, 장기적으로 재생가능한 에너지 개발에 나서기로 방향을 틀었다. 원자력발전소 폐쇄를 계기로 스머드는 태양에너지 보급 운동에 본격 착수하자 '태양광 개척자'로 불리는 가입 시민은 매달 전기요금에서 '녹색요금'이란 명칭으로 4달러를 추가로 내며 힘을 보탰다.[23]

두 도시는 우연하게도 공통적으로 원자력 발전 사고 및 그 폐해에서

22) 김해창. 2003.『환경수도, 프라이부르크에서 배운다』.
23) 정혜진. 2004. 앞의 책. 214-230쪽.

지역의 에너지 문제를 심각하게 고민하기 시작했다. 단순히 원자력 에너지의 찬반 논쟁에서 끝내지 않고, 이를 도시의 에너지 전환으로 연결시키는 정책을 펴 온 것이 오늘날 이 도시들을 세계에서 벤치마킹하는 솔라시티로 만든 것이다. 화석도시에서 솔라시티로의 패러다임의 변화의 단초가 지역 문제에 대한 진지한 자세에서 비롯된다는 것은 대구시 솔라시티 프로젝트에 중요한 시사점을 던져준다.

다른 모든 생태 문제와 마찬가지지만 에너지와 지구온난화, 그리고 기후변화의 문제는 특히나 '지역'의 문제가 모여 '지구'의 문제를 이루고, '지구'의 문제가 다시'지역'의 문제가 되는 글로컬(glocal) 문제이다. 에너지 고갈에 따른 대체 에너지 개발 문제, 에너지 과소비로 인한 온실가스 배출 증가와 그로 인한 기후변화 문제는 전 지구적인 규모에서 이마를 맞대고 함께 해결해야 하는 과제인 동시에 각각의 지역에서 각 지역에 적합한 방식대로 해결책을 찾아 실천해야 할 문제이기 때문이다.

글로컬 문제에 대한 실천으로써의 솔라시티는 지역에 대한 관점의 전환을 요구한다. 중앙정부의 에너지 사업 예산 따오기나 외부에 있는 에너지 관련 기업 유치, 지역과는 아무런 상관이 없는 일회성의 화려한 국제행사 유치가 아니라 대구라는 지역의 에너지 사용 특성이 어떠하며, 에너지 소비를 줄이려면 어떻게 접근해야 하는지에 대해 정책적 고려를 요구하는 것이다.

실제로, 화석 에너지를 재생가능 에너지로 대체해가고 에너지를 덜 쓰고 효율적으로 쓰는 솔라시티에서의 모든 활동은 화석도시에 비해 '지역사회'와 매우 밀접한 관련이 있다. 화석 에너지는 지구의 극히 일부분에서만 구할 수 있는 중앙집중식 에너지인데 비해, 태양 · 바람 · 바이오매스 · 지열 같은 재생가능 에너지는 어디에나 있는 지역 분산적 에너지이다. 대규모 화석 에너지 시설에 비해 재생가능 에너지 시설은 소규모이고 운송 거리가 짧아서 생산 · 보급 · 유통 등 모든 단계에서 화석 에너지를 쓸 때보다 훨씬 더 지역 사회 경제에 도움을 준다.

또 에너지를 효율적으로 쓰거나 절약하는 행위는 지역 사회를 더 건강하게 만든다. 에너지를 덜 쓰려면 외곽에 있는 쇼핑몰보다 동네 슈퍼를 자주 이용하게 되고, 혼자 차를 타기보다 이웃 혹은 직장 동료와 카 풀을 하면 에너지를 보다 효율적으로 쓰게 된다. 좀 더 걷고 자동차를 덜 쓰면 자신의 건강을 챙기고 지역 상권이 활성화되고 지역 사회 전체적으로는 공기가 더 맑아지며 교통 혼잡 비용이 줄어든다. 절약해서 남는 돈으로 여유있는 생활을 즐기면 지역 사회 전체 문화 수준도 올라간다.

지구상의 모든 지역 사회가 이렇게 움직인다면 온실가스 배출을 크게 줄이고 더 활기찬 지역 사회를 만들면서 지구도 구할 수 있게 될 것이다. 지역에 이로운 생활을 함으로써 에너지 효율적인 도시를 만들고, 에너지 효율적인 도시가 살기 좋은 도시를 만들며, 결과적으로는 지구 기후변화 문제도 해결할 수 있다. 지역 사회를 건강하게 하는 행동이 결과적으로 솔라시티를 만든다는 것이다.[24)]

'녹색'이 '진정한 녹색'이 되려면 개발과 성장을 좇는 가치관의 과감한 전환이 필요하듯이, '솔라시티'가 '진정한 솔라시티'가 되려면 화석도시에서 솔라시티로의 패러다임의 변화를 고민해야 한다. 그 패러다임의 변화의 시작은 바깥이 아니라 안에 있다. 줄만 그은 '호박'이 '수박'이 되고

---

24) 정혜진. 2007.『착한 도시가 지구를 살린다』. 녹색평론사.

싶다면 '줄'의 바깥에서 속으로 눈을 돌려야 한다. 중앙에서 뭐 얻어올 것이 없나, 국제사회에서 인정을 받을 일이 없나를 고민하기 전에 안으로 눈을 돌려야 한다.

2013년 WEC 총회의 성공적 개최를 위해 매진하는 대구시를 보면서 대구시가 여전히 '컨텐츠'가 아니라 '브랜드'에 집착하고 있는 것이 아닐까 하는 걱정은 '줄만 그은 호박'이 여전히 '밖'만 보고 있지 않을까 하는 우려 때문이다. 브랜드를 선점한 것은 호박에 줄만 그은 것일 뿐, 콘텐츠의 변화가 있어야 호박이 수박이 될 수 있다. 호박 겉에 그은 줄은 지금으로도 충분하다.

참고문헌

경향신문 2008년 1월 1일.

김해창. 2003. 『환경수도, 프라이부르크에서 배운다』.

매일신문 2000년 12월 5일.

매일신문 2005년 11월 9일.

매일신문 2008년 11월 14일.

연합뉴스 2008년 12월 17일.

영남일보 2000년 12월 5일.

영남일보 2008년 2월 29일.

영남일보 2008년 6월 17일.

영남일보 2008년 10월 31일.

영남일보 2008년 11월 11일.

영남일보 2008년 11월 28일.

이필렬. 2004. 『다시 태양의 시대로』. 양문.

월드워치연구소. 2007. 『도시의 미래 - 2007 지구환경 보고서』. 도서출판 도요새.

정혜진. 2004. 『태양도시: 에너지를 바꿔 삶을 바꾸다』.

______. 2007. 『착한 도시가 지구를 살린다』. 녹색평론사.

존 더 그라프 등. 2004. 『어플루엔자: 풍요의 시대, 소비 중독 바이러스』 한숲출판.

http://www.solarcity.org/solarcity/conceptframe.htm

http://www.martinot.info/solarcities.htm

IPCC. 2007. 「Climate Change 2007: The Physical Science Basis Summary for Policymakers」

UN. 2005. 「World Urbanization Prospects: The 2005 Revision」

계명대학교 성서캠퍼스 조경의 인문생태학적 검토

김 수 봉(계명대 에너지환경계획학과)
문 혜 식(대구지역환경기술개발센터 연구원)

1. 서 론

대학 캠퍼스는 진리를 탐구하고 하나의 이상을 실현하고자 노력하는 꿈의 도장이며, 인간에게 무한한 희망을 키워주는 곳이기에 대학 캠퍼스는 고도의 학문을 연구하고 가치를 창조하는 대학의 본질적인 기능의 개발을 위해 자연을 피부로 접촉할 수 있게 하고 다양한 인위적 환경을 위해 보다 자유로운 지성과 감성을 개발할 수 있는 터전으로 조성되어야 한다.

하지만 이러한 본질적인 기능에 더하여 오늘날의 대학 캠퍼스는 그 규모나 그것이 포함하고 있는 자연성으로 인해 실질적 주인인 학생들의 이용뿐만 아니라 지역주민들의 이용을 위한 하나의 공원녹지로서 그 역할이 높게 평가되고 있으며, 실제로 많은 학자들은 캠퍼스(운동장)를 공원녹지의 범주에 포함해야 한다고 주장하였다. 대학 캠퍼스가 공원녹지의 역할을 수행함으로써 캠퍼스가 더 이상 학문의 전당만이 아닌 지역주민들에게 휴식과 문화적 생활을 즐기며 자연을 체험할 수 있는 공간으로 제공되는 것이다.

이러한 대학 캠퍼스의 효율적인 조경을 위해서는 대학별로 특수성을 강조할 수 있는 계획이 수립되어야 하며, 지역사회와의 적극적인 연계를 통해 지역사회의 시설로서 지역사회와 영향을 주고받으며 발전할 수 있는 방안을 모색하고, 캠퍼스 내의 자연환경 및 오픈스페이스를 최대한 활용[1]하여 생태캠퍼스로 조성하려는 노력이 필요하다.

생태캠퍼스는 공원녹지의 역할을 하여 도시열섬현상 완화 및 대기환경개선 등 쾌적성을 주고 신체활동 공간으로서 지역민의 건강 향상과 커뮤니티 형성에 도움을 주는 등 다양한 기능을 제공할 뿐만 아니라 생태캠퍼스로 조성될 경우 대부분의 대학 캠퍼스가 '도시공원및녹지등에관한법률'의 분류에 의한 생활권공원 중 근린공원에 해당하는 큰 규모이기에 그 의미는 더 크다 하겠다.

한편, 김수봉(2005)은 정원(I See)과 조경(We See)의 차이를 통해 조경의 주요 대상을 공원녹지라 언급하였으며, 또한 모든 조경공간은 '대중을 위한 공간', '지속가능한 공간', '건강한 공간', '심미적 공간'이어야 함을 강조하면서 조경을 현대적 의미로 확대 해석하였다.

이러한 관점에서 생태캠퍼스는 기본적인 캠퍼스의 역할에 더하여 앞

---

1) 김종표 · 김용수. 2007. 「대학 캠퍼스 조경의 의미와 활성화 방안에 관한 연구」. 『한국교육시설학회지』 14(1) : 14-22쪽.

에서 언급한 조경의 현대적 의미를 충족시키는 공원녹지의 역할을 수행할 수 있는 캠퍼스를 일컫는다 하겠다.

이러한 배경에서 본 연구는 우선 캠퍼스조경의 의미와 의의를 살펴보고, 다음으로 조경에 대한 개념과 지족가능한 개발에 대하여 분석한 다음 계명대학교 성서캠퍼스의 조경에 대하여 공공성, 지속가능성 그리고 심미성이라는 인문생태학적 관점에서 검토하였다. 그리고 이를 토대로 대학 캠퍼스의 생태적 조성 방안에 대한 방향을 제시하였다.

2. 캠퍼스 조경

1) 대학 캠퍼스의 의미

대학은 본래 중세에 신학연구를 위해 교회에서 분리된 집단들의 모임으로부터 그 원형을 찾아볼 수 있다. 이후 중세의 대학은 법학, 의학, 신학 등의 전문적 분야의 인문학을 고수하였고, 보편적인 학문적 유산의 해석과 발전 또는 학문적인 체계를 수립하는 기능을 하였다. 이 시기의 대학은 점차 사회와의 연관이 깊어지게 된다. 종교개혁・르네상스를 거치고 근대에 들어서면서 자연과학이 등장하게 되자 대학의 성격도 점차 자유스러운 학문추구로 변해갔다. 18세기 이후 근대국가를 배경으로 대학은 국가별로 특이성을 가지게 되었다. 이런 다양한 성격을 가졌던 대학의 특성이 발전되어 19세기에는 대학 캠퍼스의 탄생을 보게 된다. 제2차 세계대전 후 연구기능의 보강, 학생수의 증가, 대학의 기능 확대 등에 따라 대학은 다중 기능을 가진 기관이 되었다.

대학 캠퍼스는 학교의 경계가 분명한 대규모의 전용부지를 확보하여 그 안에 학교시설이 배치되어 있는 형태를 말한다. 또한 대학의 기능은 교육, 연구, 사회봉사로 요약되는데, 이러한 기능을 원활하게 수행될 수 있도록 하는 물리적 환경[2]을 대학 캠퍼스라고 언급하기도 한다.

대학 캠퍼스는 대학교육이 이루어지는 옥내공간과 그 외의 공간인 옥외공간으로 구분할 수 있다. 옥외공간은 실체적으로 건물들에 의하여 수동적으로 형성되는 공간으로서, 일반적으로 건물의 부대영역 정도로 간주되고 있으나 실제로는 캠퍼스 활동의 많은 부분을 차지하는 건물 못지않은 중요한 공간이라고 할 수 있다.[3]

캠퍼스 공간은 전체가 유기적으로 연결된 하나의 장소가 되어야 하며, 각 장소는 고유한 위치와 외관을 보유하고 오랜 시간동안 학생들의 공동체험의 장이 되어야 한다.

2) 캠퍼스 조경

최근 대학들은 아름다운 캠퍼스 가꾸기, 캠퍼스 담장 허물기 등의 명목으로 캠퍼스 조경에 대한 관심이 높아지고 있다.

캠퍼스라는 공간을 구성하는데 있어 중요한 사항은 두 가지로 분류할 수 있다. 첫째, 상호관련성으로서 옥외공간의 각 부분들이 서로 적절히 조화를 이룰 수 있도록 구성되어져야하는 것이고, 둘째, 동질성과 차별성

---

2) 유재설. 2002.「대학캠퍼스의 정체성에 있어서 환경요소에 관한 연구 : 서울산업대학교를 중심으로」.『한국정보디자인학회지』5 : 119쪽.

3) 김종표·김용수. 2007.「대학 캠퍼스 조경의 의미와 활성화 방안에 관한 연구」.『한국교육시설학회지』14(1) : 14-22쪽.

을 동시에 부여함으로써 하나의 장소 안에서 요소들이 다른 그것들하고의 관계에서 서로 구별되게 느껴질 수 있도록 특수한 성격이나 질적인 가치를 부여하거나 증진시키는 것을 의미한다.

이러한 옥외공간의 구성요소들은 근본적으로 이용자들의 행위나 복합적인 활동을 원활히 하기 위해 생성된 인위적 요소들이며 뚜렷한 목적을 갖고 있다. 즉 캠퍼스라는 작은 공간을 가능한 한 흥미롭고 쾌적하게, 편리하고 안전하게 조성해야 하며, 공간을 구성하는 사람들 사이의 관계를 개선하여 동질성을 부여해야 하는 것이다.[4)]

캠퍼스 계획은 일정한 대지위에 단순한 건물을 계획하는 것과는 달리 해당 도시의 흐름에 상당한 영향을 줄 수 있는 도시적 성격과 건물마다 독립성을 추구하는 건축적 요소를 갖고 있을 뿐 아니라 캠퍼스 액티비티(activity)를 적극적으로 유발하는 외부공간을 매우 중요시한다는 의미에서 복잡한 계획이라 할 수 있다.

캠퍼스환경은 건물을 둘러싸고 있는 외부공간, 동선체계 등을 포함한 모든 환경으로 이 모든 요소들이 조경요소가 될 수 있으며 주로 옥외공간에 대한 조경이 이루어지는 대상이다.

대학 캠퍼스에서 조경이 이루어지는 외적인 요인은 주변의 환경, 풍향, 일조, 채광 등의 자연환경조건과 동선계획이나 건물 배치계획에 의한 외적인 물리요인 등이 캠퍼스 계획 및 시설 배치에 중요한 요소이며 각 대학의 규모, 연혁, 입지조건 및 그 조직에 따라 매우 다양한 형태를 이루고 있다.

---

4) 유재설. 2002.「대학캠퍼스의 정체성에 있어서 환경요소에 관한 연구 : 서울산업대학교를 중심으로」.『한국정보디자인학회지』 5 : 119쪽.

캠퍼스 공간의 기능적인 측면에서 볼 때 체류공간(녹지, 운동장, 광장 등)과 흐름의 체계를 이루는 통로(차도, 보도, 계단 등)로 구성된다고 볼 수 있는데, 이러한 체류공간과 통로로 이어지는 캠퍼스의 옥외공간은 그 크기나 형태에 따르는 하나의 위계적 질서를 이루어야 한다.

따라서 대학 캠퍼스의 조경은 기존환경 및 부지의 활용을 통해 건축물 등의 인위적 환경과의 조화를 고려하여야 하며 대학 전체의 경관적 특성과 각 대학마다 특징을 살릴 수 있는 계획이 이루어져야 한다.[5)]

3) 캠퍼스 조경의 의의

가) 교육적 의의

캠퍼스 조경은 교육적 측면에서 다양한 의미를 내포하고 있는데, 다양한 식생을 접할 수 있어서 환경교육적 효과를 가질 수 있을 뿐만 아니라 이용자로 하여금 현장체험학습활동을 가능하게 한다.

또한 학생들이 환경교육의 장으로서 캠퍼스를 이용할 경우 여러 가지 동식물을 관찰하거나 돌보고 기르면서 자연을 사랑하는 마음이 생기게 되며, 생태계의 질서를 실천적으로 체험하고 배울 수 있는 좋은 기회를 접할 수 있고, 환경교육의 더없이 훌륭한 교재로서, 환경문제를 새롭고 진지한 입장에서 고려할 수 있는 역할을 할 수 있으며, 직접 생물을 다루면서 자연계의 질서와 생태계를 올바로 인식할 수 있는 한편, 생명에 대한 참사랑을 싹트게 할 수 있다.

---

5) 김종표·김용수. 2007.「대학 캠퍼스 조경의 의미와 활성화 방안에 관한 연구」.『한국교육시설학회지』. 14(1) : 14-22쪽.

나) 환경적 의의

캠퍼스 조경을 통하여 캠퍼스 환경개선과 지역 환경개선이라는 환경적 효과와 의의를 거둘 수 있다. 캠퍼스 조경을 통하여 캠퍼스 환경을 개선할 수 있는데, 캠퍼스에 녹지가 무성하게 조성되면 소음을 방지하고, 대기를 정화하며, 기후 환경을 개선하는 등의 캠퍼스 환경개선 효과를 얻을 수 있다. 캠퍼스에 숲을 조성하여 잃어버린 자연을 재현시킴으로써 학생들로 하여금 자연을 느낄 수 있도록 해주며, 복잡하고 혼탁한 도시환경에서 쾌적한 환경을 조성하여 건전한 교육환경을 제공할 수 있다. 또한 도시의 삭막한 콘크리트 공간 속에서 중요한 경관조성 요소로서 캠퍼스의 건물과 풍치를 시각적으로 안정시킬 뿐만 아니라, 이를 위해 차폐, 시선유도, 공간조성 등의 역할이 가능하다. 그리고 적절히 배치된 캠퍼스 내의 수목은 교정내로 불어오는 바람, 흙먼지, 눈보라 등을 완화시키는 역할도 한다.[6]

캠퍼스 조경을 통해 조성된 녹지는 야생동물 서식공간으로서의 역할을 하는가 하면 녹지확충에 따른 다양한 환경생태적 효과를 가져와 지역환경을 개선하는 효과도 거둘 수 있다. 더 나아가 그린네트워크의 거점역할을 수행하여 도시녹지축 형성에 이바지할 수 있다.

다) 사회적 의의

캠퍼스 조경은 구성원의 주도와 주체적인 참여를 전제로 하는 새로운 캠퍼스 문화형성에 기여할 수 있다. 캠퍼스 조경 과정에 학교구성원의

---

6) 윤상욱 · 이윤원 · 이민순 · 신수철. 2000. 『생활과 조경』. 문음사.

참여는 단순히 이용자들의 의견을 반영하는데 그치는 것이 아니라, 이용자들이 스스로 이용하는 공간에 대한 태도를 변화시키는 교육적 과정이기도 하다. 참여과정을 통하여 학생들의 의견을 수용하는 동시에 지역주민들 및 사회단체 등의 참여로 학교구성원과 지역구성원간의 연대를 강화하여 지역공동체의식을 증진하는 역할을 할 수 있을 것이다.

이뿐 아니라 조성된 녹지는 지역의 근린공원 규모의 공원녹지로 이용되어 지역 사회의 유기적 통합장소와 지역공동체의 문화교류의 장으로 활용할 수 있으며, 도시의 토지이용효율증대라는 경제적인 효과도 거둘 수 있다.

3. 조경의 이해

1) 조경의 의미

정원과 조경의 차이점을 통해 조경의 의미를 쉽게 이해할 수 있다.

먼저 정원이 예술론이라고 한다면 조경은 디자인론이라고 할 수 있겠다. 구미(歐美)에서는 Garden Art(정원예술)에 대하여 Landscape Design(경관 디자인)이 있으며 그 구별은 역사를 통하여 형성되어져 왔다. 정원예술이 예술적 행위자체에 예술적 본질이 있다는데 가치를 둔다면, 의사결정의 프로세스 즉 민주적인 의사결정과정은 디자인론의 핵심이다. 그리고 정원예술의 발전이 시대적으로 보아 봉건사회 및 르네상스와 관련이 있다면 조경은 근대시민사회와 중대한 관계를 가진다. 따라서 민주주의와 조경은 관계가 있다고 하겠다.

따라서 정원은 봉건 및 르네상스시대를 배경으로 일인 혹은 소수의 권력자를 위해 조성하는 예술적 행위를 중시하는 '정(庭)' 혹은 '원(園)' 만들기라면 조경은 근대시민사회를 바탕으로 의사결정의 프로세스를 중시여기는 경관디자인으로서 시민 모두를 위한 '정(庭)' 혹은 '원(園)'만들기인 것이다. 그리고 조경의 탄생 배경에는 근대 시민사회가 있다는 것을 반드시 이해하여야 한다.

2) 조경의 현대적 목표 : 지속가능한 개발

범지구적인 차원에서 대두되고 있는 「지속가능한 개발」개념은 이제 미래사회를 위한 필수적인 화두로 등장하게 되었고, 조경계획에서도 핵심 패러다임으로 자리매김하고 있다. 따라서 향후의 모든 조경계획은 지속가능한 원칙에 입각하여 이루어짐이 타당할 것이라 사료된다.

가) 지속가능한 개발의 개념

인간환경회의 10주년을 기념하는 UNEP 회의에서 채택된 '나이로비 선언'은 '환경과 개발에 관한 세계위원회(WCED : World Commission on Environment and Development)'의 설치를 결의하였다. 그리고 1987년 WCED의 위원장이자 전 노르웨이의 수상인 브룬트란트(Gro Harlem Brundtland)여사 등 일련의 연구진이 작성한 '우리 공동의 미래(Our Common Future)'라는 보고서(일명 브룬트란트 보고서라 부름)에서 지속가능한 개발에 관한 정의 및 대처방안을 기술하였다.

환경과 개발에 관한 세계위원회의 보고서에서 제시한 지속가능한 개발이란 '미래세대의 욕구를 충족시키기 위해 그들의 능력을 저해하지 않으면서 현세대의 요구에 부응하는 개발(Development that meets the needs of the present without compromising the ability of future generations to meet their own needs.)'로 정의되고 있다. 즉, 우리가 물려줄 환경과 자연자원의 여건 속에서 우리 미래세대도 최소한으로 우리 세대만큼 삶의 질을 누릴 수 있도록 담보하는 범위 내에서 현재의 자연자원과 환경을 이용해야함을 의미하고 있다. 이것은 환경자원이 인류를 수용하는 능력에는 한계가 있으므로 현재의 모든 인간활동은 이 수용능력의 범위 안에서 이루어져야 한다는 것이다.

나) 지속가능한 개발의 원칙

그동안 지속가능한 개발에 대해서는 수많은 조건, 원칙들이 제시되어 왔다. 예를 들어 Brundtland 보고서에서는, 의사결정과정에 있어서의 효과적인 시민참여를 보장하는 정치체계의 확립 등을 비롯한 경제, 사회, 생산, 기술, 국제관계 및 행정조직에 관한 여러 조건들이 제시되어 있다. 또한 La Court는 개발의 문화적 · 사회적 통합, 자연보호, 일치단결, 해방, 비폭력, 실수친화성 등의 6가지 원칙을 제시하고 있고, IUCN, UNEP & WWF는 모든 생명에 대한 경외를 비롯한 9가지 원칙을 제시하고 있다. 그러나 지속가능한 도시개발의 원칙에 관해서는 Elkin 등이 제시한 미래성, 환경, 형평, 참여의 4가지 원칙 외에는 거의 없다. 이창우(1995)[7]는

7) 이창우. 1995.「도시농업과 지속가능한 도시개발」.『대한국토·도시계획학회 제83회 정기학술발표대회 논문집』

지속가능한 도시개발이 미래, 자연, 참여, 형평, 자급의 5가지 요소를 가지며 각 요소는 3가지의 기준을 가지는 것으로 정리하였다. 그 내용은 [표 1]과 같다.

[표 1] 지속가능한 개발의 원칙

대원칙	소 원 칙
미래세대의 원칙	- 도시 내에서의 어떤 활동도 미래세대의 이익을 손상시켜서는 안 된다. - 현재세대의 안전도 확보되어야 한다. - 전통이 존중되며 노령 인력이 가치 있는 인적자원으로서 인식되어야 한다.
자연보호의 원칙	- 생명유지 장치로서의 도시생태계는 보호되어야 한다. - 도시녹지와 야생동식물은 보전되어야 한다. - 유해오염물질의 배출은 통제되어야 한다.
시민참여의 원칙	- 지역사회가 개발의 중심이 되어야 하며, 지역 사회 주민이 의사결정 과정에 반드시 참여하여야 한다. - 정보 · 기술의 교환을 증진시킬 자유로운 정보 유통체계가 확보되어야 한다. - 지방정부와 지역사회 주민간의 효과적이고도 밀접한 관계가 구축되어야 한다.
사회형평의 원칙	- 공공재에 대한 공평한 접근기회가 부여되어야한다. - 분배적 정의가 실현되어야 한다. - 부당한 도시개발정책에 대해 항의할 권리가 시민에게 부여되어야 한다.
자급경제의 원칙	- 도시 내의 생산적 자원은 시민의 필요에 부응하는데 우선적으로 사용되어야 한다. - 도시 내의 모든 활동은 에너지효율을 추구하며 에너지 절약적이어야 한다. - 도시 내의 경제 · 사회활동에 참여하는 참여자의 수는 수용능력의 한계 내에서 통제되어야 한다.

4. 계명대학교 성서캠퍼스의 생태캠퍼스 가능성 검토

1) 대상지 현황

가) 지리적 위치

본 대상지인 계명대학교 성서캠퍼스는 대구광역시 달서구 신당동에 위치하며, 다사읍, 파호동, 성서공업단지와 접경하고 있다.

지리적 좌표는 동경 128°, 북위 35° 내에 위치한다. 신당동을 중심으로 북서쪽으로 와룡산이 위치해 있고, 남서쪽에 성서공업단지가 위치하며, 동북쪽으로 금호강이 흐르고 있다. 서쪽에는 상업지구와 주거단지가, 남쪽으로 대단위 아파트단지(삼성명가타운, 삼성한국형 아파트)가 위치하고 있다.

나) 지형

대상지는 시설물지구와 산지지구로 나누어지는데 시설물지구는 평지와 구릉지가 교차되어 표고는 10～70m의 범위에 분포되어 있다. 북쪽의 산지지구인 궁산(弓山)은 해발고도가 거의 250m의 야산(野山)으로 정상부로 갈수록 경사가 급해지는 지형이지만, 전체적으로 낮은 구릉지로 이루어져 있다.

다) 식생

대상지의 식생은 두 가지로 구분할 수 있는데, 산지의 자연식생과 시설물주변의 조경식재가 그것이다.

자연식생인 산지식생(山地植生)은 적송 · 리기다를 중심으로 소나무림이 주종을 이루고 아카시아 잡목림과 참나무 혼합림으로 이루어져 있다. 시설물주변 조경식재(造景植栽)는 히말라야시다 외 11종의 침엽수와 느티나무 외 25종의 활엽수, 담쟁이덩굴 외 1종의 만경류로 조성되어 있다.

라) 경관

궁산 170m에서 관찰된 주변 경관은 다음과 같다.

북서쪽으로 와룡산 산줄기가 길게 펼쳐져 있고, 남서쪽에 신당동 및 성서 시가지가 한 눈에 들어오며 멀리 앞산 산줄기가 보인다. 남쪽에는 성서공단 전경이 보이지만, 남동쪽에 위치한 아파트 단지가 시야를 다소 방해한다. 또한, 동쪽에 금호강 줄기가 흐르는 경관을 형성하고 있다.

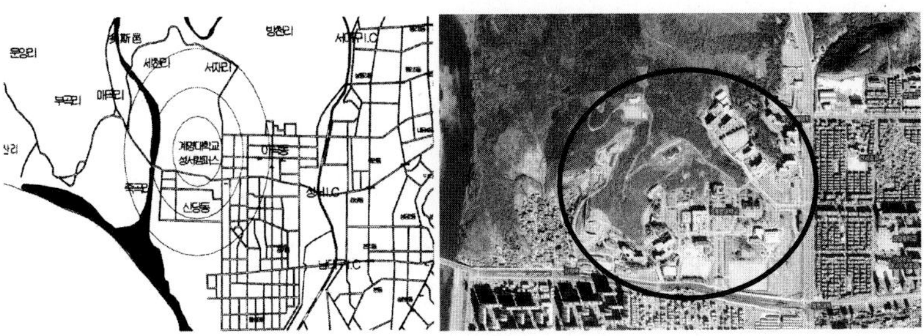

[그림 1] 대상지

2) 조경의 측면에서 생태캠퍼스의 의미

앞서 언급한 조경의 의미를 바탕으로, 생태캠퍼스는 조경의 개념인 공공성(We See)을 충족하고, 조경의 현대적 목표인 지속가능성을 추구하며, 조경의 목적인 심미성(자연미 + 예술미)을 갖춘 캠퍼스라 조작적 정의(Operational Definition)를 내리고자 한다(그림 2 참고).

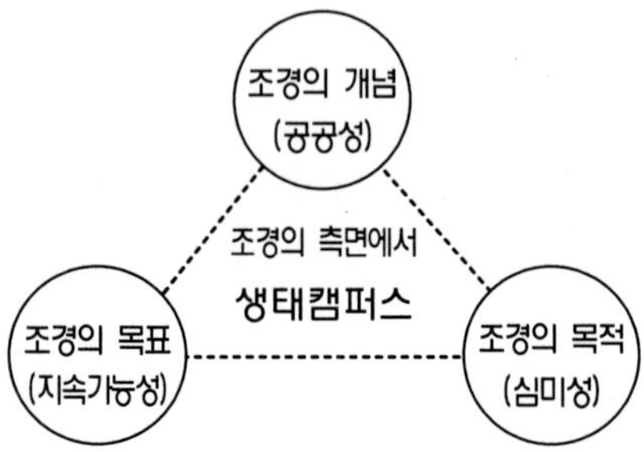

[그림 2] 조경의 측면에서 생태캠퍼스의 의미

생태캠퍼스에 대한 이상의 정의를 토대로 대상지인 계명대학교 성서캠퍼스를 평가하여 생태캠퍼스로서의 가능성을 검토할 수 있을 것이다.

가) 「공공의 개념」 측면

계명대학교 성서캠퍼스는 일반인 누구나 접근이 가능하며, 그것이 지니고 있는 자연성 때문에 지역 주민들에게는 하나의 공원녹지로 인식되어 이용되고 있다(그림 3 참고). 특히, 1,663,510㎡인 캠퍼스의 규모를 고려하면 '도시공원및녹지등에관한법률'에서 정하고 있는 생활권 공원 중 가장 큰 규모인 광역권근린공원에 해당하여 그 공공성은 더욱 크다 하겠다.

또한, 잔디구장과 육상트랙을 조성해놓은 대운동장은 학생들과 교직

[그림 3] 지역주민에 의한 캠퍼스 이용(Ⅰ)

원들의 체육대회 장소로서 유용하게 사용될 뿐 아니라 [그림 4]와 같이 지역주민들에게도 개방되어 있어서 다양한 신체활동을 가능하게 하여 지역주민의 건강증진에도 도움을 준다.

[그림 4] 지역주민에 의한 캠퍼스 이용(Ⅱ)

나) 「지속가능성」 측면

① 미래세대의 원칙

지속가능한 개발 개념이 대두된 이후 계명대학교 성서캠퍼스에서 이루어진 여러 가지 신・증축공사 중 아담스채플 건물 신축(1999년), 학군단 건물 신축(2001년), 명교생활관 증축(2001년), 계명한학촌 신축(2004년 완공) 등의 공사는 기존의 시설물지구에 조성된 것이 아니라 산지지구

[그림 5] 녹지를 훼손한 개발사업

(좌) 명교생활관, (중) 아담스채플, (우) 한학촌

에 조성됨으로써 녹지면적을 감소시키는 결과를 초래하였다(그림 5 참고). 하지만, 명교생활관 증축과 학군단 건물 신축은 현재의 학생들뿐만 아니라 미래에 이용하게 될 학생들을 고려한 공사였으며, 아담스채플 건물과 한학촌의 신축 또한 이용자의 요구에 의해 조성된 것은 아니지만

[그림 6] 비생태적 주차공간

(상) 의양관 앞, 바우어관, (하) 국제센터, 음악공연예술대학

현재 다양한 용도로 이용되면서 지역주민들의 참여를 더욱 활발하게 만드는 대학의 상징적인 공간으로 자리매김하고 있기에 미래세대의 원칙에 어긋나는 행위라 보기 힘든 것으로 사료된다.

한편, 대상지의 주차장은 모두 아스팔트 포장으로 되어 있다(그림 6 참고). 이는 미래를 위한 생태주차장(그림 7) 조성이 많이 도입되고 있는 최근의 경향에 역행하는 결과라 하겠다.

[그림 7] 생태주차장 사례

② 자연보호의 원칙

계명대학교 성서캠퍼스의 식생은 산지의 자연식생과 시설물주변의 조경식재 두 가지로 구분할 수 있다.

자연식생인 산지식생은 적송・리기다를 중심으로 소나무림이 주종을 이루고 아카시아 잡목림과 참나무 혼합림으로 이루어져 있다. 반면, 시설물주변 조경식재는 히말라야시다 외 11종의 침엽수와 느티나무 외 25종의 활엽수, 담쟁이덩굴 외 1종의 만경류로 조성되어 있다.

이러한 식생은 잘 관리되고 있으며, 시간이 지나 수목의 생장이 더욱 왕성해짐에 따라 학생과 인근 주민들에게 다양한 볼거리를 제공하고 있다(그림 8. 참고).

[그림 8] 식생에 의한 명소

(좌) 벚꽃길, (중) 메타세콰이어길, (우) 바우어관 앞 휴식공간

또한, 잘 관리되고 보호된 식생은 이 외에도 다양한 혜택을 제공하는데 수목이 우리에게 주는 또 다른 이익은 다음과 같다.

첫째, 수목은 공기를 깨끗하게 한다. 수목은 냉방에 사용되는 에너지와 그 에너지로 인해 일어나는 오염 감소를 통해 공기를 맑게 하는데 도움을 준다. 둘째, 수목은 소음을 감소시킨다. 연구에 의하면 31미터 넓이와 14미터 높이의 배식 지역은 거의 50% 정도의 고속 도로 소음을 줄일 수 있다고 한다. 셋째, 수목은 토양을 보호한다. 수목은 뿌리로 땅을 고정하고 잎의 차양으로 폭풍을 차단하고 낙엽으로 땅에 영양분을 제공하는 것 등으로 토양을 유지하고 개선시키는 데 중요한 역할을 한다. 넷째, 수목은 깨끗한 물과 홍수를 관리한다. 수목은 폭우로 인한 홍수 관리 비용을 절감 할 수 있게 한다. 다섯째, 수목은 동·식물의 서식지를 제공한다. 수목은 멸종 위기의 동·식물을 포함하여 많은 종류의 동·식물의 서식지를 제공한다. 여섯째, 수목은 지역의 삶을 풍요롭게 한다. 마지막으로, 수목은 우리 인생의 아름다운 부분이다. 수목은 단순히 거기 있다는 것만으로도 우리의 삶을 풍요롭게 한다. 수목은 단지 자연 생태계의 주요 부분이 아니라 우리 사회의 본질적인 부분인 것이다.

③ 시민참여의 원칙

지속가능한 개발 개념이 대두된 이후 계명대학교 성서캠퍼스에는 학군단 건물 신축, 명교생활관 증축, 오산관 건물 신축, 의양관 건물 신축, 아담스채플 건물 신축, 정문 신축, 바우어관 증축, 행소박물관 신축, 음악공연예술대학 신축 등 큰 규모의 공사가 여러 차례 있었으나, 신・증축과 관련하여 학생들의 의견을 반영하고자 하는 노력은 거의 없었던 것이 사실이다.

한편, 계명대학교 성서캠퍼스의 재학생을 대상으로 설문조사를 한 결과[8]에 따르면, 선호하는 캠퍼스 옥외공간 요소에 대하여 34.2%의 응답자가 '분수, 연못 등의 수경시설'을 언급한 바 있다. 이후 조성된 계명한학촌(2004년)에 이러한 바람이 다소 반영되어 연못과 폭포와 같은 수경시설이 갖추어졌으나 이 또한 시민참여에 의한 것이라 보기는 어렵다.

현재 행해지고 있는 대부분의 캠퍼스 개발이 캠퍼스 종합계획에 따라 이루어지기 때문에 개발 자체의 유무를 결정하는 의사결정에 학생들이 참여할 수는 없지만, 조성된 이후 학생들은 주이용자가 되기 때문에 이용의 효율성을 높이기 위해서는 그들의 다양한 의견을 수렴하는 것이 바람직하다고 사료된다.

---

8) 김수봉・류재문. 1999.「계명대학교 성서캠퍼스 외부공간의 이용실태 및 만족요인분석」.『환경과학논집』4(1) : 64-65쪽.

④ 사회형평의 원칙

관리 측면에 따라 도서관, 기숙사, 테니스코트 등 일부 공간에 대하여는 규칙에 따라 이용에 제한이 따르지만, 운동장, 계명한학촌, 그 외의 옥외시설 등과 같은 공공재에 대해서는 주이용자인 학생뿐만 아니라 지역주민들에게도 공평한 접근기회와 이용기회가 주어지고 있다.

한편, 재학생들의 93%가 캠퍼스 옥외공간을 휴식·대화와 같이 정적인 목적으로 이용한다고 응답하였으며, 부족한 시설로는 잔디밭, 녹지/그늘, 휴식공간/벤치 등을 언급하였다.9) 특히, 각 단과대학별로 파고라에 대한 선호도가 높았는데, 대상지에는 총 10개소의 파고라가 설치되어 있지만 체육대학, 경영대학, 국제통상학대학 주변에는 파고라가 미설치되어 있어서 형평성에 맞지 않는 것으로 조사되었다. 또한, 대상지 내에 잔디밭의 규모가 작지 않음에도 불구하고 학생들이 부족하다고 느끼는 것은 이용의 제한을 두기 때문으로 판단되며, 이를 개선하기 위해서는 잔디를 훼손하지 않는 범위에서 휴식공간으로서의 잔디밭에 대한 자유로운 출입을 허용함이 필요하다고 사료된다.

⑤ 자급경제의 원칙

자급경제의 원칙에 입각하여 캠퍼스 조경을 계획하고 시공하는 데 있어서 가장 중요한 점은 기존의 나무나 녹지가 지니는 경관특성을 최대한 살리는 것이다.

기존의 나무들 중에는 이미 수십 년 또는 수백 년 이상 그 자리를 지켜

9) Ibid. 65-71쪽.

온 것도 있고, 예전에 심었던 묘목이 노목으로 자란 경우도 있을 것이기에 이러한 나무나 녹지를 최대한 보존하도록 설계되어야 한다.

대상지의 경우 기존식생을 살린 흔적이 여러 곳에서 발견되고 있는데, 공사 관계상 기존식생을 보전하기가 쉽지 않은 가로수의 경우 특히 세심한 노력이 가해진 것으로 사료된다(그림 9 참고).

[그림 9] 기존 수목을 보존한 개발

(좌) 기숙사 가늘길(가로수), (중) 스미스관 앞, (우) 본관 앞

자급경제의 원칙에서 또 한 가지 중요한 것이 에너지의 효율성을 고려하는 것이다. 여름과 겨울의 냉・난방비를 절약하기 위해서 외관상 상징성을 가지는 건물을 제외한 가능한 모든 건물의 벽면과 옥상을 녹화하는 것이 바람직하다. 옥상녹화(그림 10)와 벽면녹화(그림 11) 같은 인공지반의 녹화는 건물외피의 단열성능을 향상시켜 여름철 건물의 냉방부하와 겨울철 난방부하를 저감시킨다. 옥상녹화의 경우 여름철 녹화면의 표면온도가 콘크리트 슬라브 표면보다 15~30℃ 낮게 나타나기 때문에 옥상녹화시 직하층의 천정표면온도를 떨어뜨려 2~3℃의 실온 저감효과를 얻을 수 있다. 실내에서 건물의 냉난방 부하는 외기 온도와 함수관계로

나타나는데 낮 동안의 기온완화는 여름철 건물의 냉방부하를 그리고 겨울철 건물의 난방부하를 저감하여 에너지 절약을 가져온다. 결국 옥상조경은 건물의 단열성 외피역할을 함으로써 여름철 냉방에너지와 겨울철 난방에너지를 10%내외까지 절감하는 것으로 보고되고 있다.[10)]

[그림 10] 옥상녹화

[그림 11] 벽면녹화

계명대학교 성서캠퍼스의 경우 대부분의 건물에 벽면녹화(그림 12 참고)를 실시하여 해마다 그 피복면적이 증가하고 있는 반면 옥상녹화가 이루어진 건물은 전무한 실정이다.

[그림 12] 벽면녹화

(좌) 영암관 건물, (중) 사회대 건물, (우) 백은관 식당 건물

10) 김수봉 · 정응호 · 류연수 · 이정연. 2005. 『도시조경의 이해』. 문운당. 207쪽.

3) 「심미적」 측면

모든 조경요소들을 적절한 곳에 배치하여 기능성과 아름다움을 동시에 추구하는 조경의 성격상 심미적 부분 또한 생태캠퍼스를 언급함에 있어서 간과할 수 없는 부분이다.

대상지는 풍부한 산지식생과 더불어 다양한 조경식재를 통해 캠퍼스에 계절감을 느낄 수 있게 할 뿐만 아니라 여러 점의 조형물을 배치하여 이용자들로 하여금 마치 공원 속의 전시관을 느끼게끔 해준다(그림 13, 그림 14 참고).

[그림 13] 본관 앞 숲의 조형물

캠퍼스 내의 시각적 오염원으로부터 학생들을 보호하는 것 또한 심미적 측면에서 중요한 부분이다. 시각차폐숲은 차폐역할을 만족시키면서도 숲의 효용을 제공해야 하기 때문에 수종선정 시 시각오염원의 높이/방위 및 미관/이용적 측면을 동시에 고려해야 한다. 특히, 쓰레기장 등의 혐오시설들은 방치할 것이 아니라 주변에 관목림 울타리를 조성함으로

[그림 14] 도서관 앞 조형물

써 차폐효과뿐 아니라 악취도 줄일 수 있어 시각적으로나 후각적으로나 큰 도움이 될 것이다.[11]

대상지의 경우 쉐턱관 뒤의 시설물에 대해서는 차폐식재가 양호

[그림 15] 차폐 양호(쉐턱관 뒤)

11) 김수봉·정응호·류연수·이정연. 2005. 『도시조경의 이해』. 문운당. 207쪽.

(그림 15)하게 되어있으나 백은관 앞, 노천강당 옆, 의양관 옆의 시설물에 대해서는 차폐식재가 전혀 이루어지지 않았거나 불량하게 되어있었다(그림 16 참고).

[그림 16] 차폐 불량
(좌) 노천강당 옆, (중) 의양관 옆, (우) 백은관 앞

5. 결 론 : 생태캠퍼스 조성방안

조경의 현대적 의미(공공성, 지속가능성, 심미성)를 기준으로 하여 계명대학교 성서캠퍼스의 생태캠퍼스로서의 가능성을 검토해 보았고, 그 결과는 다음과 같다.

I See(특정 개인 또는 소수가 보고 즐기는 경관)가 아니고 We See(대중이 보고 즐기는 경관)에 조경의 현대적 의미가 있음을 감안할 때, 계명대학교 성서캠퍼스는 학생뿐만 아니라 지역주민들로 하여금 다양하게 이용패턴을 이끌어냄으로써 대중을 위한 하나의 공원녹지로서 역할을 수

행하고 있다.

대상지는 지속가능한 개발 개념이 대두된 이후 여러 차례 공사를 실시하여 일부 녹지를 훼손하였으나 이용적 측면에서 볼 때 미래세대를 고려한 개발사업으로 인정이 가능하겠다. 하지만 최근 많은 개발사업에 도입되고 있는 생태주차장의 사례는 전혀 찾아 볼 수가 없으며, 모든 주차공간이 아스팔트로 포장되어 있음은 미래세대를 위한 캠퍼스 조성에 어긋난다고 사료된다.

한편, 계명대학교 성서캠퍼스의 산지식생과 조경식재는 적절히 관리되고 있으며, 잘 관리되고 보호된 식생의 계속된 생장으로 인해 다양한 형태의 명소를 생겨나고 있다.

하지만, 캠퍼스 내 대부분의 개발사업에 있어서 학생들은 의사결정과정에 참여하지 못하고 있으며, 개발사업 시행 후의 이용의 효율성을 고려하여 최소한의 의견수렴이 수반되어야 할 것으로 사료된다.

시민참여의 원칙과는 달리 캠퍼스 내 공공재는 일부를 제외하고는 모든 이용자에게 공평하게 접근기회와 이용기회가 주어지고 있어서 사회형평의 원칙은 보장이 되고 있음을 알 수 있었다. 다만, 학생들의 선호도가 높은 파고라의 경우 일부 단과대학 주변에는 부재하여 학생들의 접근기회에 대한 형평의 원칙은 고려되어야 할 것으로 나타났다.

자급경제의 원칙에 따르면, 조경계획이나 시공 시 기존의 나무나 녹지를 최대한 보존하는 것이 중요한데, 대상지의 경우 개발에 있어서 기존식생을 살린 흔적을 여러 곳에서 찾아볼 수 있었다. 이와 더불어 에너지 효율성도 중요한데, 대상지의 대부분의 건물에 벽면녹화가 도입되어 에너지 효율성을 고려한 반면, 옥상녹화가 이루어진 곳은 한 곳도 없었다.

마지막으로, 조경의 측면에서 중요한 것이 심미적 요소이다. 계명대학교 성서캠퍼스는 다양한 조경식재를 통해 계절감을 충분히 살려 캠퍼스의 아름다움을 더하고 있을 뿐만 아니라 여러 점의 조형물을 배치하여 공원 속의 전시관을 형성하고 있었다. 반면, 캠퍼스 내 혐오시설에 대한 차폐식재는 아쉬움으로 남았다.

계명대학교 성서캠퍼스를 생태캠퍼스로 조성하기 위해서는 조경의 현대적 개념(공공성), 목표(지속가능성), 목적(심미성)을 절대기준으로 삼아 캠퍼스 조경을 실시해야 할 것이며, 부족한 부분으로 드러난 생태주차장의 도입과 무미건조하게 방치되어 있는 건물의 옥상을 녹화하려는 노력이 경주되어야 할 것이다. 또한, 캠퍼스 내 개발사업이 이루어질 경우 효용성을 극대화하기 위해 학생들의 의견을 충분히 수렴하려는 노력이 필요하며, 학생들의 선호도가 높음에도 불구하고 형평성의 문제를 드러내고 있는 파고라의 증설이 필요할 것으로 사료된다.

참고문헌

강명구. 1996.「지속가능한 개발의 실현을 위한 지역공동체의 역할」.『연구논문집』. 53(1).

김수봉. 1999.「대구시 환경녹지 계획정책에 관한 연구」.『한국정원학회지』 17(3).

김수봉·류재문. 1999.「계명대학교 성서캠퍼스 외부공간의 이용실태 및 만족요인분석」.『환경과학논집』 4(1).

김수봉·김기호·정응호. 2000.「환경교육을 위한 대학 캠퍼스활용 방안에 관한 연구 : 계명대학교 성서캠퍼스를 중심으로」.『환경과학논집』 5(1).

김수봉. 2004.『공원녹지정책』. 대영문화사.

김수봉·정응호·류연수·이정연. 2005.『도시조경의 이해』. 문운당.

김영대. 1999.『조경설계론』. 기문당.

김종표·김용수. 2007.「대학 캠퍼스 조경의 의미와 활성화 방안에 관한 연구」.『한국교육시설학회지』 14(1).

마순자. 2003.『자연, 풍경, 그리고 인간』. 아카넷.

배정한. 1998.「조경에 대한 환경미학적 접근」. 서울대학교 환경대학원 박사학위논문(미간행).

유재설. 2002.「대학캠퍼스의 정체성에 있어서 환경요소에 관한 연구: 서울산업대학교를 중심으로」.『한국정보디자인학회지』 5.

윤국병. 1984.『조경사』. 일조각.

윤상욱·이윤원·이민순·신수철. 2000.『생활과 조경』. 문음사.

이명규 역. 1996.『근대도시』. 세진사.

이명우. 2004.「지속 가능한 개발 및 생태조경분야의 연구경향과 과제」.『한국조경학회지』 32(1).

이창우. 1995.「도시농업과 지속가능한 도시개발」.『대한국토 · 도시계획학회 제83회 정기학술발표대회 논문집』.

임대웅. 1999.「지속가능한 개발과 전과정평가의 의의」.『한국전과정평가학회 1999년 정기총회 연구논문집』.

임승빈. 1998.『조경이 만드는 도시』. 서울대학교출판부.

황기원. 1986. 조경계획론. 문운당.

Burgess, J. · Hariison, C. · Limb, M. 1988. "People, Parks and the Urban Green: A Study of Popular Meaning and Values for Open Space." Urban Studies. Vol.25.

대학에서의 생태교육에 대한 인문생태학적 접근
- '국민대의 교양강좌'를 중심으로 -

전 영 우 (국민대학교 산림자원학과)

1. 서 언

계명대학교 한국학 연구원이 학술대회를 통해서 정치, 경제, 교육에 대한 인문생태학적 접근을 모색하고자 하는 이유는 오늘 우리 사회가 당면하고 있는 생태위기가 더 이상 방치할 수 없을 만큼 위중하다는 자각 때문일 것이다. 이 논제는 교육전문가나 생태교육전문가가 본격적으로 다루어야할 분야이며, 산림학을 전공하는 필자의 지식과 능력으로 감당하기 어려운 것이 사실이다. 이런 한계 때문에 본고는 학술대회의 발제자들에게 주어진 '인문생태학적 접근'이라는 시론적 제목에 근거하여, 지난 20여 년 동안 대학에서 교양교육의 일환으로 실시한 생태교육의 현장 경험을 기초하여 논지를 전개하고자 한다.

현대 산업사회의 정치와 경제체계는 권력의 집중, 자본의 집중을 통해서 무한경쟁을 부추기는 속성이 있고, 대학사회 역시 그러한 흐름을 거역하기 힘든 실정이다. 이런 분위기에 따라 필자가 소속된 대학에서 전개하는 교양교육 역시 실용 분야가 주류인 반면, 자연과 인간의 관계에 대한 근본적 성찰을 다루는 생태 지향적 교양과목은 소수에 불과한 실정이다. 우리 대학의 사례를 전국의 대학에 기계적으로 적용하기는 어렵지만, 대부분의 대학에서 실시하는 교양교육 역시 크게 다르지 않을 것으로 상상할 수 있다. 결국 우리의 대학 현실에서 자연과 인간의 상생이나 공존에 초점을 맞춘 생태교육의 실시는 요원한 실정임을 부인하기 어렵다.

국민대학교에서 실시 중인 몸으로 체험하는 교양강좌 '북한산 녹색자습'을 인간과 자연의 소통과 어울림을 위한 한 사례로 소개하고자 하는 이유는 대학 생태교육의 가능성과 한계를 살펴보는 한편, 생태교육 방법의 다양화를 모색하는데 작은 보탬이라도 될 것이라는 믿음 때문이다.

2. 대학 생태교육의 한 사례, 국민대 교양강좌

1) 국민대 생태교육의 전개 과정

국민대학교의 생태교육은 1989년도부터 교양과정의 일환으로 개설된 '환경생태학'이 효시였고, 현재는 '인간과 환경', '녹색 캠퍼스 함께 하기', '북한산 녹색자습' 등이 개설되고 있다(표 1).

'환경생태학'은 교양과정의 일환으로 국민대에 최초로 개설된 생태과목으로, 자연과학적 관점에서 생태계의 역할과 환경오염 등에 초점을 맞

[표 1] 국민대학교에 개설된 생태관련 교양과목의 강의목표와 주요 강의내용

과목명	개설 년도	강의 목표	주요 강의 내용	강의 방법
환경 생태학	1989	자연자원 이용의 급증에 따른 범지구적, 국가적, 지방적 차원에서 발생하는 생태계 파괴와 환경오염문제의 실상분석과 해결방안을 도출하기 위한 생태학적 이론을 강의하고, 환경생태학적 문제에 대해서 발표 및 토론한다.	인간과 환경과 생태, 생명체로서의 지구, 인구증가와 자원분배, 생태계(종류, 구조, 모델), 열의 순환, 광합성 및 양료순환, 산성우와 산림쇠퇴, 온실효과와 기후온난화, 생명다양성과 생태계 파괴, 대기 수질 토양 오염 등을 다룬다.	이론 중심, 단독 강의
인간과 환경	1992	인간의 활동에 의해 파생되는 자연환경의 영향을 파악하고, 주변환경과 생태적 조화로움을 추구하기 위해서 우리 인류가 공동으로 추구해야 할 환경윤리, 자원윤리, 유전자원의 중요성, 종다양성의 유지, 소비사회와 소비문화 등에 대하여 함께 토론한다.	지구생성의 역사와 생명의 기원, 인류의 문명발달 단계와 3혁명, 인구증가와 자원의 고갈, 문명발달과 산림, 인간과 동물 토양 수자원, 생태맹과 극복방안, 생물 다양성의 중요성, 환경오염, 생태계와 생태계 생태학, 소비사회와 소비문화, 생태주의와 생태윤리, 환경문제에 대한 사상적 갈래	이론 중심, 단독 강의
녹색 캠퍼스 함께 하기	2003	대학인에게 환경문제에 대한 관심을 불러일으키고 환경과 관련된 다양한 이슈를 연구하며 나아가 대학 내에서 실천 가능한 여러 환경규범 등을 마련한다.	녹색캠퍼스 운동, 숲-자연과 인간의 화합공간, 녹색심리학과 생태맹 극복, Green Design의 역할과 책임, everyday earthday, 녹색 벼룩시장, 한국인과 산, 대학교육과 녹색캠퍼스 운동, 환경운동과 매스미디어	이론 및 체험, 공동 강의
북한산 녹색자습	2006	국민대 캠퍼스에서 북한산 형제봉까지 개발된 탐방로의 생태환경을 담고 있는 자기안내식 해설서를 활용하여 스스로 자연과 생태의 가치와 의미를 익히는 한편, 자연과 유리된 삶에 대한 성찰과 자연의 가치와 인간의 책무를 학생들이 스스로 체득할 수 있도록 하는데 있다.	녹색자습이란? 자기안내서 및 지도 이용법, 생태맹과 생태맹 극복방안, 생태주의와 녹색문화, 생태학적 감수성과 자연체험, 네이쳐 저널이란? 자연과의 소통과 교감방법, 자연에서 얻는 마음의 풍요와 자연에 대한 인간의 책무	현장 체험 중심, 단독 강의

춘 내용을 주로 다루고 있다. 그 다음으로 개설된 생태관련 교양과목은 1992년도에 신설된 '인간과 환경'으로, 자연과학적 관점에서 접근한 '환경생태학'과 달리, 자연과학과 인문사회과학적 내용을 통합적으로 다루고 있다. '인간과 환경'은 생태적 조화로움을 추구하기 위해 지식인이 추구해야 할 생태윤리(환경윤리)와 자원윤리, 소비문화와 소비사회의 병폐를 함께 다루고 있다.

최근에 2과목의 생태관련 교양강좌가 새롭게 개설되었는데, 그 과목명은 2003년도에 개설된 '녹색캠퍼스 함께 하기'와 2006년도에 개설된 '북한산 녹색자습'이다. 이들 교양과목은, 기존 생태관련 교양과목('환경생태학', '인간과 환경')이 교양과정의 특성상 이론 중심으로 전개될 수밖에 없는 한계를 안고 있었는데, 그 한계를 보완하고자 체험시간을 늘리게끔 개발된 생태과목이다.

교양과목 '녹색캠퍼스'는 7-10명의 각 분야별 교수의 공동참여로 진행되는 과목으로 대학 내에서 실천 가능한 환경규범을 몸으로 직접 체험시키기 위한 강좌이다.

가장 최근에 개설된 '북한산 녹색자습'은 북한산의 탐방로를 따라 산행을 하면서 몸으로 직접 체험하면서 생태적 감성과 상상력을 훈련하는 한편, 자연에 대한 인간의 책무 등을 배우고 깨칠 목적으로 개발된 교양과목이라 할 수 있다.

현재 국민대학교 교양과정부는 문학 언어 영역에 44과목, 역사 철학 영역에 30과목, 정치 경제 사회 세계 영역에 57과목, 과학 기술 자연 영역에 29과목, 예체능 영역에 28과목, 전인교육 영역에 41과목, 기타 32과목 등 총 261과목을 개설하고 있다. 이들 교양 선택과목 중, 생태교육과 직접적으로 관련이 있는 과목의 수는 4과목으로 그 비율은 전체의 2%에 못 미치는 수준이다.

2) 교양과목 '북한산 녹색자습'

가. 개설배경과 목적

'북한산 녹색자습'은 국민대학교 전교생을 대상으로 2006학년도 1학기에 처음 개설된 교양강좌이다. 이 강좌는 국민대학교 교양학부가 전인교육의 일환으로 도입한 '몸으로 배우는 체험학습' 교양과목의 일환으로 개발되었다.

이 교양과목이 기존에 개설된 생태관련 교양과목들과 가장 큰 차이는 몸으로 직접 체험하는 양과 질에서 찾을 수 있다. 1989년에 개설된 '환경생태학과', 1992년에 개설된 '인간과 환경' 등의 과목은 이론 중심으로 전개된 교양강좌였다. 이들 강좌 역시 과제 제출의 형식으로 강제적으로 몸으로 체험하게 하는 내용도 일부 있었다. 교양과목 '환경생태학'의 수강생들은 청소차를 얻어 타고 직접 쓰레기 매립장을 현장 답사한 후, 환경오염의 병폐와 해결방안에 대한 과제를 부여받거나 소비사회와 소비문화의 병폐에 대한 토론의 시간을 갖기도 하고, '인간과 환경'의 수강생들은 교정에 자라는 나무와 한 학기 동안 '대화 나누기'를 과제로 부여받기도 했다.

이들 과제를 통해서 산업주의의 폐해를 자각하게 하고, 자연에 대한 인간의 책무나 자연과의 교감의 중요성을 체험하게도 했지만, 1회성의 과제로는 생태학적 감수성이나 상상력, 자연과의 소통과 교감을 통한 관계복원을 시도하기에 아쉬움이 항상 있었다. 이런 아쉬움을 보완하고자 '북한산 녹색자습'은 미리 선정된 북한산의 탐방로를 따라 거닐면서 자연과 유리된 삶에 대한 성찰과 자연의 가치와 인간의 책무를 학생들 스스로 체득할 수 있도록 하는데 목적을 두었다.

나. 수업진행방법

녹색자습의 효과를 높이기 위해, 강의를 개설하기 전에 먼저 학생들이 완주하는데 적합한 3-4시간 정도가 소요되는 북한산 탐방로를 준비했다. 탐방로는 교내 조형대학 뒤편 능선에서 출발하여 형제봉을 거쳐 정릉쪽 계곡으로 내려갔다가 다시 영불사 쪽으로 오른 후, 공대 뒤편의 북악 매표소 쪽으로 내려오는 8자형 코스였다. 8자형 코스에는 33개소의 지점이 선정되었고, 각 지점에서 접할 수 있는 풍경이나 동식물의 사진과 함께 설명문이 실려 있는 소책자(self-guided booklet)도 미리 준비되었다. 소책자에는 각 지점을 찾아 갈 수 있는 탐방 코스가 표시된 지형도도 수록되었다.

수업진행 방법은 매월 월 2회의 강의실 강의와 발표, 나머지 월 2회의 시간은 각자 북한산 녹색 자습으로 진행되며, 미리 제공한 탐방지도와 '자기 안내서(self-guided booklet)'에 따라 3(9), 4(10), 5(11)월에 각각 1회 이상씩 북한산 탐방로를 다녀온 후, 부여된 과제를 정리하여 제출하는 한편, 조별로 부여된 과제를 발표하는 형식으로 이루어졌다.

과제작성의 경우, 첫 과제는 북한산에서 경험한 가장 아름다운 경관,

동식물, 자연에 대한 것을 임의로 결정하여 사진을 찍고, 선정 이유와 함께 몸으로 탐방로를 거닐면서 직접 체험한 내용을 보고서로 작성하는 것이고, 두 번째 과제는 탐방로 주변의 자연(경관, 동식물 등)에 대한 한 주제의 그림을 스케치하고, 관련된 글을 '자연일기' 형식으로 쓰고 발표하는 일이며, 세 번째 과제는 탐방로를 이용하면서 자연과 나눈 교감의 내용을 작성하는 것으로 구성되었다.

다. 수강생들에 대한 기초정보

2006년부터 지난 4학기 동안 개설된 교양과목 '북한산 녹색자습'을 수강한 학생들에 대한 기초정보는 표 2와 같다. 이들 정보는 매학기 마지막 날에 수강생 전원을 대상으로 실시한 강의에 대한 평가항목의 설문조사로 확보되었다. 설문조사의 항목은 수강신청 이유, 자연체험 정도, 탐방로 및 자기안내서의 이용 및 개선방법, 수강 효과, 강의에 대한 총평 등 모두 25항목으로 구성되어 있다.

(1) 수강생의 계열별, 학년별, 성별 비율

수강생들의 계열별 비율은 인문사회계열(37.9%)과 자연계열(36.1%)이 비슷했다. 특이점은 상대적으로 학생정원이 적은 예체능계(26.5%)가 의외로 많이 수강한 점이다. 학년별 수강생은 2, 3학년(26%)이 다른 학년에 비해 조금 많았지만, 큰 차이가 없었다. 이 과목은 남학생(58.7%)이 여학생(41.3%)보다 더 많이 수강하였다.

[표 2] 수강생의 계열별, 학년별, 성별 비교

(단위 : %)

학기별	계열별			학년별				성별	
	인문사회계	자연계	예체능계	1학년	2학년	3학년	4학년	남학생	여학생
06-1	41.2	39.2	19.6	15.7	11.8	49.0	23.5	60.8	39.2
06-2	34.6	41.0	24.4	29.5	25.6	24.4	20.5	57.7	42.3
07-1	43.0	25.3	31.6	19.5	26.0	23.4	31.1	59.7	40.3
07-2	32.9	38.7	30.4	25.0	40.8	9.1	25.1	56.6	43.4
평균	37.92	36.05	26.50	22.4	26.1	26.5	25.1	58.70	41.30

(2) 수강생의 자연체험 경험

자연체험에 대한 경험정도를 확인하고자 수강생들의 북한산 국립공원과 등산 경험을 조사했다. 수강생들의 절반 이상은 북한산 국립공원을 한 번도 찾지 않은 것으로 나타났다. 이러한 결과는 북한산 국립공원이 학교와 바로 경계를 이루고 있는 지리적 여건을 고려할 때, 의외의 결과였다. 수강생들은 평소 등산 경험은 없거나(28%) 일 년에 한두 번(47%)인 학생들이 주를 이루고 있었다.

(3) 수강 이유

교양과목 '북한산 녹색자습'의 수강 이유는 다양했다. 가장 큰 수강이유로 교과목에 대한 호기심(42%)이었고, 그 다음이 산에 가고 싶어서(23%)였다. 반면 자연과 생태에 대한 공부(9%)나 북한산에 대한 관심(6%)은 상대적으로 적었다.

라. 교육 효과

'북한산 녹색자습'을 통해 얻을 수 있었던 가장 인상적인 경험을 조사한 결과, 교육효과로 기대했던 '자연과 나눈 교감'(37.4%), '자연의 소중함과 자연보호 의식 고취'(28.3%), '자연생태에 대한 지식습득'(10.4%) 등을 이유로 든 수강생이 전체 수강생의 4분의 3이상이었고, 그밖에 '녹색캠퍼스 국민대에 대한 자부심'(9.1%), '체력증진'(8.1%), '수강생과의 친목도모'(4.5%) 등도 인상적인 경험으로 답했다.

수강 전 자연생태의 학습을 수강 이유로 든 학생의 비율이 9%인 것을 감안하면, 76%에 달하는 수강생들이 이 강좌를 통해서 자연과의 교감이나 자연의 소중함을 익히고, 생태에 대한 지식습득을 얻었다고 밝혀서, 이 강좌의 교육효과를 간접적으로 엿볼 수 있었다.

이 강좌 수강을 통해서 가장 좋았던 점은 '북한산에 갈 계기'(39.8%), '자연에 대한 새로운 시각'(39.4%) 등을 들었고, 그 다음으로 '월 2회 녹색자습이 있는 점'(10.7%), '다른 사람의 의견을 들을 수 있었던 점'(8.7%), '기타'(1.4%)로 나타났다.

한편 가장 싫었던 점으로 '과제에 대한 부담'(38.4%), '발표에 대한 부담'(24.5%), '북한산에 가야하는 점'(6.0%), '기타'(7.4%) 등을 들었고, '없다'라고 답한 수강생들도 23.7%에 달했다.

부과된 세 과제 중, 가장 기억에 남는 과제로 '북한산과 교감하기'(37.9%)를 먼저 들었고, 그 다음 순으로, '자연관찰일기'(35.6%)와 '북한산 봄(가을) 맛보기'(26.4%)를 들었다.

자연체험과 관련된 다른 교양과목의 수강의향을 물은 결과, 적극적으로 수강할 의사를 표시한 학생이 65%에 달한 반면, 적극적으로 수강 반대 의사를 표시한 학생은 극소수(1.2%)로 나타났다. 유사한 교양과목의 수강을 추후 고려해 보겠다는 의사를 표시한 학생은 33.7%였다.

'북한산 녹색자습'을 타 학우에게 추천할 의향을 물은 결과, 적극 추천(23.9%), 추천(61.3%), 고려(13.1%), 추천 반대(1.8%)로 나타나 수강생들의 85%가 동료들에게 추천할 의향이 있다고 답했다.

결론적으로 교양강좌에 대한 수강효과를 설문조사로 확인한 결과, 수강생들은 '자연에 대한 인식변화'(92.4%), '북한산 및 국립공원에 대한 가치 재인식'(88.5%), '자연생태에 대한 지식획득'(73.6%)을 얻을 수 있었다고 긍정적으로 답했으며, 부정적인 결과는 무시할 수 있을 만큼 소수에 그쳤다(표 3).

[표 3] 북한산 녹색자습의 교육효과

(단위: %)

	매우 그렇다	그렇다	보통이다	그렇지 않다	매우 그렇지 않다
자연생태에 대한 지식 획득	18.21	55.39	23.16	2.88	0.36
자연에 대한 인식변화의 계기	44.55	47.88	6.88	0.69	0.00
북한산 및 국립공원의 가치 재인식	38.58	49.90	10.23	1.28	0.00

마. 문제점과 개선방안

(1) 탐방로에 대한 문제

북한산 녹색자습은 수업의 절반을 북한산에서 자습 형식으로 진행되는 특성 때문에, 가장 중요한 것은 선정된 탐방로를 따라 걷는 일이라 할 수 있다. 따라서 탐방로를 정확하게 찾아 가는 것이 수업의 성패와 관련이 있다고 할 수 있다.

수강생들은 녹색자습을 위해 북한산을 오를 때, 가장 힘들었던 점으로 '탐방로 찾기'(49.0%)와 '체력'(16.9%)을 들었고, 힘들었던 점이 '없다'(22.7%)거나 탐방로의 '위험'(6.3%)이나 '혼잡'(2.1%)을 들기도 했다. 이와 같은 설문결과는 선정된 탐방로는 지도상의 표기와 달리, 현장에서는 많은 갈래 길로 나누어져 있고, 따라서 처음 북한산을 찾는 학생들의 입장에서 탐방로를 찾는 일이 가장 큰 과업이 될 수도 있음을 의미한다.

이러한 결과는 비록 첫 강의 소개시간에 사진과 동영상으로 탐방로를 안내하는 한편, 제공한 지도의 판독법을 설명하지만, 학생들에게 충분하지 않았음을 의미하는 것이기도 하다. 이러한 결과는 안내지도 이용시에 가장 힘들었거나 불편했던 점으로 '지도를 알아보기 힘들다'(49.8%), '지도를 볼 줄 모른다'(14.4%)라는 조사결과로 확인할 수 있었다. 반면 불편했던 점이 없었다고 답한 수강생도 전체의 26.8%에 달했다.

탐방로를 일주하는데 소요된 시간은 3-4시간(47.2%)이 가장 많았고, 그 다음으로, 4-5시간(18.5%), 3시간 이하(12.5%) 순으로 나타났다. 5시간 이상이 소요된 학생들도 7%에 달했다.

제기된 문제점은 탐방로의 각 지점을 알리는 안내판이나 표식을 임의로 설치할 수 없는 국립공원의 특수성을 고려할지라도 개선책을 찾아야 할 문제라 판단된다. 그 대안의 하나는 수강생들을 직접 인솔하는 방법을 생각할 수 있을 것이다.

(2) 제공된 자기안내서(self-guided booklet)

수강생들에게 제공된 북한산 녹색자습용 자기안내서의 이용에 대한 설문조사도 실시되었다. 이용상 가장 불편한 점에 대한 조사결과, 선정된 지점별로 해설한 장소를 식별하도록 지정해둔 '해설지점 찾기'(40.9%), '탐방로를 거닐면서 현장에서의 사용불편'(14.4%)의 의견과 함께, '불편사항이 없다'(24.2%)는 의견이 다수를 차지한 반면, '사진 부족'(8.9%), '내용부족'(5.0%), '재미부족'(4.7%), '어려운 내용'(2.0%)이라는 소수의 의견도 있었다.

한편 녹색자습에 자기안내서의 활용방법에 대한 조사에서 수강생 다수가 산행전후 과제 수행 등에 참고(43.4%)하거나 산행 중에 자기 안내식 해설을 적극 활용(24.8%)하였으며, 수강생의 약 3분의 1은 포인트 번호만 참고(21.6%)하거나 또는 이용하지 않았다(10.2%)고 답했다.

3. 한국사회의 지속불가능성과 대학의 생태교육

산업주의를 향한 우리 사회의 몰입은 대학의 존립 이유조차도 학문연구보다는 사회에 적합한 질 높은 근로자를 양산하는 것에 맞추어져 있다고 해도 과언이 아니다. 이러한 현실은 교육부가 2008년 5월부터 시행할

'대학정보공시제'를 통해서도 더욱 확연하게 나타나고 있다.

교육부가 '대학정보공시제'를 도입하여 각 대학의 학과(전공)별 취업률을 밝히도록 강제하는 정책에 따라, 각 대학들도 치열한 대학간 경쟁 속에 살아남고자 취업률을 높이기 위한 다양한 지원책과 실용적 방안을 모색하고 있다. 이런 여건에서 자연에 대한 인간의 책무나 또는 환경문제 해결을 위한 '빈부간의 정의'나 '세대간의 정의', 또는 '자연에 대한 정의'를 가르치고 모색하는 일은 관심을 끌지 못할 뿐만 아니라 오히려 백안시되기도 하는 것이 우리의 현실이다. 생태적 책무를 강조하는 교양교육보다는 사회가 당장 필요로 하는 실용학문을 중시하는 대학사회의 이런 움직임은 압축고도성장의 체계 속에 양적 성장을 병행해 왔던 한국대학의 숙명일수밖에 없는 일이지만, 지속가능한 사회를 대비하기 위해서는 극복해야만 할 과제이기도 하다.

1) 한국사회의 지속불가능성과 삶의 질

대학에서의 생태교육은 한국사회의 지속불가능성에 대한 인식에서 접근할 수 있다. 한국사회가 당면하고 있는 지속불가능성은 비관적이지만, 그러한 현실을 자각하고 있는 국민은 많지 않고, 관심도 없는 실정이다.

우리가 회피할 수 없는 한국사회의 여건은 좁은 국토에 과밀한 인구(인구밀도 세계 3위)가 몰려 사는 지정학적 환경이다. 우리 사회는 세계 경제규모 13위라는 위상에 걸맞게 원유수입량 세계 5위, 석유소비량 세계 7위, 이산화탄소 배출량 세계9위, 1인당 온실가스 배출량 9.2t(지속가능한 발전기준량의 3배)과, 30%에도 못 미치는 식량자급률로 유지되고 있다.

우리 사회가 직면하고 있는 심각한 생태위기의 실상을 적나라하게 보여주는 사례는 다음의 기사를 통해서도 알 수 있다. "한국인처럼 먹고, 에너지를 소비하고, 쓰레기를 버린다면 지구가 2개라도 감당할 수 없다는 계산이 나왔다. (중략)지구가 감당할 수 있는 생태발자국 수준은 1.8ha로 한국인처럼 생활하면 2.25개의 지구가 있어야 한다는 뜻이다."

우리 사회의 지속불가능한 위상은 우리가 감당할 수 있는 양보다 2.3배나 더 많은 생태발자국 지수로 얻어진 것이며, 따라서 지구 생태적 관점에서 만성적 적자 상태임을 나타내고 있다. 이런 만성적 적자 상태는 국제 경제포럼이 발표한 142개국 중 최하위권인 122위의 환경지속성으로 더욱 확연해 진다.

우리 사회는 에너지다소비 경제구조로 일군 물질적 풍요 덕분에 식량자급, 에너지 수급의 지속불가능성에 대한 경감심 마저 애써 외면하고 있다. 오늘날 우리들이 누리는 이와 같은 물질적 풍요는 우리 사회가 최고의 소비사회에 진입했음을 말해 주는 또 다른 지표이며, 이런 현실은 우리들의 삶이 생태적으로 전환하는 것이 지난한 형편임을 말해준다.

그러나 더 심각한 문제는 대학에서조차 지속불가능한 우리 사회의 위상을 정확하게 교육하거나 또는 그 상황을 타개하기 위한 구체적 논의나 대안 모색이 많지 않은 현실이다.

한국사회의 지속불가능성은 우리 삶의 질에도 영향을 끼치고 있다. 세계 최고의 자살률, 세계 최저의 출생률, 세계 3위의 이혼률, OECD 국가중 노동시간 1위, 1인당 민간 교육비 지출 1위 등을 나타내는 우리 사회의 불명예스러운 지표는 우리 삶의 실제적 수준이 낙관적이지 못하다는 사실을 냉엄하게 보여준다.

이 땅의 우리들은 지난 30여 년 동안의 압축고도 성장으로 물질적 풍요와 정보혁명의 결실을 누리고 있는 것과는 별개로 최고의 자살률과 이혼율, 최하위권의 삶의 질과 환경지속성의 나락 속에 헤매고 있는 셈이다. 이런 현실을 감안하면, 대학에서의 생태교육은 생명 생태 환경을 중시하는 생태지향적인 삶을 전파하는 장으로 활용되어야 할 것이다.

2) 인문생태학적 접근을 통한 생태교육

가. 생태맹과 생태맹 극복방안

흔히 인류의 미래는 환경문제의 해결 여부에 달려 있다고 한다. 인류의 지속가능한 존립은 전 지구적 당면과제로 대두된 환경문제를 옳게 해결할 수 있을 때만이 가능하기 때문에 이런 말이 회자되고 있는 것이다. 그래서 앞으로의 미래는 환경보전을 중심가치관으로 인식하는 환경의 세기가 될 것이라고 한다. 환경의 세기는 지구 가족에게 새로운 소양을 요구한다. 그것은 자연과의 공존을 위한 생태학적 소양이다.

인류는 3개의 거대한 혁명적 변혁기를 넘어왔다. 농업혁명과 산업혁명 그리고 과학기술혁명이 그것이다. 오늘날 우리가 넘고 있는 과학기술(정보)혁명은 컴퓨터를 비롯한 정보통신 기기를 익히게끔 강제하고 있다. 정보혁명이 지배하는 사회는 컴퓨터를 자유자재로 사용할 수 있는 사람을 요구하고, 그런 능력이 없는 사람을 흔히 컴맹이라고도 일컫고 있다.

과학기술혁명이 컴맹의 극복을 요구하는 것처럼 산업혁명도 문맹(文盲)의 극복을 요구했다. 산업혁명이 본격적으로 개화되기 이전에 문자는 귀족이나 성직자들은 위한 문화적 도구였다. 그러나 인쇄술의 발달과 산업혁명으로 문자는 더 이상 소수 특권층만의 점유물이 될 수 없었다. 근대과학으로 발달된 새로운 지식은 인쇄술에 힘입어 유럽제국으로 확산되었고 그에 발맞추어 산업혁명의 물결도 여러 나라로 전파되었다. 특히 산업혁명은 활자로 인쇄된 정보를 읽어낼 수 있는 노동력이 필요했다. 그 결과 문맹퇴치를 위한 대량교육이 시작되었음은 물론이다.

산업혁명으로 도래된 새로운 산업사회는 문맹을 몰아냈다. 과학기술혁명으로 형성된 정보화 사회는 컴맹을 몰아내고 있다. 같은 이치로 환경의 세기에는 생태적 소양이 결여된 생태맹(生態盲)을 몰아낼 것으로 상상할 수 있다.

생태맹(ecological illiteracy)은 생태학적 지식의 결여나 자연 해독능력의 결여란 의미와 함께 천부적으로 물러 받은 자연과 교감할 수 있는 우리의 정신적 능력이나 또는 자연과 우리 자신이 조화롭게 어울릴 수 있는 감성의 결핍을 뜻하기도 한다.

도시화와 산업화의 진전에 따라 인간과 자연 사이의 거리는 점점 멀어질 수밖에 없고, 그 결과 자연은 인간에게 무관한 존재처럼 여겨지게 되었다. 그래서 우리 내부에 천부적으로 지니고 있던 생명현상에 대한 호기심, 경외감, 생명체나 생명현상으로부터 인간과 자연간의 유연성을 직관적으로 느낄 수 있는 감성적 능력을 잃게 되었다. 생태맹은 이처럼 자연과 인간 사이의 물리적 거리가 멀어지면서 우리의 사고와 의식으로부터 자연이 사라지는 현상이라고 할 수 있다.

생태맹이란 용어를 적극적으로 사용하기 시작한 David Orr은 우리가 살고 있는 세계에 대한 신비함, 오묘함, 풍성함을 느끼지 못하는 상태나 자연이 지닌 아름다움을 감상할 능력이 결여된 상태를 생태맹으로 정의하고 있다.

생태맹을 극복하는 길은 생물이건 무생물이건 이 세계를 구성하는 구성원들이 서로 연결되어 있으며 이들이 서로 조화롭게 작동하는 원리를 이해하고 이를 바탕으로 그 원리에 맞게 우리 스스로의 행동을 조절할 수 있는 능력을 갖추는 일이라고 할 수 있다. 다시 말하면, 우리 주변의 동물과 식물은 물론이고 토양과 강과 바위와 산과 같은 자연환경 요소와의 빈번한 접촉을 통해서 잃어버린 자연과의 영적 교감을 회복하고 공생을 모색하는 일이 바로 생태맹을 극복하는 길인 셈이다.

나. 인문생태학적 접근을 통한 생태교육

문화가 삶의 양태라고 할 때, 녹색문화는 생태주의적 삶을 지향하는 문화라고 정의할 수 있다. 생태주의적 삶은 생태계 파괴를 멈추고 '정의롭고 지속가능한 사회'를 구성하기 위해 자원절약, 자원순환, 저소비를 추구하는 삶이라고 정의할 수 있으며, 이런 것을 향유하거나 지향하는 사유를 녹색사유라 할 것이며, 이런 삶의 양태를 녹색문화라고 설명할 수 있을 것이다.

따라서 녹색문화의 특성은 생태적 감성과 영성의 고양, 양적이며 물질적 풍요보다는 질적이며 정신적 풍요를 추구하는 삶이라고 할 수 있다. 다시 말하면, 생태주의를 대변하는 녹색문화는 지구의 자원은 유한하며, 그런 조건은 순환의 질서에 따라 절제하는 삶의 양태이며, 녹색사유란 인간과 자연의 유기적 연대를 추구하는 한편, 자연 속에서 자연과 더불어 사는 것을 인식하는 행위라 할 수 있다.

생태위기의 시대에 대학에서의 생태교육은 우리 자신이 자연의 일부라는 자각을 갖게 하는 활동, 또 지구상의 모든 생명체들이 '나름의 독특한 자질을 가지고 고유의 방법으로 생명체의 총체적 존속에 기여하고, 진화와 연속성에 이바지하기 때문에 인간이거나 인간이 아니거나 모든 생명체는 특정한 자격과 상관없이 고유한 가치를 지닌다는 생각'을 확산시키는 활동에 중점을 두어야 할 것이다. 결국 생태교육에 대한 인문생태학적 접근은 생태학적 감수성에 바탕을 두어야 한다는 것을 의미한다.

생태학적 감수성이란 모든 생명체에 대한 심오한 공경의 마음, 자연의 아름다움, 생명의 그물망에 대한 경이로움, 풍요로움, 너그러움을 느낄 수 있는 감성이라고 정의할 수 있다. 생태학적 감수성은 지구상에 존재하는 삼라만상이 제각각 절대적 자율성과 독립성을 가지며 동시에 서로 뗄 수 없이 연결되어 있다는 인식을 뜻한다.

자연과 유리된 삶을 영위하는 현대인들에게 생태학적 상상력과 감수성을 회복시킬 수 있는 가장 적합한 공간의 하나로 숲이 거론되고 있다. 그 까닭은 숲이 지상에서 가장 복잡한 생태계로서 다양한 생명체가 복합적으로 어울려 사는 특성을 지니고 있기 때문이다. David Orr은 숲을 자연생태에 대한 연결고리를 확장할 수 있는 교육수단이며, 자연에 대한 인간의 책무를 실습과 학습으로 익힐 수 있는 교실이자 교과서라고 주장하고 있다. 따라서 북한산의 숲과 자연을 활용하는 북한산 녹색자습은 인문생태학적 접근을 통한 생태교육의 조심스러운 시도라 할 수 있을 것이다.

4. 맺음말

지난 20여 년 동안 국민대학교에서 생태관련 교육을 담당했던 인연으로 계명대학교 한국학연구원의 학술대회를 통해서 대학 생태교육의 전개과정을 살펴보았다. 특히 생태맹 극복의 한 방안으로 실시 중인 '북한산 녹색자습'을 인문생태학적 생태교육의 한 방안으로 소개하고, 교육효과와 문제점을 함께 논의해볼 수 있는 계기를 가진 것은 필자에게 행운이라고 생각한다.

이런 행운과는 별개로, 필자에게 부과된 논제를 준비하면서, 대학생태교육의 열악한 현실, 생태교육의 방향이나 전개 및 확산을 위한 대학사회의 본격적 논의가 없는 현실을 다시 한 번 확인하면서, 무거운 책무를 느꼈다. 또 지속가능한 사회를 구축하기 위한 우리의 준비가 얼마나 부실한 상태인지도 확인할 수 있었다. 이번 발표의 시론적 연구가 대학에서의 생태교육의 양적 확대와 질적 개선을 위한 토론의 밑거름이 되었으면 하는 바람이며, 이 분야의 비전문가로서 논지전개와 접근 방법에 미숙한 점이 있었다면 많은 질정을 구하는 바이다.

참고문헌

경향신문 2008년 1월 24일.

국민대학교. 2008. 『2008 국민대학교 요람』. 국민대학교.

국민일보 2006년 8월 18일.

김명자. 1991. 『동서양의 과학전통과 환경운동』. 동아출판.

김영무. 1998. 「생태맹 극복의 길, 참인간이 되는 길」. 『숲과 자연교육』. 숲과 문화총서6. 9-13쪽. 수문출판사.

동아일보 2003년 12월 10일.

매일경제 2008년 4월 24일.

문화일보 2008년 2월 21일.

박이문. 1996. 『문명의 위기와 문화의 전환』. 민음사.

박이문 외. 1998. 『녹색한국의 구상』. 숲과 나무.

박이문. 2001. 『더불어 사는 인간과 자연』. 미다스북스.

서울신문 2008년 4월 9일.

이선경. 1998. 「생태학적 감수성과 상상력을 길러주는 미국의 자연교육」. 『숲과 자연교육』. 숲과 문화총서6. 171-187쪽. 수문출판사.

전영우. 2004. 「녹색문화의 전개와 확산방향. 녹색문화 확산을 위한 과제와 전망 심포지엄」. 한국녹색문화재단.

탁광일. 1998. 『숲과 자연교육』. 수문출판사.

_____. 1998. 「생태맹과 이를 극복하기 위한 접근방법」. 『숲과 자연교육』. 숲과 문화총서6. 14-21쪽. 수문출판사.

한국대학신문 2008년 4월 25일.

Orr, David W. 1992. Ecological Literacy, Education and the Transition to a Postmodern Words. State Univ. of New York Press.

시민사회와 생태주의 교육

- 생태적 복지사회를 향하여 -

홍 성 태 (상지대학교 문화콘텐츠학과)

철학적으로 고찰했을 때, 우주는 자연과 영혼으로 이루어져 있다.

- 에머슨(1836), '자연'

세상에 태어난다는 사실은 대단한 사건 중에서도 대단한 경사입니다.

- 장일순(1988), '삶의 도량에서'

1. 머리말

우리는 생태계 속의 한 존재이다. 따라서 생태계가 건강해야 우리도 건강하게 살 수 있다. 그러나 오늘날 우리는 심각한 생태위기의 시대를 살고 있다. 생태위기는 '생태계의 위기'로서 그것은 생태계의 안정성이 훼손되어 커다란 불안정 상태에 처한 것을 뜻한다. 생태위기가 계속 악화되면 결국 인간을 포함해서 이 세상의 모든 생명이 멸종될 수도 있다. 생명의 별 지구가 죽음의 별 지구로 급전할 수도 있는 것이다.[1]

생태위기는 여러 현상을 통해 확인된다. 지구 전체의 차원[2]에서 가장 심각한 것은 '지구온난화'이다.[3] 우리가 화석연료를 너무 많이 사용해서 지구의 성층권[4]에 이산화탄소 등의 기체들이 쌓이게 되었고, 그 결과 햇빛의 열을 우주로 제대로 방출하지 못해서 지구가 마치 온실처럼 더워지고 있는 것이다.[5] 이 때문에 지구의 기후가 바뀌고, 빙하와 빙산이 녹고 있고, 가뭄과 홍수가 심해지고 있다. 지구가 생태적으로 극히 불안정해지고 있는 것이다. '광우병'도 생태위기를 보여주는 좋은 예이다. 소에게 소를 비롯한 동물성 단백질을 먹여서 생긴 병이 바로 '광우병'이다. '광

1) 생태위기에서 무엇보다 중요한 것은 이것이 인간이 초래한 위기라는 사실이다. 따라서 생태위기를 완화하거나 해소하기 위해서는 인간이 자신의 생활방식을 바꿔야 한다. 오염과 고갈과 파괴를 댓가로 풍요를 누리는 현재의 생활방식을 고수하는 한, 생태위기는 머지 않아 생태공황으로 이어질 것이며, 인간의 생존위기로서 생태위기는 파국에 이를 것이다. 홍성태. 2007ㄱ. 『개발주의를 비판한다』. 당대.

2) 생태위기는 국지적 차원, 지역적 차원, 국가적 차원, 지구적 차원 등으로 나누어 살펴볼 수 있다. 삼성중공업 기름유출사고는 태안 지역에서 심각한 생태위기를 초래했고, 공업문명은 결국 지구 전체 차원에서 심각한 생태위기를 초래했다.

3) 米本平昌. 박혜숙·박종관 옮김. 1994. 『지구환경문제란 무엇인가』. 또님; Think the Earth Project. 김은하 옮김. 2006. 『지구온난화 충격리포트』. 미디어윌.

4) 지구의 대기권은 지상 1000km에까지 이르고 있으며, 그 중에서 성층권은 지상 50km 구간에 형성되어 있다. 이곳에 있는 오존층이 자외선과 우주선을 차단하고 있어서 지구에서 생명이 번성할 수 있다. '프레온 가스'라는 상품명으로 잘 알려진 CFC라는 물질이 이 성층권 오존층을 파괴하는 '오존층 파괴' 문제는 지구 온난화와 함께 지구적 환경문제의 대표적 예이다.

5) 지난 100년 간 지구의 평균기온은 섭씨 0.6도 상승했다. 과학자들은 2020년대에 1도 상승할 것으로 예측하고 있으며, 6도 상승하게 되면 금성과 같은 죽음의 별이 될 것으로 본다.

우병'에 걸린 소를 인간이 먹으면 인간도 '광우병'에 걸려서 '뇌 송송 구멍 팍' 뚫린 상태로 비참하게 죽어야 한다.[6] '지구온난화'와 마찬가지로 자연의 질서와 한계를 거슬러서 인간의 욕망을 추구한 결과로 발생한 생태위기의 한 현상이 바로 '광우병'인 것이다.

공업문명은 두가지 점에서 지속될 수 없다. 먼저 공업문명은 엄청난 자원을 필요로 한다. 그러나 그 자원은 유한하다. 공업문명의 성장과 함께 자원은 더욱 더 빠른 속도로 고갈되며, 따라서 공업문명도 종점을 향해 더욱 더 빠른 속도로 치달리게 된다. 또한 공업문명은 '지구온난화'나 '광우병'과 같은 오염문제를 일으켜서 생태계의 안정성을 크게 훼손한다. 이런 식으로 공업문명은 자신의 기반을 스스로 파괴하는 것이다. 그러나 공업문명의 돌연한 몰락은 바로 인류의 돌연한 몰락을 뜻한다. 오늘날 인류는 공업문명 속에서 살아가고 있기 때문이다. 따라서 우리는 공업문명의 성과를 최대한 활용해서 공업문명의 점진적 쇠퇴와 생태적 이행을 추구해야 한다. 이것은 생태위기의 현실 속에서 인류에게 부여된 가장 근원적인 인류의 과제이다. 이 인류의 과제를 올바로 달성하기 못한다면, 인류는 머지않아 멸종의 위기에 처하고 말 것이다.[7]

생태위기에서 벗어나기 위해 다양한 주체들이 다양한 노력을 펼쳐야 하는 것은 다시 말할 필요가 없다. 그 중에서도 시민사회의 책임은 두드러진다고 할 수 있다. 시민사회는 시민의 삶에 막대한 영향을 미치는 국

6) 이런 점에서 광우병 위험이 큰 미국산 쇠고기의 전면수입을 전격적으로 결정한 이명박 정부의 잘못은 너무도 크다. 이에 대해 국민들은 촛불시위로 맞섰으나 이명박 정부는 이마저 강력히 진압하는 잘못을 또 다시 저질렀다. 홍성태 엮음. 2009. 『촛불집회와 한국사회』. 문화과학사.

7) Meadows, Dennies et al. 김승한 역. 1972. 『인류의 위기』. 삼성문화문고. 139-140쪽.

가와 시장을 개혁해서 좋은 사회를 만들기 위한 시민들의 자구노력이 펼쳐지는 사회영역을 뜻하기 때문이다. 일반적으로 시민들은 시민단체를 결성해서 국가와 시장의 개혁을 추구한다. 따라서 시민단체는 대체로 이런 개혁활동으로 표상된다. 그러나 그 바탕에서는 시민들에 대한 다양한 교육활동이 펼쳐지고 있다. 자각한 시민의 자발적 참여야말로 시민사회의 동력이며, 시민사회의 교육활동은 이러한 동력을 확보하기 위한 노력이다. 이제 이 글에서는 생태적 복지사회의 전망을 중심으로 시민사회의 생태주의 교육에 대해 살펴보도록 한다.

2. 생태주의의 발전

언제부터인가 우리는 '생태'라는 말을 흔히 쓰게 되었다. '생태'(生態)라는 한자어를 우리말로 풀어 보자면, '삶의 모습' 또는 '살아 있는 것의 모습'이 된다. 요컨대 이 말은 생명체가 살아가는 방식을 뜻하는 것이다. 그런데 사실 이 말은 '에콜로지'(ecology)라는 서양어에서 비롯되었다. 에콜로지는 eco+logy의 합성어로서 eco는 '집'을 뜻하고 logy는 '학'을 뜻한다. 에콜로지는 '집에 관한 학문'인 것이다. 그런데 eco가 뜻하는 '집'은 가정을 넘어선 자연 또는 지구이기도 하다. 그러므로 에콜로지는 '자연학' 또는 '지구학'이라고 할 수 있다.[8]

---

8) eco는 '경제'를 뜻하는 '에코노미'(economy)의 어간이기도 하다. 에코노미는 원래 '집 또는 자연을 이용하는 것'을 뜻한다. 자연을 다스리는 것의 핵심은 자연을 아끼는 것이다. 여기서 에코노미는 '절약'이라는 뜻도 가지게 되었다. 이런 점에서 사실 '경제'는 에코노미보다 훨씬 심각한 뜻을 지니고 있다. 이 사실은 주목

오늘날 에콜로지는 '생태학'으로 번역되고 있다. 하나의 학문분야로서 생태학은 본래 1866년에 독일의 에른스트 헤켈이라는 생물학자에 의해 생물학의 하위분야로 창설되었다. 그는 생명체를 이해하기 위해서는 생명체가 살아가는 모습 자체에 주목해야 한다고 생각했다. 이로써 그는 생명체와 그 환경을 통합적으로 파악하는 길을 열었다.[9] 생명체는 그 환경에서 독립해서 존재하지 않는다. 생명체는 그 환경과 서로 영향을 주고 받으면서 함께 변화한다. 이것을 '공진화'라고 부른다. 이러한 발견은 1935년에 영국의 식물학자인 아서 탠슬리가 '생태계'(eco-system)라는 용

할 가치가 있다. "서양 학문을 먼저 받아들인 일본인들은 '이코노미'(Economy)를 '경제'로 번역했다. 중국 수나라 때 왕통이 편찬한 책으로 알려진 『문중자』(文中子)에 나오는 단어다. '세상을 다스리고 백성을 구제한다'는 뜻의 '경세제민'(經世濟民)을 줄인 것이다. 이코노미는 애초 '가정'(oikos)과 '다스린다'(nem~)는 뜻이 합쳐진 것이고, 이를 다루는 학문은 '가정관리학'에 더 가까웠다. 그래서 근대의 지성들은 나라의 살림살이를 고민한 '정치경제학'자였지, '경제학'자가 아니었다. 자유주의 경제사상의 영향을 많이 받은 오늘날 주류 경제학은 '경세제민'에는 관심이 없다. 무엇이 옳고 그른지는 따지지 않고, 경제의 운동 법칙만을 탐구한다. '효율'을 모든 가치에 우선하는 시장지상주의자들은 '시장의 결정이 곧 정의'라고 말하기도 한다. 불공정한 세상살이에 대해 '어쩌냐? 그게 시장논리인데 …'라고 넘어간다. 환자의 멀쩡한 손가락을 잘못 자른 군의관이 '어쩌냐? 여긴 군대인데 …'라고 했다는 슬픈 우스갯소리를 떠올리게 한다." 정남구. '경세제민'. <한겨레신문>. 2007년 7월 5일.

9) 헤켈은 다윈의 『종의 기원』(1859년)에 크게 영향을 받고 진화론을 독일에 퍼트린 다윈주의자였다. 그런데 그는 생물학을 사회이론으로 확대했고, 진화론을 인종주의와 결합시켰다. 뒤에 히틀러는 헤켈을 이용해서 나치즘을 정당화했다. 생태학의 역사는 과학이 다양한, 때로는 극단적 '해석'의 가능성을 안고 있다는 사실을 증명한다. 이른바 기독교의 '창조론'에서는 이러한 생태학의 역사를 비판하며 '창조론'을 옹호한다. 그러나 이것은 종교로 과학을 폐기하려는 잘못이다. '창조론'은 과학이 아니라 그저 종교일 뿐이다. 일찍이 린위탕이 비판했듯이 "종교는 모름지기 정신적인 영역에만 머물러 있어야 될 것이다" 林語堂. 1940. 안동민 옮김. 1968. 『생활의 발견』. 문예출판사. 281쪽(이 책의 원제는 The Importance of Living 즉 '삶의 중요성'이다.). 종교가 과학을 폐기하려는 황당한 행태 자체가 종교의 위험성을 증명한다.

어를 고안하면서 널리 확산될 수 있었다. 이 세상은 생명체와 비생명체가 어우러진 생태계이며, 생태학은 이러한 생태계를 연구하는 학문이다. 생태학은 이 세상의 실체를 보여주는 과학이다. 따라서 우리는 생태학에 따라 이 세상을 이해해야 하며, 우리의 존재방식을 개혁해야 한다.[10]

생태학의 발전은 생태주의의 발전으로 이어졌다. 생태주의(ecologism)는 생태학에 기초한 이론적 관점이자 실천적 원리이다. 생태주의의 발전은 1960년대 초 서구에서 시작되었다. 여기에는 생태위기라는 현실의 심각한 문제가 커다란 영향을 미쳤다. 사실 서구에서는 공업화와 함께 이미 19세기 초부터 여러 환경문제들이 나타나기 시작했다. 이러한 환경문제들은 해결되지 않고 계속 악화되었으며, 그렇게 한 세기 정도의 시간이 지나자 결국 생태위기에 이르고 말았다.[11] 많은 곳에서 자연이 쉽사리 회생될 수 없거나 영원히 회생될 수 없는 상태가 되고 말았다. 그 결과 인간을 포함한 모든 생명체가 심각한 생존의 위기에 처하게 되었다. 미국의 생물학자였던 레이첼 카슨이 1962년에 발표한 『고요한 봄』이라는 책

---

10) 물론 여기서 생태학은 헤켈 식의 특정 인종/민족의 순수주의와 우월주의를 주장하는 것이 아니라 만물의 연관과 순환을 강조하는 북친 식의 생태학이어야 할 것이다. 캐나다의 머레이 북친은 생태계에서 나타나는 만물의 연관과 순환을 사회에서도 구현해야 한다는 '사회생태주의'를 주창했다. Bookchin. Murray. 1990. *Remaking Society - Pathways to a Green Future.* South End Press.

11) 환경문제와 생태위기의 개념적 차이는 우선 환경과 생태계의 개념적 차이라고 할 수 있다. 환경(environment)은 인간을 중심에 두고 자연을 파악하는 개념이며, 이에 비해 생태계는 인간을 그 구성요소의 하나로 파악하는 개념이다. 환경문제는 인간을 제외한 자연의 문제라는 관점에 입각해 있지만, 생태위기는 인간을 포함한 자연의 문제라는 관점에 입각해 있다. 여기서 나아가 환경문제는 공업화에 따른 자연의 파괴를 국부적이고 일시적인 관점에서 파악하는 것이지만, 생태위기는 전체적이고 지속적인 관점에서 파악하는 것이다. 역사적으로 보자면, 환경문제에서 생태위기로 악화되었다고 할 수 있다.

은 이러한 문제를 널리 알리는 데서 획기적 성과를 거두었다.[12] 이러한 『고요한 봄』의 영향으로 생태학에 의거해서 세상을 이해하고 개혁하고자 하는 생태주의의 발전이 본격적으로 이루어지기 시작했다.

생태주의의 발전은 다시 정책의 변화로 이어졌다. 예컨대 1970년에 미국에서는 대통령 산하기구로 '환경보호청'(EPA)이 설립되었고, 같은 해 일본에서는 이른바 '공해국회'가 열려서 환경법을 제정했다. 그리고 1972년에는 스웨덴의 스톡홀름에서 '유엔 인간환경회의'가 열렸으며, 그 뒤 이 회의는 10년마다 개최지를 바꿔서 계속 열리고 있고, 1992년의 '리우회의'에서는 '지속가능발전'이 모든 나라의 정책목표로 확립되었다. 1960년대 말부터 서구에서는 이렇게 정책의 변화가 계속 이루어지는 것과 함께 생태주의를 둘러싸고 여러 연구자들과 운동가들 사이에서 치열한 논쟁이 계속 이루어졌다. 1990년대를 지나면서 그것은 크게 다음과 같은 세가지 유형으로 분화되었다.[13] 따라서 우리는 이 세가지 유형에 의거해서 현대의 생태주의를 이해하고, 올바른 생태적 전환의 과제를 추

---

12) 이 책은 2차대전 뒤에 살충제로 널리 사용되었던 DDT의 문제를 세밀히 다루었다. 살충제는 사실 '살생제'이고, DDT는 모든 곤충을 죽인다. 그 결과 봄이 되어도 꽃을 찾아 소란을 피우는 곤충들을 볼 수 없는 '고요한 봄'이 된다. 그러나 곤충은 빠르게 면역품종을 낳는다. 그 결과 자연만 크게 오염되고 만다. Carson, Rachel. 1962. 이길상 역. 1990. 『침묵의 봄』. 탐구당. 18-19쪽. 이 책은 미국인들을 공업문명의 미몽에서 계몽시켰다. 당시 미국의 대통령이었던 존 F. 케네디도 의회연설에서 이 책을 언급하며 대책을 약속할 정도였다. 사실 "많은 종류의 곤충이 DDT에 내성(耐性)이 있는 새끼들을 재빨리 번식시킨다. DDT는 안정한 화합물로 곤충에 축적되어 이 곤충을 먹고 사는 동물, 특히 새나 물고기에 독성이 나타난다. 이러한 2가지 단점 때문에 1960년대에 이르러 살충제로서 DDT의 가치는 감소했고, 미국에서는 1972년에 사용을 제한했다"(다음 백과사전, 'DDT'). 오늘날 DDT는 환경호르몬 물질로서 널리 알려져 있기도 하다.

13) 홍성태. 1998. '생태위기와 생태론적 전망 - 새로운 생태사회를 향한 전망'. 『문화과학』 16. 84-85쪽.

구할 수 있을 것이다. 또한 이 세가지 유형은 단지 서구의 생태주의를 분석한 결과가 아니라 한국의 생태주의를 분석하기 위한 기초이기도 하다.

[표 1] 서구 생태주의의 세 유형

① 반동적 생태주의: '구명선 윤리'론, '인구폭탄'론 흔히 신맬더스주의로 지칭되는 초기 생태주의의 한 유형. 한계의 문제를 지적하는 점에서는 옳았지만, 그에 대한 대안은 제국주의 중산층의 이해관계를 대변하는 것이라고 할 수 있음. 절대적인 인구의 증가를 억제할 필요성을 절대시하는 반면에, 자원분배의 불평등을 완화할 필요성은 지나치게 폄하함. 따라서 공업생산력과 현대의 거대 사회체계 자체는 부정되지 않음.
② 개혁적 생태주의: 생태복지주의, 생태사회주의, 생태맑스주의 이들은 자본주의 자체의 지양을 주장하는가(생태사회주의, 생태맑스주의), 그렇지 않은가(환경케인즈주의)의 차이는 있지만, 공업생산력과 현대의 거대 사회체계 자체를 부정하는 것이 아니라 그것을 '수선'하려고 한다는 점에서 같은 '개혁적' 생태주의로 구분될 수 있음. 그러나 생태주의의 관점에서 보았을 때, 자본주의와 사회주의의 차이보다는 공업생산력에 기반한 거대 사회체계라는 동형성을 우선시해야 함.
③ 근본적 생태주의: 심층생태주의, 사회생태주의, 생태여성주의 이들은 공업생산력과 현대의 거대 사회체계 자체의 지양을 주장. 심층생태주의는 세상 만물의 상호연관과 개인의 깊이있는 자각을 강조하며 신비주의적 경향을 보이기도 함. 사회생태주의는 심층생태주의의 신비주의적 경향에 대해 극히 비판적이며, 조화로운 자연관에 기초하여 위계없는 공동체의 건설을 주장함. 생태페미니즘은 역사적으로 형성된 남녀의 위계구조가 자연의 지배에 대해 미친 영향을 강조하며, 이 점에서 사회생태주의에 대한 중요한 비판으로 인정됨.

3. 생태주의 교육의 전개

한국에서는 1970년대 초부터 '공해' 개념을 중심으로 생태주의가 형성되기 시작했다. 이에 관한 최초의 논문은 농업경제학자였던 유인호가 박정희의 성장주의를 'GNP교'로 비판한 것이었다.[14] 그 뒤 이 논문에서 지적한 문제는 더욱 더 악화되었으나, 이 논문은 시나브로 잊혀진 상태가 되고 말았다.[15] 그렇지만 환경문제가 계속 악화되면서 1980년대 초부터 이에 대한 사회운동의 대응이 시작되었고, 1980년대 말에는 마침내 '한살림 선언'을 통해 생태주의가 본격적으로 주창되었다.[16] 그리고 1990년대 초에 서구 생태주의에 관한 연구서가 발간되었고,[17] 이어서 환경운동연합 등이 창립되면서 생태주의의 심화가 이루어지게 되었다.[18]

---

14) 유인호, 1973. '경제성장과 환경파괴'. 『창작과 비평』 8(3); 홍성태. 2005. '한국의 근대화와 생태주의'. 『시민과 세계』 8.

15) 이것은 '학문의 식민성'을 보여주는 또 하나의 예라고 해야 할 것이다. 환경문제를 연구하는 사회과학자들조차 우리의 현실을 잘 설명하지 못하는 서구의 연구는 시시콜콜히 살피면서 정작 우리의 현실을 잘 설명하는 우리의 연구는 그렇게 하지 않고 있다. 이러한 '식민성'의 연원은 대단히 깊다. 400년 전에 장유는 "중국의 학술은 갈래가 많아서 정학과 선학, 단학이 있으며, 정·주를 배우는 자가 있고, 육씨를 배우는 자도 있어서 문로가 하나만이 아니다. 그런데 우리나라는 유식·무식을 논할 것 없이 책을 끼고 글을 읽는 자라면 모두 정·주의 학문을 욀 뿐이고 딴 학문이 있다는 것은 듣지 못한다"고 통탄했다(장유. 1635. 김철희 역. 1974. 『계곡만필』. 을유문고. 71쪽). 역시 400년 전에 김시양도 "우리나라 사람은 비록 박습하고 통달하고 뚫어질 듯 관통하고 있는 사가라고 이름이 있는 자도, 일찍이 동국의 역사를 읽지 않는다. 그러므로 겨우 수십년을 경과하여 귀로 들을 수 없고 눈으로 볼 수 없게 되면 어질고 어리석고 사악하고 바른 것을 거의 알지 못한다"고 통탄했다(김시양. 1612. 남만성 역. 1981. 『부계기운』. 삼성문화문고. 227쪽). 다시 현대의 김진균은 "학문의 연원을 외국에서 찾는 버릇부터 고쳐보자. 연구논문에 외국의 사례만 준거로 드는 일이 사라지도록, 우리의 연구실적을 쌓아서 거기서 주를 달아나갈 수 있도록 해보자. 그리고 우리 이야기를 바깥 세상에 우리 목소리로 전하도록 해보자"(김진균. 1990. '우리 학문의 발전에 대하여', 김진균. 1997. 『한국의 사회현실과 학문의 과제』. 문화과학사. 143쪽)고 제안했다. 그러나 이러한 김진균의 제안은 여전히 사실상 공허한 메아리로 남아 있다.

16) 한살림모임. 1989. '한살림 선언'. 한살림모임. 1990. 『한살림』.

17) 문순홍. 1992. 『생태위기와 녹색의 대안』. 나라사랑.

생태학은 이 세상의 구성과 작동에 관해 설명하는 과학이므로 생태학에서 이 세상의 변화를 위한 윤리가 직접 도출되는 것은 아니다. 우리는 생태학과 생태주의의 차이를 올바로 이해할 필요가 있다. 생태주의는 생태학에 입각한 이론적 관점이자 실천적 태도이다. 따라서 생태학과 생태주의 사이에는 커다란 간극이 있을 수 있다. 많은 사람들이 생태주의라는 말을 들으면 보통 '심층생태주의'를 떠올린다. 사실 심층생태주의는 생태주의를 가장 강력히 주창하는 흐름이라고 할 수 있다. 그러나 바로 그 때문에 가장 현실성이 약한 생태주의라고 할 수 있다. 이 세상 모든 것의 동등성을 주장하기 때문이다. 한국의 경우는 예컨대 생명사상의 형태로 심층생태주의가 확산된 위에서 실제로는 개혁적 생태주의가 널리 추구되고 있다. 그리고 그 내용은 대체로 생태복지주의와 생태사회주의 사이에 놓여 있다.

이렇듯 생태주의는 일률적이지 않으며, 따라서 생태주의 교육도 일률적일 수 없다. 그런데 우리가 무엇보다 먼저 올바로 이해해야 하는 것은 생태주의 교육의 의미이다. 생태주의 교육은 생태주의의 사상이나 이론을 가르치는 것에 그치지 않는다. 그것은 생태위기의 실상을 이해하고 생태사회의 전망을 추구하게 하는 교육이다. 그리고 교육은 사실 주체를 육성하는 활동이다. 따라서 생태주의 교육은 생태주의를 추구하는 주체를 육성해서 이 사회의 생태적 전환을 이루고자 하는 중요한 실천에 해당한다. 생태주의 교육을 무시하고 생태적 전환을 이루는 것은 불가능하다. 어떤 변혁과 이행도 자각한 주체의 적극적 실천이 없이는 이루어질 수

18) 홍성태. 2007ㄱ. 앞의 책. 211-235쪽.

없기 때문이다.

생태주의 교육은 크게 학교에서 행해지는 제도교육과 학교 밖에서 행해지는 비제도교육으로 나눌 수 있다. 시민사회의 생태주의 교육은 비제도교육의 대표적인 예에 해당한다. 그런데 사실 한국의 시민사회는 내적으로 대단히 다양한 가치와 목표를 추구하는 여러 주체들로 이루어져 있으며, 한국의 시민사회에서는 당연히 생태주의도 이미 다양하게 분화를 이룬 상태로 추구되고 있다. 한국의 시민사회에서 시행되고 있는 생태주의 교육은 무엇보다 이러한 다양성을 전제로 이해될 필요가 있다. 이제 시민사회의 생태주의 교육을 내용, 방식, 주체로 나누어 살펴보도록 하자.

첫째, 생태주의 교육의 내용에 대해. 서구 생태주의의 유형에 비추어 보았을 때, 한국의 시민사회에서는 심층적 생태주의와 개혁적 생태주의가 널리 교육되고 있다. 한국의 시민사회에서 반동적 생태주의는 대체로 강력한 비판의 대상이다. 그렇다고 해서 인구문제의 중요성을 무시하는 것은 아니다. 인구의 증가는 생태위기의 중요한 원인이기 때문이다. 그러나 반동적 생태주의처럼 강압적이고 차별적으로 인구의 증가를 제한하려고 하는 것은 그 자체로 커다란 문제를 안고 있다. 한국의 시민사회는 생태적 전환과 불평등의 해소를 동시에 이루고자 하는 지향성을 강하게 지니고 있다.[19]

생태주의 교육의 내용은 크게 생태적 가치, 문제의 해명, 대안의 제시 등의 세가지로 줄일 수 있다. 한국의 시민사회는 어려운 여건에도 불구하고 많은 시민의 지원을 바탕으로 생태주의 교육에서 이미 상당한 성과를

---

19) 이것은 한국의 시민사회가 민주화운동을 통해 형성되었다는 역사적 사실과 밀접한 연관을 맺고 있다.

거두었다. 그러나 이러한 성과에도 불구하고 한국의 현실은 그 동안 더욱 더 악화되었다. 심지어 '한반도 대운하'와 같은 전대미문의 파괴적 개발 사업마저 국민적 반대에도 불구하고 강행되고 있는 실정이다.[20] 생태주의 교육이 더욱 널리 확산되고 이 사회의 변화로 이어지기 위해서는, 무엇보다 우리의 현실을 천착해서 목표를 더욱 구체화해야 하며, 또한 문제를 해결하는 이행의 과정을 더욱 구체화해야 한다. '목표와 과정의 구체화'는 생태주의 교육의 내용에서 시급히 크게 보완되어야 하는 두가지 핵심이다. 생태적 전환은 단순히 자연을 지키는 것이 아니라 우리가 살아가는 사회의 전면적 변화를 뜻한다. 따라서 정부조직, 산업구조, 노동구조 등이 어떻게 변해야 하는가에 대해 연구하고 널리 교육해야 한다. 가장 중요한 내용은 서구에서는 볼 수 없는 '토건국가'의 문제를 직시하고 정부조직과 국가재정의 개혁을 추구하는 것이다[21].

둘째, 생태주의 교육의 방식에 대해. 다른 교육과 마찬가지로 생태주의 교육의 방식도 대체로 강의, 토론회, 출판, 체험 등의 네가지로 줄일 수 있다. 곳곳에서 다양한 강의가 활발히 행해지고 있다. 그러나 강의에 참여하는 시민들의 수는 대체로 아주 적다. 강의에 들이는 노력에 비해 그

---

20) 토건국가, 투기사회, 부패사회, 지역주의 등으로 나타나는 부실한 사회체계는 한국을 서구보다 훨씬 위험한 '위험사회'로 만들었다. 우리는 사실 '사고사회'라고 해도 좋을 정도로 위험에 둔감한 상태에서 살고 있다(홍성태. 2007ㄴ. 『대한민국 위험사회』. 당대). 이명박 정부는 국민의 반대에 부딪혀 '한반도 대운하'를 중단한다고 했지만 실제로는 '4대강 살리기'로 이름을 바꿔서 강행하고 있다(박창근. 2009. '4대강 살리기의 문제점과 바람직한 하천관리 방향.' 운하반대 전국교수모임 등. 2009. 『한일공동심포지움-바람직한 하천정비와 대안적 지역개발』. 서울대학교 CTL 대형강의실. 2009년 3월 27일; 홍성태, 2009. '4대강 살리기 사업은 토건망국의 길.' 『월간 재난포커스』. 2009년 3월호).

21) 홍성태. 2007ㄱ. 앞의 책.

효과는 미미하다고 할 수 있다. 전국 곳곳에서 토론회도 다양한 주제에 걸쳐 계속 열리고 있다. 그러나 많은 시민을 만날 수 있는 토론회는 아주 드물다.[22] 출판도 활발히 이루어지고 있다. '환경 책'들을 한 자리에 모아서 시민들에게 알리고 읽히는 행사도 몇 해 전부터 펼쳐지고 있다. 그러나 처세나 투기에 관한 책들처럼 널리 읽히고 있지는 않다. 답사를 중심으로 다양한 체험 프로그램들도 펼쳐지고 있다. 무공해 비누 등을 만드는 제작 체험도 있다. 그러나 이러한 체험 프로그램들도 역시 많은 사람들이 대대적으로 참여하는 것이 아니라 소수의 사람들이 어렵게 참여하고 있는 편에 가깝다.

생태주의 교육의 방식에서 드러나는 가장 큰 문제는 많은 사람들이 지속적으로 참여할 수 있도록 하기가 어렵다는 것이다. 이 문제를 극복하기 위한 가장 좋은 방안은 대중매체의 활용이다. 인터넷을 통한 소통도 적지 않은 효과를 거둘 수 있지만, 효과가 가장 큰 것은 역시 텔레비전을 활용하는 것이다. 몇 해 전에 서울방송에서 방영한 '환경의 역습'은 그 좋은 예이다. 이 프로그램은 자연의 한계를 무시한 개발과 성장이 결국 우리의 건강과 생명을 위태롭게 만들고 있다는 사실을 잘 보여주었다. 또한 김대중 대통령이 동강을 다룬 한국방송의 '환경스페셜'을 보고는 '동강댐' 계획의 폐기를 결정했다는 평가도 있다. 광우병 위험에 대한 문화방송 'PD수첩'의 심층보도도 중요한 사례이다. 텔레비전은 개발과 성

22) 환경문제와 관련해서 열린 토론회 중에서 가장 많은 시민이 참여한 것은 아마도 2008년 1월 31일에 서울대에서 열린 '한반도 대운하' 관련 토론회였을 것이다. '한반도 대운하' 계획의 문제를 경제학, 토목학, 생태학, 문화재 등의 분야에서 검토한 이 토론회는 서울대 법학기념관 대강당에서 열렸는데 참여한 시민이 많아서 좌석은 물론이고 복도와 입구까지도 꽉 찼다.

장을 부추기는 가장 강력한 매체이자 생태주의 교육의 강화를 위한 가장 강력한 매체이기도 하다. 생태주의 교육을 텔레비전 방송의 핵심과제로 정립하기 위한 노력이 크게 강화되어야 한다.

셋째, 생태주의 교육의 주체에 대해. 오늘날 한국의 시민사회를 구성하는 모든 주체들이 사실상 생태주의 교육을 행하고 있다. 한국의 환경지수는 세계 130위권에 머물고 있을 뿐이다. 이처럼 열악한 현실 때문에 대다수 시민들이 환경문제에 대해 크게 우려하거나 관심을 가지고 있다. 이 때문에 오늘날 한국의 시민사회에서 생태주의 교육은 보편적 주제가 되었다. 그러나 물론 생태주의 교육을 전문적으로 추구하는 다양한 주체들이 있다. 이들은 크게 환경단체, 생태공동체, 생태적 대안학교로 나눌 수 있다. 오늘날 한국의 시민사회에서 가장 많은 시민단체는 바로 환경단체이다. 가장 활발히 활동하고 있는 생태주의 교육의 주체는 이러한 환경단체이다. 생태공동체를 포함해서 전국의 공동체는 대체로 200개 정도로 추산되고 있다. 변산공동체, 한생명공동체, 두레마을 등의 생태공동체는 생태주의 교육의 핵심적 내용인 생태적 생산과 생활을 실제로 실천한다는 점에서 환경단체보다 더욱 심층적인 생태주의 교육을 실행하는 주체라고 할 수 있다. 생태적 대안학교는 초중고 과정은 물론이고 대학 과정까지도 설치되어 있다. 자유학교 물꼬, 간디학교, 녹색대학 등이 그 예이다.[23)]

이렇듯 여러 주체들이 생태주의 교육을 전문적으로 실행하고 있으나, 사회 전체로 보아서 그 영향력은 아직 미미한 편이다. 생태위기에 대한 관심은 널리 확산되었으나 생태적 전환에 대한 관심은 그렇지 않다. 생태

---

23) 홍성태. 2006.「지역발전과 공동체의 가능성: 생태공동체와 교육공동체를 중심으로」.『지역사회학』 8(1). 104, 113쪽.

주의 교육의 주체들은 무엇보다 이 사실을 직시해야 할 것이다. 생태주의 교육의 내용과 방식에서 더 많은 사람들이 공감하고 참여할 수 있도록 하는 혁신이 이루어져야 한다. 이와 관련해서 '대운하' 계획에 대한 국민적 반대와 미국 소 전면수입에 대한 국민적 저항에 주목할 필요가 있다. 전자는 식수원인 강을 대대적으로 파괴할 정책이고 후자는 '광우병'을 널리 퍼트릴 수 있는 정책이다. 두 정책은 대다수 국민의 생활과 생명에 막대한 해를 입힐 수 있으며, 또한 그 바탕에는 생태계의 한계를 무시하는 반생태적 인식이 놓여 있다. 이런 점에서 시민사회는 두 정책을 생태주의 교육의 발전을 위한 중요한 계기로 삼고 생태주의 교육을 계속 강화해야 한다.[24] 그 핵심은 공업문명의 위험을 직시하고 개혁하기 위해 최선을 다하도록 하는 것이다.

4. 생태적 복지사회의 전망

생태주의 교육은 생태적 전환에 관한 이해로부터 시작되어야 한다. 생태적 전환은 생태학의 연구에 의거해서 생태계의 한계를 존중하지 않는 현재의 사회를 개혁해서 생태계의 한계를 존중하는 사회를 형성하는 것을 뜻한다. 이 점에서 생태적 전환은 사실 '생태학적 전환'(the ecological

24) '대운하' 문제에 대해서는 '운하백지화국민행동', '운반반대전국교수모임', '종교인 생명평화 도보순례' 등의 활동이 펼쳐지면서 다양한 교육이 이루어졌다(김정욱 외. 2008. 『재앙의 물길, 한반도 대운하』. 도요새). 그러나 '광우병'에 대해서는 인터넷을 활용한 시민의 자발적 저항이 폭발했으나 시민사회의 체계적 교육은 별로 이루어지지 않았다.

turn)이다. 이것에 대해서는 20세기 초에 이루어진 이른바 '언어학적 전환'(the linguistic turn)과 연관지어 살펴볼 필요가 있다.[25)]

소쉬르의 언어학에서 비롯된 '언어학적 전환'은 사회의 산물인 언어가 인간의 인식을 규정한다는 사실에 대한 발견에서 비롯되었다. 언어는 단순한 도구가 아니며 오히려 인간의 인식을 규정하는 주체이다. 이로써 인식론에서 거대한 변화가 이루어졌다. 이처럼 '언어학적 전환'이 '인식론의 전환'을 뜻한다면, 이에 비해 '생태학적 전환'은 '존재론의 전환'을 뜻한다. 현대 사회는 생태계의 한계를 무시하고 형성되었다. 생태학은 이러한 현대 사회가 지속될 수 없을 뿐만 아니라 급격한 파멸을 맞을 수 있다는 사실을 입증했다. 우리는 단순히 생존을 위해서도 생태학에 따라 기존의 생산과 생활을 모두 재구성해야 한다. '생태학적 전환'은 절박한 생존의 요청이다. 이 요청이 실현되기 위해서는 학문의 '생태학적 전환'도 추구되어야 한다. 자연과학, 사회과학은 물론이고 인문학도 그렇다. 사실 인문학[26)]은 그 태생부터 강한 인간주의의 전통 속에 있기 때문에 더욱 더 적극적으로 '생태학적 전환'을 추구할 필요가 있다.

시민사회의 생태주의 교육은 이제까지의 성과를 바탕으로 한층 연역적으로 심화되어야 한다. 여기서 무엇보다 중요한 것은 교육의 목표를 생태적 전환의 관점에서 제시하는 것이다. 이를 위해 생태위기에 공감하

---

25) 홍성태. 1998. 앞의 책.

26) 인문학(humanities)은 그 이름 자체에 인간주의의 전통을 강하게 담고 있다. 인간의 관점에서 세계를 보고, 세계 속에서 인간의 지위를 탐구하는 것이 인문학인 것이다. 이러한 인문학의 인간주의 전통은, 만일 인간이 생태계의 한계를 존중하지 않는다면 인간을 포함한 생태계가 조만간 파멸할 것이라는 사실 위에서 근원적으로 재형성되어야 한다. 요컨대 인문학은 '생태적 인문학'으로 재구성되어야 하는 것이다.

는 사람이라면 누구나 동의하고 함께 추구할 수 있는 발전의 전망이 제시될 필요가 있다. 요컨대 시민사회의 생태주의 교육은 이 사회의 생태적

[표 2] 현대 사회의 네가지 방향

① 신자유주의 사회 : 현대 거대사회체계의 강화. 경제주의와 과학주의의 지배. 무한경쟁의 논리가 개인과 집단의 운영원리로 확고히 작동. 소비사회의 내부 계층화 진행. 물질적 소유의 상한선은 물론 하한선도 폐지.
② 물질적 복지국가 : 현대 거대사회체계의 추수. 경제주의와 과학주의의 지배. 경제적 평등과 자유의 원리를 조화시키기 위한 국가적 개입. 대중 소비사회의 실현. 물질적 소유의 상한선은 사실상 없으며 하한선 설정.
③ 생태적 복지국가 : 현대 거대사회체계의 변화 모색. 노동사회에서 문화사회로 변화 추구. 물질적 대중 소비사회에서 문화적 대중 소비사회로 변화 모색. 물질적 소유의 상한선 및 하한선 설정.
④ 자족적 공생사회 : 현대 거대사회체계에서의 이탈을 통한 그 해체의 추구. 노동사회에서 문화사회로. 문화적 대중 소비사회에서 문화적 다중 소비사회로. 물질적 소유의 상한선 및 하한선 설정.

전환을 목표로 삼고, 이것을 실현하기 위해 생태적 복지사회의 전망을 제시해야 한다. 생태적 복지사회의 전망에 관해 살펴보기에 앞서서 우선 이 사회가 나아갈 수 있는 방향을 정리해 보자. 그것은 다음과 같이 크게 네가지로 제시할 수 있다.[27]

여기서 신자유주의 사회와 물질적 복지국가의 반생태적 문제는 이미 잘 드러난 상태이다. 불평등 문제에 대한 대응이라는 점에서 둘은 큰 차이를 보이지만, 자연의 착취라는 점에서 둘은 사실상 같다. 따라서 생태

27) 홍성태. 1998. 앞의 책. 87-88쪽.

주의 교육의 내용은 신자유주의 사회의 문제뿐만 아니라 물질적 복지국가의 문제에 대해서도 적극 대응하는 것이어야 한다. 생태위기의 현실은 생태위기를 낳은 현대 사회의 발본적 개혁을 요구하는 것이다. 이런 점에서 ①과 ②는 반생태적 길이다. 이에 비해 ③과 ④는 생태적 길이라고 할 수 있다. 물론 생태적 전환을 엄격히 규정하자면, 아마도 ④만이 생태적 길에 해당할 것이다. 그러나 이런 관점은 비현실적일 뿐만 아니라 위험하기도 하다. 만일 우리가 지금 당장 파괴적 공업문명을 버리고 자족적 공생사회로 돌아간다면 어떻게 될까? 우선 농업 생산력이 절반 이하로 줄어들 것이다. 그 결과 굶어죽는 사람들이 속출할 것이다. 이런 점에서 우리는 최악과 최선 사이에 넓은 스펙트럼이 있다는 사실을 잊지 말아야 하며, 충분한 시간을 두고 인구와 산업 등이 생태적 전환을 이루는 점진적 이행을 추구해야 한다.[28)]

신자유주의 사회가 냉전 이후 세계의 일반적 추세가 되었다면, 생태적 복지사회는 이에 맞서는 세계적 대안의 전망이라는 의미를 갖는다. 복지사회는 풍요와 평등을 동시에 이루었다. 그것은, 물론 완벽한 것은 아니었지만, 인류가 이제까지 이룬 최대의 성과이다. 그러나 생태위기의 현실을 무시한 복지사회는 신기루와 같은 것이다. 지구온난화로 잘 드러나듯이 생태위기는 복지사회를 녹여 없앨 수 있다. 사실 생태계가 파괴되면

---

28) 물론 '충분한 시간'이 그렇게 긴 시간은 아닐 것이다. 현대 공업문명은 '석유화학문명'이라고 할 수 있다(Singh, Narindar. 1976. 박덕제 옮김. 1986. 『경제학과 환경위기』. 비봉출판사. 35-40쪽). 석유가 없이 현대 공업문명은 유지될 수 없다. 그런데 석유는 이미 '정점'에 이른 상태이다. 석유의 고갈은 한 세대 안에 이루어질 확고한 사실이라고 주장하는 전문가들도 있다. 이필렬. 2002. 『석유시대 언제까지 갈 것인가』. 양문.

생태계 속의 존재인 사회 자체가 존재할 수 없게 된다. 복지사회의 생태적 전환이야말로 오늘날 인류가 추구해야 하는 가장 중대한 발전의 과제이다. 이런 점에서 생태적 복지사회는 오늘날 세계 어디서나 추구되어야 하는 보편적 과제이다. 그리고 인류는 이미 생태적 복지사회를 이룩할 수 있는 물질적 조건을 갖추고 있다. 필요한 것은 문제를 유지하거나 악화시키는 데서 이득을 보는 세력과 여기에 부합해서 개인의 이익을 추구하는 시민을 개혁하는 것이다.

한국은 세계 10위의 경제대국으로서 이미 복지사회를 이룰 수 있는 물질적 기반을 갖추고 있다. 그러나 토건국가 한국은 복지의 증진에 써야 할 막대한 혈세를 자연의 파괴에 쓰고 있다.[29] 매년 50조원 정도의 혈세가 대규모 토건사업에 투여된다. 불필요한 대규모 토건사업을 지속적으로 추진해서 혈세를 탕진하고 국토를 파괴하는 토건국가는 한국을 규정하는 핵심적 특징이다. 서구의 연구와 실천에서는 이에 관한 논의 자체를 찾아볼 수 없다. 서구에서는 토건국가라는 문제가 나타나지 않았기 때문이다. 한국에서 생태적 전환을 이루고자 한다면, 토건국가 문제를 해결하지 않으면 안 된다. 토건국가의 개혁은 복지의 증진을 위한 막대한 세금과 건강한 자연을 확보하는 것이다. 토건국가의 개혁을 통해 우리가 이룰 수 있고, 이루어야 하는 생태적 전환의 구체적 목표가 바로 생태적 복지사회이다.[30]

29) 토건국가는 투기를 부추기는 방식으로 작동한다. 투기이익을 추구하는 사람들은 토건국가를 적극 옹호하며 불필요한 대규모 토건사업을 지속적으로 추진할 것을 강력히 요구한다. 새만금개발사업, 연안권개발사업, '한반도 대운하', 경인운하, 4대강 살리기 등은 그 단적인 예이다.

30) 홍성태. 2007ㄱ. 앞의 책.

5. 정부조직의 개혁 과제

생태적 복지사회라는 전망을 구현하기 위해서는 정부조직, 산업구조, 노동구조 등을 모두 아우르는 전면적인 개혁의 계획이 마련되어야 한다. 특히 정부조직의 개혁은 전체 사회의 개혁을 위한 관건의 의미를 가진다. 오늘날 정부는 사회의 모든 분야에 거대한 영향력을 행사하고 있다. 개발주의 정부는 개발주의 사회를 형성하고 유지하는 강력한 주체이다. 따라서 우리는 개발주의 정부의 개혁을 통해 개발주의 사회의 개혁을 추구할 수 있다. 정부의 존재이유는 공익의 실현에 있으며, 생태적 전환은 이미 가장 중요한 공익의 내용이 되었다. 생태주의 교육은 생태적 가치에 대한 교육을 넘어서 생태적 복지사회의 구현을 위한 실천이 되어야 하며, 이를 위해 개발주의 사회를 재생산하는 주체로서 개발주의 정부에 관한 연구와 교육이 널리 이루어져야 한다.

이런 관점에서 2007년 10월에 김진균기념사업회 주최로 연속토론회가 열렸다. '파괴적 토건국가를 넘어서 생태적 복지사회로'라는 제목으로 열린 이 연속토론회에서는 생태적 복지사회를 위한 정부개혁의 과제가 구체적으로 제시되었다. 그리고 이 연속토론회의 성과를 바탕으로 참여연대, 환경운동연합, 환경정의, 녹색연합, 청년환경센터 등의 시민단체들이 논의를 계속해서 2008년 1월에 참여연대 주최로 열린 정부개혁의 과제 토론회에서 '생태적 복지사회를 향한 토건국가 개혁의 과제'라는 문건을 발표했다.[31] 이 문건에서는 토건국가의 문제가 망국적 상황에 이르

31) 홍성태 외. 2008. '생태적 복지사회를 향한 토건국가 개혁의 과제.' 참여연대 등. 『인수위의 정부조직 개편안에 대한 쟁점 토론회』. 2008년 1월 22일. 참여연대 느티나무홀. 9-17쪽.

렸다는 사실을 밝히고, 개발독재의 유산인 개발부서와 개발공사의 개혁을 중심으로 생태적 복지사회의 전망을 제시했다. 시민사회의 생태주의 교육은 이 문건에서 제시된 것과 같은 정부조직 개혁의 과제를 더욱 구체화하는 방향으로 나아가야 한다.

개발부서는 여러 개발공사들을 거느리고 대규모 개발사업을 적극적으로 기획하고 추진하며, 심지어 '공익'을 내세워서 막대한 '사익'을 추구하기도 한다.[32] 토건국가를 주도하는 개발부서와 개발공사의 개혁은 토건국가를 개혁하고 생태적 복지사회를 이룩하기 위한 전략적 과제이다. 이와 관련해서 참여연대 등이 작성한 '문건'은 개혁의 3대 방향과 기본 내용을 다음과 같이 제시했다.[33]

개발부서와 개발공사 개혁의 3대 방향

1) '생태복지사회'라는 역사적 목표를 정립한다.
2) 이를 위해 '망국적 개발주의'의 혁파라는 과제를 추구한다.
3) 그리고 '개발부서와 개발공사의 개혁'을 구현의 수단으로 삼아야 한다.

개혁의 기본 내용

1) 토건사회를 복지사회로 개혁하기 위해 우선 개발독재 시대의 구조적 유산들을 청산해야 한다(건교부 해체, 수자원공사와 농촌공사

32) 2008년 4월에도 주택공사가 막대한 폭리를 취했다는 사실이 또 다시 밝혀졌다. 주택공사와 토지공사는 대규모 개발사업의 주체로서 막대한 폭리를 취하고 대대적 파괴를 자행하고 있다.
33) 홍성태 외. 2008. 앞의 글.

해체 등).

2) 불합리한 업무의 조정과 비효율적 기구의 정리를 위해 정부조직과 재정구조를 전면적으로 개혁해야 한다(국토환경부 신설, 주공·토공 통폐합 등).

3) 생태복지사회를 위한 정부조직과 재정구조를 확립하고, 공무원의 재교육과 재배치를 광범위하게 추진해야 한다.

무엇보다 중요한 것은 개발부서와 개발공사라는 개발주의 주체들을 개혁하는 것이다. 자기의 이익을 위해 병적으로 비대한 토건업과 유착한 이 거대한 정부조직들을 그대로 두고 생태적 전환을 이룰 수 있는 길은 없다. 생태주의 교육에서 이러한 정부조직과 재정구조의 문제에 주목하지 않는 것은 그 자체로 잘못된 것이다. 참여연대 등의 '문건'은 "개발부서들은 대규모 개발사업의 기획·실시·관리 주체로서 사회적 통제를 받지 않는 무소불위의 권력이 되었다"고 규정하고 건설교통부, 산업자원부, 농림부, 환경부 등 4대 부서의 전면적 개혁을 촉구했다. 여기서 환경부도 대표적인 개발주의 부서의 하나로 제시되었다는 사실에 주의할 필요가 있다. 사실 환경부 예산의 60%는 개발사업에 사용되고 있을 정도로 환경부는 개발주의 부서의 성격을 강하게 지니고 있다.[34]

34) 이명박 정권은 환경부를 아예 '한반도 대운하'의 전위대로 만들었다. 이만의 환경부 장관과 이병욱 환경부 차관은 '한반도 대운하'에 반대하는 국민들과 교수들을 가리켜서 전문지식도 없이 '정치적 반대'를 하고 있다는 망발을 서슴치 않았다.

개발부서의 개혁 방향

1) 건설교통부 폐지[35)]

- 건교부는 '국토계획', 'SOC 건설', '주택 공급' 기능을 수행하고 있으며, 이 모든 기능을 오로지 대규모 토건사업 중심으로 강행하고 있다. 시대적 소명을 다한 건교부는 즉각 해체되어야 하며, 관련 사업들도 전면적으로 재검토해야 한다.

2) 부총리급 '국토환경부', 'SOC·교통청', '주택청' 신설

- 건교부의 국토계획, 환경부의 국토보전, 산자부의 자원·에너지 정책을 통합 관리하는 '국토환경부' 신설 (국토의 지속가능한 계획과 관리 시스템 구축).
- 독립적 'SOC·교통청' 신설 (독자적 입법 및 예산 수립 통제, 환경부 상하수도업무도 이관).
- 독립적 '주택청' 신설 (주공·토공의 통합, 농촌공사 등의 기능 일부 흡수, 정부의 자체 계획 및 사업 확대).

개발공사는 개발업무를 실제로 추진하는 '공공기관'을 뜻한다. 중앙정부와 지방정부 산하에 많은 개발공사들이 있지만 가장 중요한 것은 중앙정부 산하의 주택공사, 토지공사, 수자원공사, 도로공사(이상 국토해양부 산하), 농촌공사(농림부 산하), 한전(산업자원부 산하) 등6대 개발공사이다.[36)] 이들은 모두 1960·70년대의 개발독재 시대에 설립되었으며, 이미

---

35) 이명박 정권은 건설교통부를 국토해양부로 확대했다. 이것은 이른바 '한반도 대운하' 계획을 강행하기 위한 구상의 일환으로 이루어진 것으로서 이명박 정권이 극단적인 토건국가 확대정책을 추진하고 있다는 것을 보여주는 중요한 지표이다.

36) 홍성태 엮음. 2005. '한국의 근대화와 생태주의'. 『시민과 세계』 8.

존재이유가 없어졌거나 기능의 축소가 불가피한 상태가 되었고, 방만경영 · 혈세낭비 · 국토파괴 · 지역파괴 · 개발폭리 · 투기악화 · 부패만연 등의 많은 문제들을 일으키고 있다. 생태적 복지사회를 이룩하기 위해서는 개발공사들을 전면적으로 개혁해서 혈세의 탕진과 국토의 파괴를 막아야 한다.

개발공사의 개혁 방향

1) 주공·토공의 통폐합과 '주택청'의 신설

- 택지를 조성하는 토지공사와 공공주택을 건설하는 주택공사의 기능은 연속적이어서 별도의 조직을 운영하는 것은 중복과잉투자의 전형에 해당된다.
- 주공과 토공의 통합은 이미 1990년대 초부터 첨예한 개혁과제로 제시되었으며, 2007년 6월에 관련 법안이 국회에 다시 상정되었다.
- 비효율적 중복투자의 전형인 주공과 토공을 통폐합하고 독립적 '주택청'을 신설해서 주택공급의 공공성을 구현해야 한다.

2) 수자원공사 해체 및 재조직

- 수자원공사의 주요사업 중 댐건설과 광역상수도 건설사업은 대부분 마무리됐고, 산업단지 조성은 추가사업이 금지되는 등 공사의 설립목적이 달성되었으므로 즉각 해체해야 한다.
- 광역상수도와 지방상수도(환경부, 지자체 운영)의 중복투자가 심각하고(7조원 이상 낭비), 영세규모 수도사업자(지자체)의 경쟁력이 미비하므로, 지방수도사업자와 수공조직을 통합하여 유역별 공사체계로 전환한다.
- 신설되는 유역공사들에게 유역통합관리, 하천생태계 복원, 수질관

리 등 관련 업무를 맡긴다.

- 산업단지 관련 업무는 'SOC · 교통청'을 신설하여 이관한다.

3) 농촌공사 해체 및 재조직

- 농업 기반사업(저수지, 수로 등)이 대부분 마무리되어 조직의 설립 목적이 완성되었으므로 존재이유가 없다.
- 농업 시설의 보수 · 관리 중심의 '농업시설관리공단'을 신설한다.
- 단지사업 등의 개발업무는 'SOC · 교통청' 혹은 지자체로 이관한다.

4) 도로공사 사업 재평가 및 개혁기구 설치

- 도로건설사업과 계획에 대한 전면적인 재평가 및 재검토를 시행해야 한다.
- 'SOC · 교통청'을 신설해서 체계적으로 도로의 건설을 추진하고, 도로공사는 도로의 관리업무만을 맡도록 역할을 조정

5) 한전의 특혜 폐지 및 개혁기구 설치

* 한전 등이 누리고 있는 부당한 독점적 지위를 시급히 개혁해야 한다.

- 전원개발사업자에 인허가 특혜를 주는 전원개발촉진법 개혁(법 6조 등)
- 한국수력원자력 등 발전회사들의 정보공개 예외 인정 (정보공개법령 2조)

* 준조세로서 부당하게 징수되고 사용되는 전력산업기반기금을 개혁해야 한다.

- 산업자원부 중심으로 운영되는 전력산업기반기금의 운영 방식 개혁
- 공공성 원칙에 위배되는 핵발전소 홍보 예산 삭감
- 빈곤층 전력무상지원, 도서벽지 전력공급, 사회복지시설 전기요금

지원 등 공익적 목적 예산 확대

* 각종 의혹을 빚고 있는 발전소주변지역지원에 관한 법률을 개정해야 한다.
  - 발전소주변지원금 및 특별지원금 등 발전소와 관련된 각종 지원금의 개혁
  - 지원금 집행 여부에 대한 투명성, 공익성에 대한 감시체계 필요
  - 원자력문화재단 등 발전 사업과 관련 없는 사업비 전면 삭감

6. 맺음말

시민사회의 생태주의 교육은 생태적 전환이라는 시대적 과제를 달성하기 위한 실천적 활동이어야 한다. 이를 위해 시민사회의 생태주의 교육은 '생태적 복지사회'라는 거시적 전망을 명확히 세우고 추진될 필요가 있다. 이것은 시민사회의 생태주의 교육이 생태적 가치에 관한 '고담준론'의 차원을 넘어서 한국 사회의 개혁을 위한 구체적 활동으로 펼쳐져야 한다는 것을 뜻한다. 서구의 운동이나 연구를 소개하는 것도 필요하겠지만 그것은 어디까지나 '참조'의 대상일 뿐이다. 한국 사회의 개혁을 위해서는 무엇보다 한국 사회의 실태에 대해 올바로 이해하고 있어야 한다.

생태적 복지사회를 이룩하기 위해서는 정부조직, 산업구조, 노동구조 등이 모두 개혁되어야 한다. 생태적 전환이 어려운 것은 그것이 이처럼 거대하고 구체적인 개혁의 과제를 통해 이루어지는 것이기 때문이다. 막연히 공공성의 주장을 내세워서 정부를 이용하려고 하는 발상은 실패할 수밖에 없다. 개발주의 정부는 그 자체로 가장 중대한 생태적 전환의 대

상이기 때문이다. 이른바 '적녹연합'을 주창하는 것도 같은 문제를 안고 있다. 개발주의 노동구조 속에 갇혀 있는 노동운동도 그 자체로 중요한 생태적 전환의 대상이기 때문이다. 우리는 정부조직, 산업구조, 노동구조 등이 어떤 상태에 있으며, 생태적 전환의 관점에서 어떤 문제를 안고 있는가를 올바로 이해해야 한다.

모든 사회는 저마다 특수한 역사적 과정의 산물이며, 따라서 저마다 특수한 사회적 과제를 안고 있다. 이러한 특수성에 주의하지 않고는 어떤 개혁도 이루어지기 어렵다. 한국에서 생태적 복지사회를 이룩하기 위해서는 무엇보다 토건국가의 문제에 주목할 필요가 있다. 토건국가는 병적으로 비대한 토건업을 중심으로 '정관재언학'의 연계[37]가 구조화되어 재정의 파탄과 국토의 파괴가 끊임없이 자행되는 기형국가를 뜻한다. 토건국가의 개혁은 복지의 증진을 위한 재정의 확보로 이어질 것이며, 또한 그 자체로 복지의 기반인 자연의 보존으로 이어질 것이다. 따라서 한국에서는 토건국가의 개혁을 중심으로 생태적 복지국가의 전망을 구체화하고 널리 확산해야 한다.

생태적 전환은 지금 여기서 이루어져야 하는 절박한 과제이다. 따라서 우리의 현실을 천착하지 않고 생태적 전환은 이루어질 수 없다. 서구의 사례와 연구를 소개하는 차원을 넘어서, '고담준론' 수준의 생태적 가치를 설파하는 차원을 넘어서, 생태적 전환을 가로막는 정부조직, 산업구조, 노동구조 등의 개혁으로 나아가야 한다. '진리는 구체적'이다. 생태적 전환을 위해서는 우리의 현실에 대한 구체적 이해가 선행되어야 한다.

---

37) 정치, 관료, 기업, 언론, 학계가 거대한 이익집단으로 연결되어 있는 것을 뜻한다.

생태적 전환을 가로막는 구조, 제도, 주체에 대한 이해와 개혁의 계획이 제시되어야 한다. 그리고 무엇보다 먼저 개발부서와 개발공사 등의 거대한 주체가 막대한 자원을 사용해서 반생태적 구조와 제도를 형성하고 유지하는 활동을 벌이고 있다는 사실에 유의해야 한다.

끝으로 생태적 복지사회를 이룩하기 위해 시민사회는 독자적인 생태주의 교육의 강화에 힘을 쏟을 뿐만 아니라 제도교육의 변화를 위해 애써야 한다.[38] 제도교육은 매년 수백만명의 학생들에게 특정한 가치와 지식을 전달한다. 이러한 제도교육에 비해 시민사회의 교육은 너무나 작고 약하다. 제도교육에서 생태주의 교육을 강화하고 심화할 수 있도록 애써야 한다. 제도교육에서 수많은 학생들이 생태적 복지사회와 자족적 공생사회의 전망에 대해 배울 수 있어야 한다. 그렇게 된다면 생태적 전환의 가능성은 더욱 더 커질 것이다. 그러나 이러한 제도교육의 변화를 위해서도 정부조직이라는 거대한 주체에 대한 연구와 교육은 무엇보다 중요하다.

38) 홍성태. 1998. 앞의 책. 88-89쪽.

참고자료

김시양. 1612. 남만성 역. 1981. 『부계기문』. 삼성문화문고.

김정욱 외. 2008. 『재앙의 물길, 한반도 대운하』. 도요새.

김진균. 1990. '우리 학문의 발전에 대하여'. 김진균. 1997. 『한국의 사회현실과 학문의 과제』. 문화과학사.

문순홍. 1992. 『생태위기와 녹색의 대안』. 나라사랑.

박창근. 2009. '4대강 살리기의 문제점과 바람직한 하천관리 방향'. 운하반대전국교수모임 등. 2009. 『한일공동심포지움 – 바람직한 하천정비와 대안적 지역개발』. 서울대학교 CTL 대형강의실. 2009년 3월 27일.

유인호. 1973. '경제성장과 환경파괴'. 『창작과 비평』 8(3). 1973년 가을.

이필렬. 2002. 『석유시대 언제까지 갈 것인가』. 양문.

장유. 1635. 김철희 역. 1974. 『계곡만필』. 을유문고.

장일순. 1988. '삶의 도량에서'. 장일순. 1997. 『나락 한 알 속의 우주』. 녹색평론사.

한살림모임. 1989. '한살림 선언'. 한 살림모임. 1990. 『한살림』.

홍성태. 1998. '생태위기와 생태론적 전망 – 새로운 생태사회를 향한 전망', 『문화과학』. 16. 1998년 가을.

______. 2004. 『생태사회를 위하여』. 문화과학사.

______. 2005. '한국의 근대화와 생태주의', 『시민과 세계』. 8. 2006년 상반기.

홍성태 엮음. 2005. 『개발공사와 토건국가』. 한울.

______. 2006. '지역발전과 공동체의 가능성: 생태공동체와 교육공동체를 중심으로'. 『지역사회학』 8(1). 2006년 8월.

______. 2007ㄱ. 『개발주의를 비판한다』. 당대.

______. 2007ㄴ. 『대한민국 위험사회』. 당대.

______. 2009. '4대강 살리기 사업은 토건망국의 길'. 『월간 재난포커스』. 2009년 3월호.

홍성태 외. 2008. '생태적 복지사회를 향한 토건국가 개혁의 과제'. 참여연대 등. 『인수위의 정부조직 개편안에 대한 쟁점 토론회』. 2008년 1월 22일. 참여연대 느티나무홀. 9-17쪽.

홍성태 엮음. 2009. 『촛불집회와 한국사회』. 문화과학사.

米本平昌. 1994. 박혜숙・박종관 옮김. 1995. 『지구환경문제란 무엇인가』. 따님.

林語堂. 1940. 안동민 옮김. 1968. 『생활의 발견』. 문예출판사.

Bookchin, Murray. 1990. *Remaking Society - Pathways to a Green Future.* South End Press.

Carson, Rachel. 1962. 이길상 역. 1990. 『침묵의 봄』. 탐구당.

Emerson, Ralph. 1836. 'Nature', Emerson, Ralph. 1965. *Selected Writings of Ralph Waldo Emerson*, The New American Library.

Meadows, Dennies et al. 1972. 김승한 역. 1972. 『인류의 위기』. 삼성문화문고.

Singh, Narindar. 1976. 박덕제 옮김. 1986. 『경제학과 환경위기』. 비봉출판사.

Think the Earth Project. 2006. 김은하 옮김. 2007. 『지구온난화 충격리포트』. 미디어윌.

〈자료〉 개발부서와 개발공사의 현황 (2007년 현재)

* 이명박 정부의 개악으로 정부조직과 재정구조가 더욱 악화되었다. 생태주의 교육은 이러한 반생태적 현실을 구체적으로 이해하는 것으로 시작되어야 한다. 다소 변화가 있었지만 이를 위한 자료를 여기에 제시한다. 이 자료를 보완하는 것 자체가 생태주의 교육의 중요한 내용이 될 수 있을 것이다.

4대 개발부서의 현황

1. 건설교통부

조직 : 3,960명

예산 : 일반회계 17.6조원, 특별회계 13조원, 기금 23.3조원

사업 : 국토계획, 교통, 물류, SOC건설, 주택정책, 건설지원, 행복도시 건설.

문제 : 과다한 개발사업 양산, 중복과잉 투자, 잦은 부패 및 비리 사건 연루

2. 산자부

조직 : 1,084명

예산 : 일반회계 1.9조원, 특별회계 4.2조원, 기금 1.9조원

사업 : 산업정책 수립 및 집행, 무역 투자 지원, 자원·에너지정책 수립 집행

문제 : 국가차원 산업정책 수립 필요성 감소, 중소기업 대책 부족, 자원·에너지 정책이 산업논리에 휘둘려 기후변화, 에너지 전환 등에 대처 미흡

3. 농림부

조직 : 3,963명

예산 : 일반회계 5.4조원, 특별회계 10.3조원, 기금 6.3조원

사업 : 농업정책 수립, 식량, 축산, 농산물 유통, 농업구조조정 지원 등

문제 : 농업의 보호와 육성에 대한 본래 기능 퇴색, 불필요한 개발공사 남발, 환경에 대한 이해 부족과 정책 반영 미흡

4. 환경부

조직 : 1,744명

예산 : 일반회계 1.8조원, 특별회계 3.2조원, 기금 0.7조원

사업 : 환경정책 수립, 자연보전, 대기보전, 수질보전, 폐기물 관리, 상하수도

문제 : 개발부서에 대한 견제 미흡, 개발 사업에 대한 면죄부 부여, 상하수도 분야에서 대규모 개발사업 전개.

6대 개발공사의 현황

1. 대한주택공사(1962년 설립)

조직 : 3,834명(임원 8명), 1기획혁신본부 1연구원 6사업본부, 12지역본부

재정 : 매출 17조 2,960억원, 자산 40조, 6,261억원, 부채 30조 9,285억원, 자본 9조 6,976억원,

사업 : 주택 건설 등

문제 : 개발폭리, 투기조장, 부패 만연, 방만경영, 세금낭비, 국토파괴, 지역파괴

2. 한국토지공사(1975년 설립)

조직 : 2,616명(임원 8명), 1본부 1연구원 28처(실), 12지역본부로 구성.

재정 : 매출 13조 6,617억원, 자산 24조 9,718억원, 부채 19조 5,016억원, 자본 5조 4,702억원

사업 : 택지 개발, 주택 건설 등

문제 : 개발폭리, 투기조장, 혈세낭비, 방만경영, 국토파괴, 지역파괴

3. 한국수자원공사(1967년 설립)

조직 : 4,632명(임원 7명), 5본부, 7지역본부, 6실, 21처, 40단, 1원, 6센터

재정 : 매출 2조 4,980억원, 자산 11조 3,974억원, 부채 1조 7,435억원, 자본 9조 6,538억원(2006년)

사업 : 수도사업(광역), 댐건설 운영, 산업단지 조성 분양

문제 : 주요 사업이 완료되어 역할 없음. 정부의 특혜(댐 건설 지원), 독점적 지위(광역상수도 독점), 부당한 수익(단지 조성 및 분양) 등에 의존한 수익구조로 비효율을 초래하고 사회갈등을 야기하고 있음.

4. 한국도로공사(1969년 설립)

조직 : 5,188명(임원 8명)

예산 : 매출 6조 8,619억원, 자산 36조 7,497억원, 부채 16조 7,935억원, 자본 19조 9561억원,

사업 : 고속국도 건설, 도로관리

문제 : 과도한 개발 사업 계획, 사업 결과에 대한 평가 미비, 예산 낭비

5. 한국농촌공사(1970년 2월)

조직 : 6,575명(임원 7명) 2본부, 2실, 13처, 2단, 9도 본부, 5 사업단, 2원 (토목직 비율: 학사 이상 2,279명 중 1,397명, 박사급 55명 중

32명)

재정 : 매출 2조 5,112억원, 자산 4조 9,332억원, 부채 3조 4,818억원, 자본 1조 4,514억원(2006년)

사업 : 농업기반 시설 건설사업, 관리사업, 구조개선사업, 농지개발(간척)사업

문제 : 농업 진흥에 대한 기여 미비(사업목적이 농업 지원이 아닌 농촌 지역 개발로 변경, 05년), 업무의 중복 및 충돌(지자체, 행자부, 산자부 등), 간척, 저수지 개발, 도로 및 수로 건설 등 토목 사업에 편중

6. 한국전력공사(1961년 설립)

조직 : 20,890명(임원 8명)

예산 : 매출 32조 6,692억원, 자산 63조 5,362억원, 부채 20조 5,741억원, 자본 42조 9,620억원

주요출자자 : 정부(21.12%), 산업은행(29.95%), 외국인(29.98%), 기타(19.64%)

자회사 : 한국수력원자력(주), 한국남동발전(주), 한국중부발전(주), 한국서부발전(주), 한국남부발전(주), 한국동서발전(주), 한국전력기술(주)(97.9%), 한전KPS(주)(100%), 한전원전연료(주)(96.4%), 한전 KDN(주)(100%), 한전필리핀(주)(100%), 한전홍콩(주)(100%)

문제 : 무분별한 발전소, 송전탑 건설로 인한 국토 파괴, 각종 기금의 방만한 운영 및 불필요한 지출

저자소개

이윤갑은 서울대학교 국사학과를 졸업하고 동대학원에서 석사학위를 하였으며 연세대학교 사학과 대학원에서 박사학위를 받았다. 계명대학교 사학과 교수로 재직하고 있으며, 한국학연구원장, 친일반민족행위자재산조사위원회 위원을 맡고 있다. 주요 관심분야는 한국근대농업사와 민족운동사, 사회사상사이며, 『한국근대의 상업적 농업 연구』, 『일제시대 사회성격론』, 「일제의 식민지 지배와 마을문화의 해체」 등 다수의 논저가 있다.
E-mail: ykl311@kmu.ac.kr

한면희는 1956년 태생으로 성균관대 중문과를 졸업하고, 동 대학교 대학원 철학과에서 "환경윤리와 자연의 가치"로 철학박사 학위를 취득하였다. 서강대 연구교수와 녹색대학교 교수 및 대표를 역임하였고, NGO 환경정의연구소 소장으로 사회적 실천에 동참하였으며, 현재 전북대 쌀·삶·문명연구원 연구교수로 재직하고 있다. 저서로 『환경윤리』(1997), 『초록문명론』(2004), 『미래세대와 생태윤리』(2007) 등 다수의 저서와 「생명존중의 동아시아 환경윤리」, 「남성 생태주의자가 본 페미니즘 사상」, 「환경운동사로 본 환경정의」 등 다수의 논문이 있다.
E-mail: plantlove@hanmail.net

이재성은 계명대학교 철학과를 졸업하고, 독일 RWTH Aachen 대학교에서 철학 박사학위를 받았으며, 현재 계명대학교 교양과정부에 재직하고 있다. 주요 저서로는 『열림과 소통의 문화생태학』이 있고, 역서로 『변증법 이론의 근본구조. 헤겔의 논리학에 있어서 변증법적 범주발전의 재구성과 수정』이 있으며, 주요 논문으로는 「루소의 정치철학에 대한 헤겔 비판」, 「헤겔 정치철학에 대한 일고」, 「헤겔의 정신철학에서 정신개념의 변증법적 구조」, 「헤겔의 정치철학 : 헤겔은 자신의 국가철학을 어떻게 정당화시키고 있는가?」, 「헤겔의 자연철학 : 논리에서 자연으로의 이행문제」, 「서양의 생태사상과 사유방식의 문제에 대한 일고」 등이 있다.
E-mail: ssyi@kmu.ac.kr

홍승표는 고려대학교 사회학과를 졸업하고, 미국 아이오아 주립대학교에서 사회학 박사학위를 받았으며, 현재 계명대학교 사회학과 부교수로 재직하고 있다. 주요 관심 분야는 동양사상을 바탕으로 새로운 사회이론을 구성하고, 탈현대 문명을 구상하는 것이다. 저서로는 『깨달음의 사회학』(2002), 『동양사상과 탈현대』(2005), 『노인 혁명』(2007) 등이 있으며, 현재 『동양사상과 새로운 유토피아』(2009년 출간 예정)와 『동양사상과 탈현대적 삶』(2010년 출간 예정)을 집필하고 있다.
E-mail: sphong@kmu.ac.kr

홍원식은 고려대학교 철학과를 졸업하고 같은 학교 대학원에서 程朱 성리학에 대한 연구로 철학박사학위를 받았다. 현재 계명대학교 철학과 교수로 있으면서, 『오늘의 동양사상』 편집주간을 겸하고 있다. 『실학사상과 근대성』(공저), 『동양을 위하여 동양을 넘어서』(공저) 등의 저서와 「정주학의 거경 궁리설 연구」, 「애국계몽사상의 철학적 기반」, 「동아시아 생태담론에 대한 비판적 검토」 등 다수의 논문이 있다.
Email: wsh683@kmu.ac.kr

이상호는 계명대학교 철학과를 졸업하고 같은 학교 대학원에서 「정제두 양명학의 양명우파적 특징」으로 철학박사학위를 받았다. 현재 계명대학교 교양과정부 교수를 거쳐 현재 한국국학진흥원 책임연구위원으로 재직 중이다. 『양명우파와 정제두의 양명학』을 썼으며, 『위당 정인보의 양명학 연론』(공역)을 번역했다. 주요논문으로는

저자소개

「강화학파의 실심론」, 「『心經附註』해석사에서 바라본 정제두의 『心經集議』」, 「성리학과 생태담론」 등 다수가 있다.
Email: sookbi@koreastudy.or.kr

정혜진은 경북대학교 영어교육과를 졸업하고 런던대학교 골드스미스 칼리지에서 문화연구 석사학위를 받았다. 14년 간 영남일보 기자로 활동하다 환경법 실무를 하기 위해 강원대학교 법학전문대학원에 진학해 공부하고 있다. 지은 책으로 『태양도시』(2004, 그물코), 『착한 도시가 지구를 살린다』(2007, 녹색평론사), 『골목을 걷다 : 이야기가 있는 동네 기행』(2008, 이매진: 공저)이 있다.
Email: itsmehyejin@hanmai.net

김수봉은 현재 계명대학교 환경대학 에너지환경계획학과 부교수로 재임중이다. 경북대학교 대학원 조경학과에서 조경학 석사학위를 받았고, 영국 셰필드대학교에서 환경조경학 박사학위를 취득하였다. 주요저서로는 '2007년 문화관광부 우수학술도서'로 선정된 『친환경적인 도시계획(부제: 도시열섬연구)』를 위시하여 『인간과 도시환경』, 『환경과 조경』, 『도시조경의 이해』, 『새로운 도시공원녹지의 이해』, 『조경변천사』 외 다수가 있다.
E-mail: sbkim@kmu.ac.kr

문혜식은 현재 대구지역환경기술개발센터 연구원으로 근무하고 있다.
계명대학교 환경대학 환경정책학과(이학사), 계명대학교 일반대학원 환경과학과(환경학 석사)를 졸업하고, 동 대학원 박사과정에 재학 중이다. 주요 논문은『건강을 위한 신체활동 공간으로서 대구시 공원녹지 이용의 활성화 방안(석사학위 논문)』외 다수가 있고, 저서로는『새로운 도시공원녹지의 이해』,『조경변천사』가 있다.

E-mail : shickhye@nate.com

전영우는 고려대학교 임학과를 졸업하고, 미국 아이오와주립대학교 대학원에서 산림생물학을 전공하였으며, 현재 국민대학교 산림자원학과 교수로 재직 중이다.『산림문화론』,『숲과 한국문화』,『숲 보기 읽기 담기』등의 저서와 '녹색문화의 전개와 확산방안' 등 산림문화와 관련된 다수의 논문이 있다. 관심분야는 문화의 창으로 숲과 관련된 다양한 사회 현상을 읽고 해석하는 것이다.

Email: ychun@kookmin.ac.kr

홍성태는 현재 상지대학교 문화콘텐츠학과 부교수로 재직하고 있다. 서울대학교 사회학과를 졸업하고 같은 학과 대학원에서 고 김진균 교수의 지도로 석사 학위와 박사 학위를 받았다. 참여연대의 부집행위원장으로 활동하고 있기도 하다. 저서로는『민주화의 민주화』(2009),『현실 정보사회와 정보사회운동』(2009),『개발주의를 비판한다』(2007),『대한민국 위험사회』(2007),『현대 한국사회의 문화적 형성』(2006),『생태문화도시 서울을 찾아서』(2005),『생태사회를 위하여』(2004),『현실 정보사회의 이해』(2002),『위험사회를 넘어서』(2000) 등이 있으며, 고 김진균 교수와 함께『군신과 현대사회』(1996),『한국사회와 평화』(2007)를 저술했고,『개발공사와 토건국가』(2005),『한국의 근대화와 물』(2006),『동북아의 근대화와 물』(2007),『토지공사의 문제와 개혁』(2008),『촛불집회와 민주주의』(2009) 등을 펴냈다.

Email: hongst3@sangji.ac.kr

계명대학교 한국학연구 총서 23

인문생태의 눈으로 지역혁신을 꿈꾼다

2009년 6월 25일 | 초판1쇄 인쇄
2009년 6월 30일 | 초판1쇄 발행

저 자 | 이윤갑 외
펴낸이 | 신일희
펴낸곳 | 계명대학교출판부
704-701 대구시 달서구 신당동 1000번지
전화 053-580-6233 팩스 053-583-5213
등록 | 1970. 9. 1. (신고번호 제347-1998-1호)

ISBN 978-89-7585-472-9 93000

값 16,000원